教育部高等学校博士学科点专项科研基金项目
南京农业大学土地资源管理国家重点学科建设基金资助

中国土地用途管制制度的耕地保护绩效研究

张全景　欧名豪　著

商务印书馆
2008年·北京

图书在版编目(CIP)数据

中国土地用途管制制度的耕地保护绩效研究/张全景，欧名豪著.
—北京：商务印书馆，2008
ISBN 978-7-100-05874-2

Ⅰ.中… Ⅱ.①张… ②欧… Ⅲ.①土地利用-研究-中国②耕地-资源保护-研究-中国 Ⅳ.F321.1 F323.211

中国版本图书馆 CIP 数据核字(2008)第 082255 号

中国土地用途管制制度的耕地保护绩效研究
张全景 欧名豪 著

商 务 印 书 馆 出 版
(北京王府井大街36号 邮政编码 100710)
商 务 印 书 馆 发 行
北京瑞古冠中印刷厂印刷
ISBN 978-7-100-05874-2

2008年11月第1版 开本 880×1230 1/32
2008年11月北京第1次印刷 印张 10⅜
定价：28.00 元

目 录

序

持续了 20 多年的经济快速增长，使我国的综合经济实力和人民生活水平有了极大的提高。但是经济建设中占用大量农地(尤其是耕地)，对我国的粮食安全、社会稳定和生态安全构成了极大的威胁，严重削弱了经济社会的可持续发展能力。从国土资源部和农业部统计资料看，1978～2004 年，我国耕地面积从 13 394.32 万公顷下降到 12 244.43 万公顷，年均减少 44.23 万公顷。且从 1996 年开始出现加速减少趋势，八年间耕地净减少 7 600 万公顷，平均每年减少 95.28 万公顷，人均耕地降到 0.094 公顷。

为保护农地资源，特别是耕地，确保国家粮食安全和社会稳定，我国实行了世界上最为严格的耕地保护制度，把“十分珍惜、合理利用土地和切实保护耕地”作为基本国策，通过实行土地用途管制制度，严格限制农用地转为非农建设用地。土地用途管制制度是指国家为保证土地资源的合理利用，促进经济、社会和环境的协调发展，通过编制土地利用规划，将土地分为农用地、建设用地和未利用地，严格限制农用地转为建设用地，控制建设用地总量，对耕地实行特殊保护，使用土地的单位和个人必须严格按照土地利用总体规划确定的用途使用土地的制度。农用地的用途管制包括农地非农化的管制和农地农用的管制两方面，坚持“农地、农有、农用”的原则，限制农地非农化，鼓励维持农用。建设用地的用途管制按建成区和规划区的不同有不同的管制规则。

在我国，土地用途管制的产生是符合我国国情的。我国是一个人多地少且土地为公有制的社会主义国家。改革开放以来，随着社会经济发展和人口数量的剧增，我国人地关系呈人增地减趋势。在这种国情下，在土地管理方面，由于农用地和建设用地利用的比较利益差别悬殊，单纯采用价格杠杆调节，常常出现不发生作用或作用不明显的现象，即出现了所谓"市场失灵"的现象。在这种情况下，为保护耕地和粮食安全供给，借鉴国际上处理类似事件的成功经验，采取政府干预手段，实施土地用途管制制度，就成为我国土地管理制度的必然选择。实行土地用途管制制度是我国土地管理制度和土地利用方式方面的重大变革。它对保护我国农用地特别是耕地总量动态平衡和粮食供给安全产生了深远影响。

土地用途管制的目的在于合理保护耕地资源，严格控制农用地转做他用，寻求既保护耕地和农产品尤其是粮食安全，又保障非农用地的合理需求得到满足，提高土地资源配置效率，以实现土地资源可持续利用管理。

从 1998 年开始，我国的土地用途管制制度已实施了十年，应该说在保护耕地，控制农地非农化方面取得了一定的成效，但同时由于受到信息不对称、政府寻租行为、政策措施协调性不强、法律责任不明确以及技术保障缺乏等原因的限制，在经济高速增长和城市化进程不断加快导致非农建设用地需求量居高不下的推动下，我国耕地数量减少的趋势并没有从根本上得到遏制。这就向我们提出了一个值得研究的问题：土地用途管制制度在耕地保护中到底起了多大的作用？这项制度是否应该继续坚持？如何坚持？因此，定量研究土地用途管制制度在我国耕地保护中的绩效，分析耕地保护绩效的区域差异，揭示绩效的潜力空间，探讨提高耕地保护绩效的对策措施，显然具有重要的现实意义。

正是基于以上背景，南京农业大学中国土地问题研究中心的欧名豪教授及其博士研究生、曲阜师范大学的张全景教授在教育部高等学校博士点专项科研基金的资助下，选择“我国土地用途管制制度的耕地保护绩效及其区域差异研究”这一课题，经过两年多的研究，形成了专著《中国土地用途管制制度的耕地保护绩效研究》一书。该书从我国耕地数量的变动趋势与耕地保护的时代背景入手，在对土地用途管制制度内涵全面认识的基础上，运用经济学分析方法，构建了土地用途管制制度耕地保护绩效分析的理论框架和模型，定量测算了全国的耕地保护绩效及其省际间的差异，并以山东为例对省区层面的耕地保护绩效进行了测算。该书还从耕地保护的外部性特征、农地产权制度安排、土地收益分配机制、耕地保护的制度成本以及土地利用规划等方面分析了影响土地用途管制制度耕地保护绩效发挥的障碍因素，并从完善农地产权制度、改革土地征用制度、建立激励约束机制、促进土地集约利用和完善土地利用规划制度等方面探讨了提高耕地保护绩效的对策。

近一时期全球性的粮食价格上涨和供应紧张再一次向我们敲响了警钟，作为拥有 13 亿人口的国家，中国的粮食安全问题只能依靠我们自己解决。我国仍处于快速工业化和城市化阶段，耕地保护的压力仍然非常巨大。作为一名老土地科学工作者和两位作者曾经的导师，我欣然为本书作序，一是希望作者在此基础上进行更深入的研究，尤其是要以南京农业大学雄厚的土地资源管理学科背景为基础，不断推进中国土地用途管制与耕地保护的理论创新；二是也希望有更多的青年学者从事土地资源管理方面的研究，从而不断提高我国土地资源管理事业的决策水平。

中国土地学会副理事长兼学术委员会主任

南京农业大学教授、博士生导师

王万茂

2008年5月5日

前　言

中国在1987年实施《土地管理法》，1998年又对其进行全面修订，显著特征是确立了土地用途管制制度，这是中国土地管理事业中的一件大事。该制度的基本含义是国家为保证土地资源的合理使用，以及经济、社会和环境的协调发展，通过编制土地利用总体规划，划定土地用途区，设定土地使用条件和规则，并要求土地所有者、使用者严格按照确定的用途利用土地。土地用途管制制度是市场经济国家广泛采用的一项土地利用管理制度，与经济政策、投资等调控手段相比，该制度具有强制性、严肃性、直接性、权威性等特点。中国土地用途管制制度的总目标是实现土地资源的合理利用与可持续利用，可分解为三个子目标：①实现土地利用整体效益最大化；②保护耕地；③消除土地利用中不利的外部性影响，保护环境。其中，保护耕地是核心目标。对于土地用途管制制度的耕地保护绩效和机理，一些学者通过定性的理论研究，给予了肯定。但是对于土地用途管制在全国的耕地保护绩效及其在省际间的差异、绩效的潜力空间以及影响绩效的障碍因素，仍然少有学者进行系统研究，尤其是定量研究。

耕地是土地的精华，中国以占世界7%的耕地养活世界22%的人口，形势相当严峻。据《中国1∶100万土地资源图》评价，在全国现有耕地中，无限制因素、质量好的一等耕地面积占耕地总面积的

41.33%，有一定限制因素、质量中等的二等耕地面积约占34.55%，有较大限制因素、质量差的三等耕地约占20.47%，不宜继续耕种的耕地约占3.65%，中、下等及不易农耕地占耕地总面积的58.67%。因此，保护耕地尤其是优质耕地，关系到中国粮食安全、农民生存、农村稳定和生态环境质量，保护耕地就是保护生命线。但是，当前中国耕地非农化的速度仍然非常迅猛，1996年初全国耕地为13 111.29万公顷，截至2006年底已下降到12 177.59万公顷，平均每年减少84.88万公顷，其中每年非农建设占用16万公顷。这使得一些决策者、基层土地管理者产生了困惑：土地用途管制制度在耕地保护中是否起作用？该制度是否应该继续坚持？如何坚持？因此，定量研究土地用途管制制度在中国耕地保护中的绩效，解读绩效在省际间的差异，通过比较分析揭示绩效的潜力空间，在此基础上研讨提高耕地保护绩效的对策措施，具有现实意义。

中国耕地快速非农化的现象，从表面看是由于工业化、城市化步伐加快所致，但实质上是市场经济条件下资源配置内在规律的结果。在市场经济条件下，由于耕地与建设用地的比较利益差别悬殊，耕地的非生产价值（效益）又无法进行市场表达，单纯采用价格杠杆调节耕地与建设用地的关系，作用不明显或根本不发生作用。“一些地方农民形象地讲，30亩水稻不如3亩工厂，3亩工厂不如3分（地）商场。”在经济利益驱动下，农民产生了将农用地非法入市的冲动；对于具有公共产品性质的土地尤其是耕地，政府本不应该也不能以经济获利最大化原则来管理和配置，然而面对农用地转用后的巨大级差收益，作为有限理性经济人的地方政府，同样存在将耕地非农化的逐利心理。理论界的主流意识认为土地用途管制是抑制在耕地保护中“市场失灵”的最有效措施，但是有一些学者依据代理理论、管制俘虏理论、制度经济学理论等分析，对土地用途管制的耕地保护作用提出了疑问。因此，从实证的角度，选择科学的方法，定量研究土地用途管制制度的耕地保护绩效，具有理论证伪价值。

从1998年到2005年，中国土地用途管制制度已实施7年，定量研究其耕地保护绩效已经具备条件。本研究拟采用计量经济学和区域对比分析的方法，定量研究中国土地用途管制制度的耕地保护绩效，分析耕地保护绩效在省际间的差异，通过对比分析揭示中国耕地保护绩效的潜力空间，同时对典型省区耕地保护绩效进行定量剖析，寻找耕地保护的障碍因素，最后提出提高绩效的对策建议。希望对中国土地管理法的再一次修订和耕地保护制度与保护政策的进一步完善提供实证依据和帮助。

本书总体上包括三大部分内容，共九章。

第一部分为基础研究。第一章界定了土地、耕地、基本农田、土地环境、土地问题、管制与土地用途管制等基本概念，阐述了地租理论、现代产权理论、稀缺资源配置理论、土地利用变化理论、可持续发展理论等支撑本研究的基础理论，通过文献综述，揭示了国内外土地用途管制制度的研究历史与现状。第二章刻画了中国耕地资源数量变化的总体态势、区域差异和变化结构，并从粮食安全、“三农”问题、资源性公共财产性质等视角论证了中国耕地保护的时代价值，从农业结构调整、生态建设、快速的城市化进程论述了中国耕地保护的时代压力。第三章分析了中国土地用途管制制度的实施背景、目标、保障体系，重点分析了土地用途管制的基础——土地利用总体规划和土地用途管制的核心内容——土地用途分区。

第二部分研究了中国土地用途管制制度的耕地保护绩效。第四章从经济学的视角对土地用途管制的耕地保护绩效、机制、机理进行了系统的理性分析。第五章运用统计模型，定量研究了土地用途管制在全国尺度的耕地保护绩效及绩效的省际差异和可提升潜力空间。

第三部分分析了影响耕地保护的障碍因素并且提出了提高耕地保护绩效的对策建议。第六章从耕地保护的准公共物品性质、土地收益分配机制的缺陷、产权不明的农地制度安排、高昂的耕地保护成本、强劲的地方政府的供给驱动、土地利用规划的不完善等方面，分析了影响土地用途管制耕地保护绩效的障碍因子。在此基础上，第七章从优化农地产权制度、改革征地制度、构建耕地保护的激励与约束机制、促进建设用地节约集约利用、完善土地利用规划体系等角度，提出了提高中国土地用途管制耕地保护绩效的对策建议。第八章以山东省济宁市为例，实证分析了耕地保有量、基本农田保护面积和保护率等土地利用总体规划耕地保护指标的预测方法。

为实现研究目标，完成设计任务，本研究遵循如图 1 所示的技术路线。

本书的主要研究结论如下。

(1) 理论分析表明土地用途管制能有效保护耕地。土地利用的正外部性和负外部性都会导致市场失灵，从而使土地总效益产生损失，这是政府通过规划分区干预土地市场配置的理由。市场是一个逐利系统，而耕地的生态环境价值、社会安全保障价值、存在价值等非生产价值在市场中又无法表达，因此在仅考虑经济效益的市场这一“看不见的手”的调节下，农地非农化现象是不可避免的。政府建立土地用途管制制度，充分考虑耕地的非生产价值，通过用途分区配置土地资源，不仅可以有效保护耕地，而且可以增加社会福利，减少社会财富损失。实施土地用途管制制度之后，土地资源的供求关系

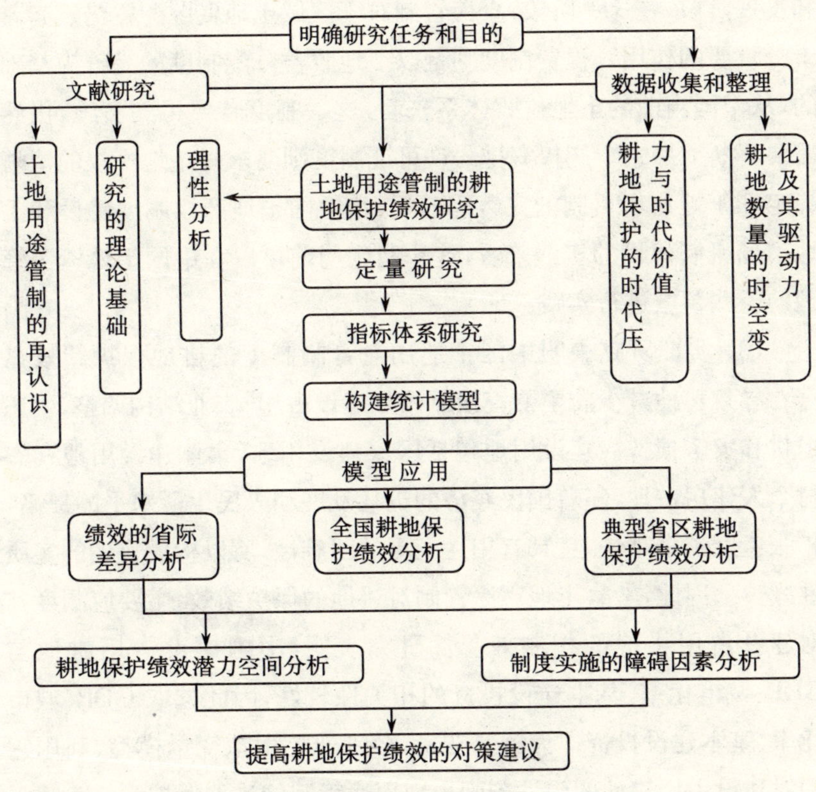

图1　研究的技术路线

和价格运行机制都发生了明显变化，土地用途管制制度比分级限额审批制度更为有效地保护了耕地资源。

（2）土地用途管制有多种实施方式。从区域资源配置的市场机制发展的阶段性来看，直接管制主要适合于区域资源配置的市场机制还不十分成熟的阶段，区域土地资源配置或分配还在相当程度上依赖于计划管理方式。中国的土地资源管理正处于市场机制的完善和发展阶段，在这一阶段，直接管制对于区域土地资源配置仍然起着十分重要的作用。税费制度则是以土地收益分配制度的完善为基础的，从中国当前的土地税收体系来看，这一制度若要得到实施，仍然需要不断地探索。产权安排—许可证制度则要求以土地产权的清晰界定和土地市场机制的完善为前提，从中国土地产权制度建设和土地市场机制建设的实践来看，这一制度当前可以在中国土地资源管理的一些领域进行实践。

(3) 实证研究表明中国土地用途管制制度的耕地保护绩效显著。导致耕地减少的主要直接原因是建设占用、农业结构调整、生态退耕和灾害损毁。建设用地包括国家建设用地、集体建设用地和农村个人建房占地，随着国民经济的迅猛发展和人民生活水平的提高，扩张速度越来越快，且具有用途变更的困难性，所以构成耕地的实质性减少。因此，考察土地用途管制对耕地的保护绩效，主要应测度其对建设占用耕地的控制效果。研究表明，中国建设占用耕地与GDP、城市化率、基本建设投资的相关性较好，因此选取GDP、城市化率、基本建设投资作为解释变量，分别建立虚拟变量模型，利用它们对建设占用耕地的弹性刻画土地用途管制的耕地保护绩效。基于GDP、城市化率、基本建设投资等解释变量的虚拟变量模型结果，均表明实施土地用途管制后，解释变量的边际耕地占用量有了显著降低，说明土地用途管制有效阻滞了建设占用耕地的速度，对于控制城市空间的盲目扩张，缓解人地矛盾，保证粮食安全，有积极作用，值得充分肯定，应长期坚持。

(4) 土地用途管制的耕地保护绩效以及绩效的可提升潜力空间表现出明显的省际差异性。基于基本建设投资的虚拟变量模型结果、平均边际建设占用耕地下降幅度以及耕地保护系数(ICLPE)的分析表明，土地用途管制在耕地保护中在每个省份都产生了绩效，但表现出明显的省际差异性。综合依据 1998～2004 年单位基本建设投资所引致的建设占用耕地平均水平、平均边际建设占用耕地下降幅度、耕地保护系数三个指标，将 30 个省份的耕地保护绩效分为四个等级：一级（优秀等级）包括内蒙古、黑龙江、湖北、湖南、广西、西藏、陕西、甘肃八个省份，二级（良好等级）包括河北、江苏、浙江、安徽、河南、广东、海南、新疆八个省份，三级（中等等级）包括天津、辽宁、吉林、上海、江西、四川、贵州、云南、青海九个省份，四级（一般等级）包括北京、山西、福建、山东、宁夏五个省份。可以看出，优秀等级的八个省份全部是中等或欠发达的非沿海省份。

西藏自治区的 1998～2004 年单位基本建设投资所引致的建设占用耕地平均水平在全国最低，以其为基准（Xa_0），以各省份 1998～2004 年单位基本建设投资所引致的建设占用耕地平均水平与 Xa_0 之差为指标，度量各省份的土地用途管制制度耕地保护绩效的可提升空间，可以发现：云南、浙江、山东、安徽、江苏、贵州六省份土地用途管制耕地保护绩效的潜力空间最大，都在 10 公顷/亿元以上，为第一潜力方阵；北京、福建、河北、河南、宁夏、山西、四川（含重庆）为第二潜力方阵，耕地保护绩效潜力都在全国平均水平（8.1 公顷/亿元）之上；辽宁、天津、陕西、广西、黑龙江、江西六个省份为第三潜力方阵，耕地保护绩效潜力也相当可观，都在 5.0 公顷/亿元之上；西藏、海南、青海、广东、新疆、吉林、湖北、甘肃、湖南九省份为第四潜力方阵，耕地保护绩效较好，有潜力，但不大。

（5）影响土地用途管制耕地保护绩效的障碍因素很多。耕地保护是准公共物品，能产生正的外部性，使得耕地保护成为一个典型意义上的奥尔森式的集体性行动；中国土地收益分配体系仍不够完善，土地征用中的政府盈利潜能、土地价格的"新低旧高"、土地税费的不尽合理，使得国家对土地资源的宏观调控能力受到限制，成为耕地（农地）流失的经济诱因；产权主体缺位、所有权虚化、承包经营权不稳定、农地发展权的政府所有化等农地产权制度安排，降低了中国耕地资源的利用和保护效率；高昂的耕地保护的直接成本、机会成本、代理成本，严重阻碍着耕地保护的有效实施；耕地换资金的经济驱动、耕地换政绩的权利驱动以及利益集团的寻租推动，使得一些地方政府成为耕地非农化的主要供给者；土地利用总体规划理念落后、规划体系不完善、公众参与不足、"两规"不协调等土地利用规划的缺陷，制约了土地用途管制的耕地保护绩效。

为进一步提高中国土地用途管制制度的耕地保护效率，本书论证了如下政策建议。

（1）优化农地产权制度，构建新型的农地产权关系，激励农民尽心保护耕地。明确农地产权主体，使其边界清晰，科学界定农地产权的各项权能，赋予农地承包权的物权性质；稳定家庭承包制，坚持农地集体所有不变，耕地用途不变，将集体土地所有权、承包权、经营使用权三权分离，承包权依附于农户，经营使用权作为一种商品，根据农户自愿，可实行依法有偿转让，也就是建立两级农地使用权市场体系。

（2）改革完善征地制度。依据慎用征地权的原则，界定征地范围，严格按照宪法、土地管理法规定的条件——"为公共利益需要"进行征地，并借鉴各国法律的规定在《土地管理法》等实体法中通过列举方式对"社会公共利益"作出进一步的阐释，以防止政府滥用征地权；适当提高征地补偿标准，提高耕地"农转非"成本。建议将征地补偿内容扩大为土地所有权补偿、农民生存权补偿、地上物补偿、残余地补偿、农地生态环境效益补偿。

(3) 构建与土地用途管制相配套的激励和约束机制。第一,国家应通过增加耕地投入提高耕地产出水平、补偿农民的机会成本损失、优化农业补贴结构提高补贴数量等措施,调动农民保护耕地的内在经济动力。第二,提高耕地占用成本。扩大耕地占用税的征收范围和征收标准,耕地占用税的税率要随着社会经济的发展进行必要的调整,而且要体现所占耕地的质量等级。严格造地费、新增建设用地有偿使用费的征收标准,不得随意减免。建议征收基本农田占用税。第三,改革官员政绩考核方法,将耕地保护作为一个否决变量,纳入考评体系。

(4) 促进建设用地的节约集约利用,减少建设对耕地的需求压力。国家及各省份都要制定详细的建设用地集约利用标准,并严格执行。降低土地增值税税率,提高城镇土地使用税标准,以减少存量建设用地流转成本,增加建设用地保有成本,促进存量建设用地的盘活。各级政府应协调有关主管部门尽快研究制定农村居民点用地整理条例,明确整理主体,公布操作步骤,严格实施标准,保护农民权益,以促进农村居民点整理。

(5) 进一步完善土地利用总体规划。提高土地利用总体规划的可操作性,包括基础数据的真实性、规划技术方法的先进性、控制指标预测与分配的科学性、用途分区的合理性、实施策略的针对性和有效性;完善土地利用规划体系,协调“总规”与“城规”的关系。国家编制全国国土资源利用规划大纲,省级编制国土资源规划纲要,地市编制区域规划,上位规划通过指标下达控制下位规划的土地利用结构。通过区域规划将土地利用总体规划和城市规划等整合到统一的空间规划体系中来,把土地利用总体规划和城镇体系规划作为区域规划的两个专项规划进行编制和协调；在区域规划确定了城镇体系后，再分别在所划定的城市区域编制城市规划和在城市以外区域编制土地利用总体规划，乡级或城乡结合部编制土地利用详细规划；耕地保护指标的下达，应体现一定的区域差异，但必须以公平为前提。对于那些经济发达，建设用地合理需求量大，并且存量建设用地集约利用水平高的地区，可经过一定的审批程序，适当降低耕地保护率，但不能降低耕地保护责任。可通过财政转移支付等手段，补偿耕地保护量大，保护率高的地区，以实现共同发展，共同富裕；从法律保障、行政管理、经济制约、社会监督、科技创新、制度优化等角度，构建目标明确、层次清晰、内容全面的规划实施保障体系。

由于受个人能力和资料的限制，本研究存在以下不足之处：只研究了土地用途管制制度在耕地数量方面的保护绩效，而对耕地质量方面的保护绩效没有涉及；对耕地保护绩效在省际间差异的原因分析得不够深入；对耕地保护绩效的可提升潜力空间的研究相对粗放。

第一章
导　言

第一节　基本概念的分析界定

一、土地

（一）关于土地概念的几种观点

关于土地的概念，可以从不同角度进行考察：一方面既可以从平面的角度进行考察，又可以从立体的角度进行考察；另一方面既可以从自然科学的角度进行考察，又可以从社会科学的角度进行考察。就前者来说，人们可以得出土地的平面概念、土地的立体概念与土地的综合概念；就后者来说，人们则可以得出土地的地理学概念、土地的经济学概念、土地的法学概念与土地的社会学概念[1][2]。由于地球及其陆地是不断发展变化的，人们的认识也是由浅及深、由表及里的过程，因而土地的概念也是不断发展变化的，归纳起来有以下四种观点。

1. 平面观

土地概念的平面观又称二维观，是从土地的横向跨幅即水平幅度着眼的。该观点认为，土地是一个平面，是一个具有二维性的平面客体，其特点是直观性、平面性。例如，土地是地球表面的陆地部分，包括内陆水域和海涂[3]。

2. 立体观

土地概念的立体观又称三维观，是从土地的纵向跨幅即垂直幅度着眼的。该观点认为土地不仅占有一定的面积，而且从地面起要向上、向下延伸一定的幅度，是一个具有三维性的立体客体，其特点是立体性、空间性。例如，土地是一个垂直剖面即地球表层[4]；土地是由地球陆地部分一定高度和深度的岩石、矿藏、土壤、水文、大气和植被等要素构成的自然综合体，即陆地及其自然附属物[5]。

3. 综合观

土地概念的综合观又称综合体观，是从土地的自然、经济、历史等综合的角度着眼的，认为土地是一个综合体，它不单纯是一个纯土地问题，与水文、气候、生物、人类及土地本身经济的、历史的属性有着密切的联系。目前，共有以下三种观点。①土地是一切自然物和自然力。英国经济学家马歇尔(Alfred Marshall)认为，“土地是指大自然为了帮助人类，在陆地、海上、空气、光和热各方面所赠与的物资和能量”[6]；美国经济学家伊利(Richard T. Ely)和莫尔豪斯(Edward W. Morehouse)认为，“经济学家所使用的土地这个词，指的是自然的各种力量或自然资源，不是单指地球的表面，并且包括地面以上和地面以下的一切物质"[7]。②土地是自然综合体或自然历史综合体。土地是由地貌、土壤、岩石、水文、气候、植被等要素组成的自然综合体，是自然历史的产物，为地理学或综合自然地理学的概念。③土地是自然经济综合体。现实经济活动中，绝大部分土地资源都经过人类长期开发、改造与使用，投入了大量的人类劳动并形成了各类成果。因此，土地不仅是由地貌、土壤、岩石、水文、气候、植被等要素组成的自然综合体，而且还包括人类过去和现在的劳动成果，即自然—经济综合体[5]。周诚先生把作为自然综合体的土地称为自然土地，把作为自然—经济综合体的土地称为经济土地。经济土地是由自然土地与人工土地相结合而成的自然—经济综合体，前者是土地物质，后者为土地资本，此即为土地的二元性[8][9]。

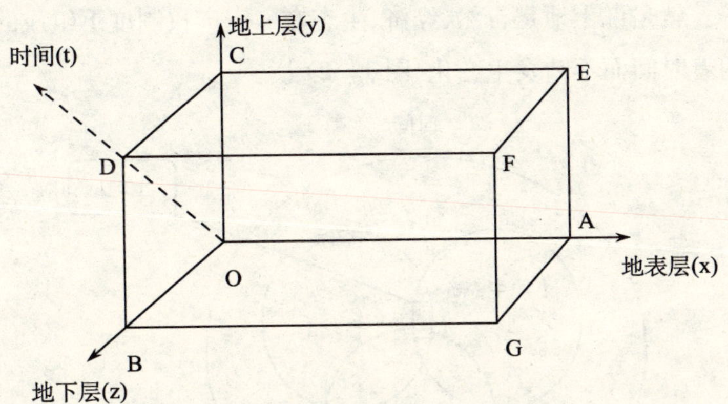

图 1—1 土地概念四维示意图

4. 四维观

土地除具有三维性外，它同时还应具有时间的特性，是一个四维空间综合体(图 1—1)[1]。即土地是地球表面一定幅度的四维空间及其中的自然物、经济物、社会物、时间物所组成的自然、经济、社会、历史综合体。这里的自然物包括气候、土壤、水文、地形、地质、动物、植物等要素,经济物、社会物则指过去和现在人类活动对土地的种种结果和影响。从宏观上看,它分为地上层、地表层、地下层三个层次,当然也包括"时间层";从微观上看,它又分为土壤(A)、砂砾(B)、岩石(C)、矿物(D)、水(E)、空气(F)、生物(G)、人类活动(O)八个方面。

当前学术界较为认可的看法是,把土地视为自然、经济、生态、制度和时间的函数,即 $L=f(n,e_1,e_2)s.t$,式中 L——土地,n——自然因子,e_1——生态因子,e_2——经济因子,s——制度因子,t——时间因子。就是说土地是自然、经济、生态在一定产权制度下组成的复合体随着时间而不断发生变化(图 1—2)[10]。

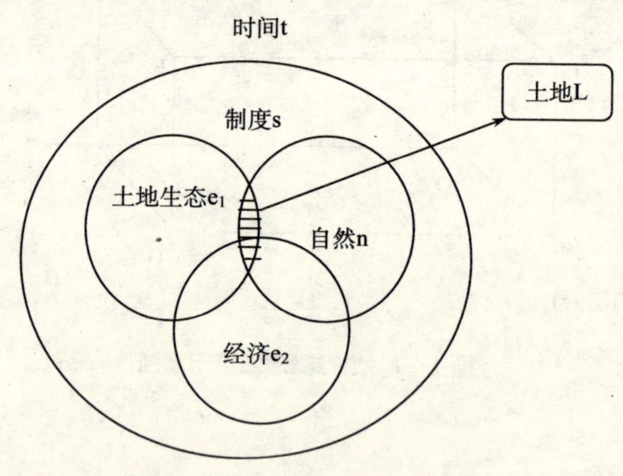

图 1—2　土地概念构成示意图

（二）土地的特性

1. 土地的自然特性

土地的自然特性是土地自然属性的反映，是土地所固有的本质特性，由其本身的物理、化学、生物性能所决定，与人类的利用与否没有必然的联系。主要包括：构成的整体性、存在的恒久性、面积的有限性、位置的固定性、性能的差异性、利用的可更新性[9]。这些特性对评价土地的生产能力，配置各业生产用地，正确解决经济发展与合理开发利用土地之间的矛盾，都具有现实意义。这些特性要求人们要保护土地，因地制宜地利用土地，合理利用土地。

2. 土地的派生特性

主要有经济的、社会的、生态的、法律的四个方面的特性[1]。

土地的经济特性是在土地自然生产力的基础上，土地被人类利用、改造中所表现出来的。在人类诞生之前，土地尚未被人类开发利用，这些特征自然并不存在。主要有供给的稀缺性、报酬递减的可能性、用途变更的惰性、利用方式的分散性、资本的储藏性、投入的增值性。

土地的社会特性是指依附于地权的政治和社会权力表现出来的特性，与土地的经济属性具有密切联系。土地不仅是生产资料，也是社会土地关系的客体。人们在利用土地这个生产资料时，一方面要依据土地的自然属性合理利用，另一方面又产生了对土地的占有、使用、分配与收益等生产关系，而土地的占有、使用关系则是一定社会土地关系的基础。土地的社会属性，反映了对土地进行分配和再分配的客观必然性。

土地的生态特性是由土地本身的生态系统及其环境因素所体现出来的一种特性。所谓土地生态是指人类社会经济活动与土地资源之间的相互依存、互相制约的一种关系。水土流失、土地污染、土地质量退化、土地沙化反映了土地生态的脆弱性。土地的生态特性有：易受污染性、质量退化性、水土流失性、危害的毗邻性、良性循环的效用递增性、恶性循环的效用递减性、恢复的困难性。

土地的法律特性是由土地的位置固定性与财产权利体现出来的一种特性。它所强调的是与土地相关的各种利益的权利和责任，如土地所有权、使用权等。其特性有：不动产性、两权可分离性、范围性、归属性、排他性。

（三）土地分类

土地分类是深入认识土地的一种手段。由于土地的组成、所处环境和地域的不同，使其在形态、色泽和肥力等方面千差万别，加之人类生活、生产对土地施加的影响和需求，导致土地生产能力和利用方式上的差异。按一定分类标志，将性质上相差异的土地划分为若干类型，就是土地分类。按照统一规定的原则和分类标志，将分类土地有规律分层次地排列组合在一起，称为土地分类系统或土地分类体系。根据土地的特性及人们对土地利用的目的和要求不同，形成了不同的土地分类系统[11]。

1. 土地自然分类系统

又称土地类型分类体系，主要依据土地自然特性的差异性分类，可以依据土地的某一自然特性分类，也可以依据土地的自然综合特性分类。例如，按土地的地貌特征，可将土地分为平原、丘陵、山地、高原、盆地；按土壤质地可以划分为黏土、壤土、沙土等。

2. 土地评价分类系统

又叫土地生产潜力分类体系，主要依据土地的经济特性分类。如依据土地的生产力水平、土地质量、土地生产潜力可以将土地划分为一等地、二等地、三等地，等等。

3. 土地利用分类系统

土地利用分类系统主要依据土地的综合特性分类。土地综合特性的差异，导致了人类在长期利用、改造土地的过程中所形成的土地利用方式、土地利用结构、土地用途和生产利用方面的差异。土地利用现状分类就属于其中的一种分类形式。土地利用分类系统具有生产的实用性，利用它可以分析土地利用现状，预测土地利用方向。美国是最早开始土地利用分类研究的国家，1971 年 6 月华盛顿会议形成两套方案，一个是农业部经济研究局的方案(表 1—1)，另一个是地质调查局的分类方案。

4. 土地的法定分类

国家为了加强对土地的管理，体现土地分类的权威性，通过法律形式确定土地分类。土地的法定分类在中国新《土地管理法》中正式地、第一次得到了体现，这是中国土地立法史上的一大进步，该法第 4 条第 2、3 款对土地的法定分类及其含义进行了较为具体、切实的规定(表 1—2)。

表1—1　美国的土地利用分类方案(农业部经济研究局分类系统)

级别	土地类型				
一级	耕地	牧草地	林地	特殊用地	其他用地
二级	1. 作物利用耕地 2. 收获耕地 3. 歉收耕地 4. 夏季休闲耕地 5. 土壤改良和空闲耕地 6. 牧场化耕地		1. 牧场化林地 2. 非牧场化林地	1. 城市区 2. 交通用地 3. 农村公园 4. 野生物避难地 5. 国防、洪涝控制和工业区 6. 州属社会事业和其他用地 7. 农庄、农路和小道	1. 苔原 2. 冰河 3. 冰地 4. 湿地 5. 开阔沼泽地 6. 裸岩地 7. 沙漠 8. 海滩 9. 其他

资料来源:秦明周、Richard H. Jackson:《美国的土地利用与管理》,科学出版社,2004年,第31～42页。

表1—2　中国土地的法定分类及其涵义

分类＼内容	内涵	外延
农用地	直接用于农业生产的土地	耕地、园地、林地、牧草地、其他农用地(畜禽饲养地、设施农业用地、农村道路、坑塘水面、养殖水面、农田水利、田坎、晒谷场等用地)
建设用地	建造建筑物、构筑物的用地	商服用地、工业仓储用地、公用设施用地、公共建筑用地、住宅用地、交通运输用地、水利设施用地、特殊用地(军事设施用地、使领馆用地、宗教用地、监教场所、墓葬地)
未利用地	农用地和建设用地以外的土地	荒草地、盐碱地、沼泽地、沙地、裸土地、裸岩石砾地、寒漠苔藓地,以及河流湖泊水面、苇地、滩涂、冰川与永久积雪地等

资料来源:国土资源部地籍管理司,2001年8月。

二、土地环境与土地问题

（一）土地环境

环境是某项中心事物的环境，指中心事物周围的客观物质体系或外部世界。中心事物亦称环境主体，中心事物不同，环境的内涵和外延也就不同[12]。若中心事物是生物，则大气圈、水圈、岩石圈、土圈构成其环境，称为生物环境；若中心事物是人类或人类社会，则环绕于人类社会周围的大气、水、岩石、土地、动物、植物构成其环境，称为人类环境。若把中心事物界定为土地，则存在于土地外部的物质、空间和人类社会体系构成其环境，称为土地环境，包括自然环境、工程环境和人类社会环境三大板块。

土地自然环境是指直接或间接影响土地的一切自然形成的物资、能量和自然景观的总体，包括自然地理位置、地形地貌、气候、水文、地质、植被等自然因素。土地自然环境是自然界的产物，其运动和变化遵循自然规律。

土地工程环境是人类在自然环境的基础上，为不断提高物质和精神生活水平，通过长期有计划、有目的的经济活动逐步创造和建立起来的一种人工环境。按其形态可分为城市、工矿区、村落、道路、桥梁、港口、农田、牧场、人工林场、排灌系统、人造景观、城市基础设施及其他人工建筑物。按其功能，可分为生产性工程环境，如农田、果园等；消费性工程环境，如住宅、公园绿地、人工风景区等；混合性工程环境，如交通网络、上下水管道、通信电力设施等。工程环境是一种特殊的环境介质，是人类生产和生活的重要支撑系统。

土地社会环境是指人们生活的社会经济制度和上层建筑所构成

的社会条件的总和，包括人类知识体系、社会规范体系和经济活动体系三大部分。对土地影响最大的社会环境因子是人口状况、经济发展水平、经济政策、与一定社会制度相适应的土地制度，以及土地利用规划、土地保护政策、对土地的认识程度、土地利用技术等。

（二）土地与土地环境的关系

从哲学角度讲，土地与其环境之间是对立统一的关系，既相互独立，又相互依存、相互制约、相互作用和相互转化。从系统科学的角度分析，土地与土地环境是通过物质、能量、信息传递连结而成的有机整体（图 1—3）。在这一相互作用过程中，既存在相互促进关系，也存在相互冲突关系，其结果是土地环境的状态发生变化，同时土地的状态、价值、性质、权属也发生改变。

从总体上讲，土地环境决定着土地的价值、利用方式或性质、利用程度、利用结构和利用效益。

（1）自然环境不仅决定土地的可用性，而且决定着土地利用的方向和利用效果，土地利用的基本原则之一，就是根据其自然性状，因地制宜地确定利用方向和利用方式，从宏观上提高选择性效益。

（2）土地工程环境决定土地的性质，即土地用途，工程环境是人类劳动的成果，工程环境的营造过程就是人类劳动在土地上的投入过程，因而使土地呈现出土地物质和土地资本的二元结构；土地工程环境性质不同，人类劳动投入的大小和密度也就不同，由此造成土地资本的丰度即土地价值也不同，进而产生土地纯收益差异，依据收益还原原理，土地价格必然呈现多样性；土地工程环境的相对稳定性决定了土地用途变更的相对困难性。无论是生产性工程环境或是消费性工程环境，都是人类投入资金和劳动的结果，因此工程环境的改变不仅会造成经济损失，而且还迫使人们考虑机会成本，所以工程环境一旦形成，往往表现出一定的稳定性，既变动的惰性。

(3) 土地制度决定土地市场的形态、土地供给及利用方式、土地收益分配等，因而决定土地的占有形式、土地利用效果及地价水平；人口密度越大，家庭越小型化，土地需求就越大，由此带来土地压力的增大和地价水平的上涨。人口素质主要表现为人们对土地规律的认识水平、利用技术以及保护理念；经济发展越快，城市地价水平就越高，非农建设用地扩张就越迅速，农业用地特别是耕地保护的压力就越大；土地利用计划主要影响土地的供给，进而影响地价。土地利用规划界定区域土地利用性质、时空结构、限制条件，进而决定土地的收益能力，即地租水平。

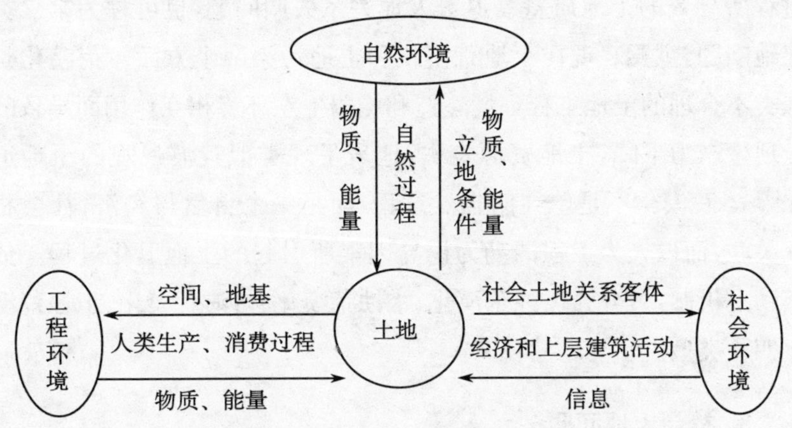

图 1—3　土地与土地环境的关系

(三) 土地问题

土地问题复杂多样，从其环境诱因可分为原生土地问题、次生土地问题和社会土地问题三大类。

1. 原生土地问题

由于土地自然环境的原因而导致的土地利用性能的障碍称为原生土地问题,也可称为第一类土地问题,直接影响土地生产功能的发挥和土地人口承载力的大小。以中国为例,其原生土地问题可概括为四点:土地自然类型结构先天不足,土地资源地区分布不平衡,难以利用的土地面积大,水土资源匹配不协调。

2. 次生土地问题

是指人类不合理的土地工程环境建设以及土地工程环境的运行过程所导致的土地质量衰退等人地关系失调问题,也可称为第二类土地问题,主要表现在土地荒漠化和土地污染两个方面。荒漠化是人类不合理的土地工程环境建造和脆弱生态环境相互作用而导致的土地生产力下降,土地资源丧失,地表呈现类似荒漠景观的土地退化[13]。荒漠化不是单纯的自然过程,而是一个自然与经济、社会相互关联,而以人为工程活动为诱导因素所引起的土地退化过程。依其动力机制,可分为风蚀荒漠化、水蚀荒漠化、盐渍荒漠化、工程荒漠化四种类型。

3. 社会土地问题

又可称为第三类土地问题,指由于土地社会环境因素而导致的土地关系失调问题,外延非常广泛。土地关系是指以土地为客体所形成的人与人之间的关系,包括对土地的占有、使用、收益、处分等关系。土地关系的失调必然引致人地关系的失调。中国以下几个有内在联系的社会土地问题引起国内外理论界的重点关注：土地二元所有制与地权不平等问题、土地征用与农村社会稳定问题、耕地损失与粮食安全问题。

三、耕地

（一）耕地的内涵

耕地就是指种植农作物的土地，这是耕地最一般的概念。根据1984年全国农业区划委员会制定的《土地利用现状调查技术规程》，下列三种情形的土地都属于耕地：种植农作物的土地，包括新开荒地、休闲地、轮歇地和草田轮作地；以种植农作物为主，间有零星果树、桑树或者其他树木的土地；耕种三年以上的滩涂和海涂，以及前三年内曾用于种植农作物的土地。无论哪种形式的哪种类型的耕地，一个共同的、本质的特征，就是用以种植农作物的土地，这是耕地与其他类型土地的根本区别之所在。

随着中国农业结构调整的大力推进，耕地保护工作的不断实践，人们对耕地的认识不断深化，耕地的概念也在不断发展。从耕地的生产能力来看，耕地转换为园地、草地和鱼塘，并不意味着丧失了其农产品的生产功能。从土地利用角度看，耕地、园地、鱼塘之间互换用途是可以做到的，也就是说，农业结构调整具有可逆性。为了适应这一认识的变化，国土资源部制定了城乡统一的《全国土地分类》（过渡时期适用），自2002年1月1日起执行。在过渡分类方案中，耕地与园地、林地、牧草地和其他农用地并列作为农用地的二级类，指种植农作物的土地，包括熟地、新开发复垦整理地、休闲地、轮歇地、草田轮作地；以种植农作物为主，间有零星果树、桑树或其他树木的土地;平均每年能保证收获一季的已垦滩地和海涂。在执行过渡分类、进行土地变更调查时,设定了很多可调整用地类型,如可调整果园、可调整有林地、可调整人工草地、可调整养殖水面等,其主要特征为由耕地改用作现状用途,但耕作层未被破坏或可复耕的土地,土地变更调查时仍作为耕地对待。

张凤荣教授认为,从耕地保护的目的是保护耕地的生产力的角度上讲,新一轮土地利用总体规划在耕地概念上,应该承上启下,作以下变革:耕地指种植各种农作物的土地,包括种植粮食、油料、棉花、蔬菜等一年生农作物的土地,也包括利用原来的耕地栽种果树、林木、花卉等多年生作物的土地;耕地还包括原耕地用来养鱼、养猪、养鸡等养殖业,但没有进行地面固化,可以复垦的土地[14]。

(二)耕地资源的功能

耕地除具有一般土地资源的承载、生育、资源等功能以外,还具有一些特殊功能。

1. 生态功能

从以下四点可以看出耕地具有重要的生态价值。①农田生态系统是生产力最高的生态系统,保护农田生态系统就是保护人类赖以生存的生态环境,保护绿色植被,防止土地退化。②保护耕地对保护生物多样性有重要作用,因为有了耕地就需要有相应的池塘、水渠、田埂等附属设施,它们为野生动植物提供了栖息场所,这对于保护生态多样性具有重要生态价值,而如果都变成建设用地或其他地类,这些栖息场所就会消失,必然影响物种的多样性。③耕地不但是“碳源”,也是重要的“碳汇”。因为农作物通过光合作用,将空气中大量

的 CO_2 转化为有机质，这对于减少温室气体，降低温室效应具有重要意义。④耕地中的水田是“湿地”的重要组成部分，成为“地球之肾”的重要细胞，对于调节气候，控制污染等具有重要作用。

2. 经济功能

虽然农业的比较利益低下，保护耕地无利或只有微利可图，但耕地的经济利益也不可忽视。①耕地是可以转化为其他用途的地类，即耕地最具有多宜性，保存耕地，就为土地利用的多样性打下了基础，为将来的社会经济发展提供资源储备。②虽然农业微利，但是现代农业是最稳定、经济风险最低的产业，近年来许多有实力的大公司和企业集团投资农业，建设生态农业园区、观光农业园区，就是很好的证明，保护耕地对于发展农业产业提供了资源基础。③保护耕地限制建设用地的供应，造成了土地的稀缺性，有利于建设用地的集约利用，提高了存量建设用地的价值，保证了资产性资源的保值升值。

3. 社会保障功能

耕地保护的社会效益巨大，对社会稳定非常有益。①保护耕地，发展现代农业，促进农民增收、农业增效、农村发展，是全面建设小康社会的需要。②目前和今后一个时期，农业是解决就业问题的重要途径。发展农业至少可以吸纳部分农村剩余劳动力，甚至吸纳部分城市劳动力。③当前在中国有 9 亿农民的农村，普遍建立像城镇那样的社会保障体系，从资金投入上还不大可能。保护耕地，保证耕者有其田，至少保证了大部分农民的温饱和基本收入，给国家解决了不少建立社会保障体系的财政负担和其他经济负担。

（三）耕地生态经济系统的特点

耕地生态经济系统是以耕地为基础，由地貌、气候、水文、植被、动物、土壤等自然要素共同组成，以作物群落为中心，以农作物经济产量为目标的可为人类调控的生态经济复合系统，又承载着土壤、水田、旱地、望天田、水浇地等次级系统。该系统具有以下特点[15]。

1. 运行的波动性

耕地生态经济系统运行的周期波动性可以由耕地非农化的态势得以体现。耕地非农化是指耕地转化为非农建设用地的现象，是一定社会经济背景下，工业化、城市化发展的必然结果，与经济发展周期有密切联系，呈明显的正相关关系。经济发展具有一定的周期性，因而耕地非农化也表现出一定的周期性波动。

2. 结构的复杂性

耕地生态经济系统内部，以及耕地生态系统与非耕地生态系统之间持续不断地进行着复杂的物质循环和能量转换，从而维持其系统的稳定，使得耕地价值（效用）得以持久充分的实现。这些子系统及其构成要素发生作用的时空序列、影响强度和方向以及它们之间的关系处于不断变化中，而且系统变动的因果关系表现得十分复杂，同一结果可能由多种原因引起，同一原因也可能引出几个结果。同时各因素的变化及其影响并不是单方面的，各变量之间相互形成制约关系，即使单个因子的变化也会引起其他有关因子的“共摇”，从而导致系统整体的重大变动，这就使得耕地生态经济系统更具复杂性。

3. “体质”的脆弱性

耕地是具有肥力的土地，是农业的基本生产资料，这是耕地与非耕地的根本性差异，而由于土壤肥力受自然条件及社会经济条件的双重影响，使得其具有强烈的生态脆弱性。自然灾害以及人类不当开发行为都造成对耕地的收益损失及对土壤的侵蚀、污染，而土壤是很难再生的资源，土壤流失将严重影响耕地的持续利用。

4. 调控的滞后性

以中国为例，由于各地均以经济建设为中心，单纯追求眼前的经济利益，而忽视经济的可持续发展，致使耕地管理缺乏超前性和持久性，即在经济建设热潮时，考虑不到耕地保护，这种热潮过后才考虑要加强耕地保护，这就是耕地生态经济系统调控的滞后性，这种滞后性在一定程度上放大了该系统的波动性。

（四）耕地资源的价值分析[16]

价值是客体与主体需要的特定关系。如果抛开人类中心主义和非人类中心主义的争论，从现实的角度把人看成价值的唯一主体。那么根据客体的形式来分类，耕地资源价值属于物质的价值，根据物质满足主体需要的性质可分为物质的物质价值、物质的精神价值和物质的综合价值。具体而言，耕地资源价值包括经济价值、生态价值和经济生态价值的间接价值即社会价值和精神价值。

(1) 耕地的经济价值是指耕地用于农业生产所获得的农产品的价值。

(2) 耕地生态价值指耕地及其上的植物构成的生态系统具有的

生态价值，包括调节气候、净化空气、美化环境、维持生物多样性等方面的价值。

(3) 耕地的社会价值是指直接的物质价值转化为社会功能的间接价值，主要包括提供就业保障、支撑粮食安全和维护社会稳定等方面的价值。

(4) 耕地的精神价值包括认识价值、道德价值和审美价值。耕地的认识价值是指人类通过实践总结和科学研究获得的对耕地各方面的认识，包括耕地的性能、生产利用方式等，获得这些认识本身就是一种精神的享受，即认识价值的享受价值，同时这些认识能够反过来指导人类更好地利用耕地，从而获得了耕地认识价值的生产价值。耕地的道德价值是指耕地给予人类的道德启示，比如把耕地比作母亲对人类的无私奉献等，这些道德启示本身构成了道德价值的享受价值，同时由于精神的能动作用，能够直接指导生产活动，从而获得了耕地道德价值的生产价值。耕地的审美价值是由于耕地本身构成一种自然和人文的综合景观，它能给人以美学的享受，即审美价值的享受价值，同时这种享受价值可以直接转化成生产价值，比如耕地景观是乡村旅游的重要资源，能够直接带来收益，从而获得了耕地审美价值的生产价值。

四、基本农田

(一) 国外基本农田的定义

审视国外农田保护实践，以美国农田保护最为规范。美国在1958年和1967年清查全国农田资源，1976年土壤保持局围绕重要农田清查工作，把重要农田分为基本农田(Prime Farm Land)、特种农田(Unique Farm Land)、州重要农田(Farmland of Stateside Importance)和地方重要农田(Farmland of Local Importance),提出并深入探讨了基本农田内涵。

传统基本农田定义的依据是它的农业适宜性。美国土壤保护局定义基本农田为自然或灌溉能提供充足的水供给,热量充足、生长季节能够满足当地选中的植物生产、常年洪水位或高水位以上、没有盐碱问题、没有水土流失、沙砾细小的耕地。基本农田界定首先考虑的是土壤特性,主要是指有充分、可靠的水分供应(水源来自降水和灌溉),无过湿现象,也不易受洪涝灾害;pH 值适中,有良好通气性和渗透性;虽然有石砾存在,但不影响机械作业,也没有太大侵蚀危险的土地。其次是考虑气候和水文地质基础。美国还提出了农田立地条件的重要概念,定义为不包括土壤特征在内的、所有与土地利用问题相关因子的集合。这些因子涉及农田连片性、农业发展政策、土地利用规定、农业赋税、可择土地利用方式、土地利用方式与当前土地特性的一致性、土地利用总体规划和区位八个方面,也是划定基本农田的重要指标。

20 世纪 70 年代美国土地利用最值得注意的现象是基本农田的流失,公众将其看作是一场国家危机,并引证了城市影子作用(urban shadow affects)、转用耕地的质量(quality of cropland converted)、损失基本农田的区位(location of prime agriculture loss)、农田转用成本(cost of farmland conversion)四种因素作为证据。那些承认城市扩张综合影响导致土地利用问题的人们,坚持认为必须保护基本农田,基于如下理由:①为全世界提供充足的食物;②控制城市扩张。如果对保护毗邻城市、适宜开发的基本农田缺乏管制,城市扩张浪费的成本将继续上升;③为了地方、国家和国际经济;④农用地是维护宽敞空间和保护环境质量的必要条件[17]。

（二）中国基本农田的定义

中国“基本农田”一词的提出，可追溯至1963年黄河中下游水土保持工作会议，决议有“通过水土保持，逐步建立旱涝保收、产量较高的基本农田”。此后，也有“高产稳产基本农田”、“旱涝保收基本农田”等称谓，但直到20世纪80年代末，基本农田的中心内容仍是指生产能力高，抗灾能力强的高产稳产农田[18]。1994年国务院颁布的《基本农田保护条例》将基本农田定义为：基本农田是根据一定时期人口和国民经济对农产品需求，以及对建设用地预测而确定的，长期不得占用或保护期内不得占用的耕地。1998年国务院颁布新的《基本农田保护条例》，将基本农田定义为：是指按照一定时期人口和社会经济发展对农产品的需求，依据土地利用总体规划确定的不得占用的耕地。下列耕地应当划入基本农田保护区：①经国务院有关主管部门或者县级以上地方人民政府批准确定的粮、棉、油生产基地内的耕地；②有良好的水利与水土保护设施的耕地，正在实施改造计划以及可以改造的中、低产田；③蔬菜生产基地；④农业科研、教学试验田。

基本农田是耕地的一部分，是耕地的精华，与耕地不同的是耕地属于土地资源学范畴，是土地利用的一种方式，不具体涉及与人口和社会发展之间的数量关系；基本农田属于人口生态学范畴，是人地关系的反映，不同时期侧重点不同，其内涵具有时代性。

（三）中国的基本农田保护制度

基本农田保护包含了三层意义：一是基本农田保存，二是基本农田利用,三是基本农田监测和管理。其中保护的主题是保存基本农田生产力,保护的前提是明确人地关系和区域发展目标,保护的目的是持续有效地利用基本农田资源。监测和管理是保护的手段,也是基本农田可持续利用的保证。当前中国的基本农田保护制度主要包括八个方面的内容:基本农田保护责任制度、基本农田保护区用途管制制度、占用基本农田审批制度、占用基本农田补充制度、基本农田定期监督检查制度、基本农田保护区地力建设制度和基本农田污染监测制度。

中国的基本农田保护是通过划定保护区的形式进行的。所谓基本农田保护区,是指为对基本农田实行特殊保护而依据土地利用总体规划和依照法定程序确定的特定保护区域。为了合理协调人类干扰和基本农田保护的关系,一般将单一的基本农田保护区划分为核心区、缓冲区和待开发区三个功能区(图 1—4)。

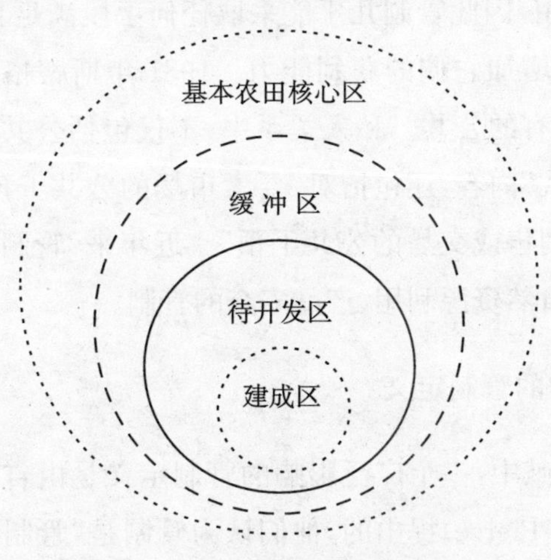

图 1—4 基本农田保护区空间布局

五、管制与土地用途管制

（一）管制的含义

"管制"一词来源于英文 regulation 或 regulatory constraint，其含义随管制领域不同而有所差别[19]。

1. 经济学中的管制定义

经济学对管制的研究往往反映出政府所关心的重点问题，卡恩(Kahn)、谢波德和威尔克斯(Shepherd and Wilcox)、乔克斯和诺尔(Joskow and Noll)都对管制下过定义，但影响最大传播最广泛的管制定义是由斯蒂格勒(Stigler)提出的："作为一种法规，管制是产业所需要并主要为其利益所设计和操作的。"在他看来，管制是国家"强制权利"的运用，因此管制几乎能采取任何手段满足其产业的欲望，最极端的就是增加它们的获利能力。1981 年斯蒂格勒又将管制的范围扩展到所有的公共—私人关系中，不仅包括公共事业和反托拉斯政策等"老式"内容，还包括对"要素市场的公共干预"，对"商品的服务和生产、销售或交易的公共干预"。近年来，管制的重心开始转向环境质量、自然资源利用、产品安全的管制。

2. 法学中的管制定义

在法学文献中，一个广泛影响的管制定义是由吉尔洪和皮尔斯(Gellhorn and Pierce)提出的，他们认为管制是"管制者的判断对商业或市场判断的决然取代"。他们在直接管制与法律限制之间作了区分，认为前者主要是规定的(prescriptive)，后者则是禁止的(proscriptive)。他们认为政府的管制仅仅是对众多社会力量的法律控制形式中的一种。

3. 政治科学中的管制定义

政治科学文献强调管制决策的政治与行政内容。米尼克(Mitnick)指出:“管制是针对私人行为的公共政策,它是从公共利益出发而制定的规则。”在米尼克看来,政府管制者是代理人,而消费者或利益集团则是委托人。梅尔(Meier)将管制定义为“政府控制市民、公司或准政府组织行为的任何企图”,“管制是与政治家寻求政治目的有关的政治过程”。里普莱和弗兰克林(Ripley and Franklin)将管制政府分为“竞争性”与“保护性”两类,前者指政府机构对特许权或服务权的分配,后者则是“通过设立一系列条件控制私人行为而达到保护公共利益的政策”。

综上所述,管制是由行政机构制定并执行的直接干预市场配置机制或间接改变企业和消费者的供需决策的一般规则或特殊行为,所以它又可称为行政管制。此处行政机构是指由立法机关设立以贯彻政策目标的政府单位。管制的具体形式有进入管制、价格管制、产品或服务的质量标准管制、工作场地安全卫生管制、环境污染管制以及合约条款管制等。在行政管制权面前,行政相对人必须绝对服从[20]。

(二)市场缺陷与政府管制

市场机制在资源配置方面是迄今为止所能证实的最有效的一种机制,但在实践中存在许多缺陷,需要依靠市场外的力量进行校正。考虑到不同的市场缺陷所导致的资源配置失效的不同表现,市场缺陷可以分为以下几类:不完全竞争、外部性、信息失灵、偏好不合理、收入分配不公平。前三者可以称之为市场的内在缺陷,它是市场机制本身所固有的缺点;后两者可以称之为市场的外在缺陷,它是市场机制运行所产生的一些不良后果。市场缺陷的存在影响了资源的配置效率,因而需要对它进行矫正。可观察到的矫正市场缺陷的力量无非包括市场力量、政府力量和社会力量三种。政府作为唯一拥有强制性力量的组织,其在市场缺陷的矫正活动中应该起到至关重要的作用。从各国实践情况来看,政府在应对市场缺陷方面至少存在以下几种方式:普通法、反垄断法、宏观调控、国有化、政府管制。政府管制是指政府以效率和公平为管制目标,以不完全竞争、外部性和信息失灵等市场缺陷为管制对象,凭借行政权力作出并直接执行的直接干预市场配置机制和改变企业与消费者的供需决策的一般规则或特殊规则。该定义有三层含义:首先,政府管制是政府所作出的一种行政行为;其次,政府管制的目标为追求效率和公平;第三,政府管制应局限于矫正不完全竞争、外部性、信息失灵和偏好不合理等市场缺陷方面。需要指出的是,市场经济条件下的政府管制,仍然根植于普通法传统的深厚土壤,具体表现为:管制需要立法提供法律依据;管制部门要得到立法的特别授权;受管制市场的企业和个人,可以根据普通法和行政法对政府的管制行为提出法律诉讼[19]。

(三)土地利用控制

土地利用控制是人们在一定条件下,为达到一定的土地利用目的,对土地利用活动与过程施加各种影响和限制,以促进土地利用向着人们所预期的目标和状态发展,是土地管理的基本职能之一[21]。土地利用既是一种经济行为,也具有一定的社会后果,是一种社会行为。从土地使用者的角度来看,土地利用的目标就是从土地获取最大的收益或效用;而从社会角度来看,公众对土地利用目标的要求则不尽一致。由于对土地利用目标的要求不同,土地利用控制的标准就不同,所采取的控制措施和控制方式也不尽相同。因此,客观上存在两种不同的土地利用控制,即土地使用者的土地利用控制和政府的土地利用控制。

土地使用者的土地利用控制实质上是一种经营管理行为。一般而言,土地使用者的土地利用是以追求利润最大化为原则的,土地使用者在决定对土地如何利用时是根据土地所具备的自身条件、市场行情、价格、政策等,在各种可能的土地利用方式中选择能获得最大利益的方式,并在土地利用过程中随市场、价格的变化而不断对土地利用方式、投入水平等加以调整,以适应外界条件的变化,从而获取最大的收益。

而政府在土地利用目标上则与私人不尽相同。从政府的角度看,其管辖范围内的土地利用构成了一个完整的土地利用系统,其追求的土地利用目标应是整个土地利用系统的整体功能最佳。它不仅要看土地利用的经济效益,而且要考虑土地利用对人们需求的满足程度,对生态环境的影响等。因而政府在土地利用过程中采取一定的干预手段,对整个土地利用系统的运行加以控制,以使其能按照政府所预期的目标(状态)发展。政府对土地利用的控制主要是对土地所有者和土地使用者使用土地的权利和义务以及使用条件、行为的控制。第一个方面是通过行政管理权采取税收、地价、金融等经济手段影响土地利用方式。第二个方面是通过国家对土地所具有的"治安权"和"公共目的开发投资权"来限制土地使用权。土地用途管制即是国家限制土地使用的一种方式,通过"治安权"运用土地分区条例，在不同地域对土地使用权主体的某些权力进行不同程度的限制[22]。第三个方面是通过国家法律限制土地所有权，如限制外国人拥有某些地区土地的所有权，限制私人对公共土地、自然保护区土地、水源地土地的所有权等，从而实现国家的社会目标和公民的公共福利。第四个方面是通过征用剥夺土地所有权，这是一种最极端的手段。从政府控制土地的内容来看，控制存在于许多方面，如对占有和处置土地的控制，土地分配的控制，土地用途的控制，土地数量规模的控制，土地质量和生态的控制。但其核心是对土地用途的控制。从政府土地利用控制的目标来看，尽管各国情况不同，但都侧重于对农地使用的控制，尤其是限制农地向非农地的转用，保护耕地。

（四）土地用途管制

土地用途管制是人类社会发展到一定阶段保护和合理利用土地资源的必然选择，但对土地用途管制的内涵，学术界也存在着不同的认识。

(1)沈守愚教授认为，土地用途管制是国家为了保护土地资源和耕地，确立土地利用的约束机制，防止土地滥用、土地投机、土地垄断和在土地上谋取非法利益而对土地利用进行严格控制的一项具有财产所有权性质的法律制度，是国家以土地所有者身份，对土地采取保护性措施而行使的一项经济职能。这种经济职能只有对客体有全面支配权的主体才能行使[23]。

(2)刘书楷教授认为，土地用途管制是土地使用管制中的类别管制。所谓土地使用管制是一国政府依法对土地占有、使用的管制，主要是对土地占有、使用者使用土地的权利和义务及使用条件的管制，即包括占用、使用期间缴付使用土地的租金、税赋、劳务等以及对土地使用的类别的用途和使用方式与方法的限制。所以,土地使用管制是建立在一定的地权观念和地权制度上对土地使用权的管制和限制,是政府行为,是政府代表国家依法或按照计划对土地使用施行的强制性管理。体现着一国政府的“最高权”或“统治权”(highest authority or dominion)及“最终所有权和处分权”(ultimate authority),体现着政权与地权的统一。从地权观点而言,土地使用管制的实质意义就是对土地占有、使用权力范围大小的界定及对土地使用类别的限制;土地用途管制和耕地保护则是指土地产权转移管制及农地使用管制。可见,时代的发展使土地用途管制和耕地保护日益成为土地使用管制的重要内容[24]。

(3)王万茂教授认为,从法学角度而论,土地用途管制是国家为了农地,对土地利用实行严格控制的一项具有财产所有权性质的法律制度;从经济学角度来看,土地用途管制系由行政机关进行的对土地利用主体行为的限制;从管理学视角而言,土地用途管制的实质就是政府为促进社会整体协调发展,采取各种方式对土地利用活动进行调节控制的过程,是国家管理公共物品的重要措施[25]。

(4)陈利根博士认为,土地用途管制是一种土地利用约束机制,以规范土地的使用,防止土地资源的浪费和不合理使用,保证土地资源的可持续利用,促进社会经济的可持续发展;土地具体用途的确定,必须经过一定的科学程序和法定程序,这种具体用途是一种法定用途,具有法律意义;土地用途的变更必须经过申请许可,擅自改变土地用途将受到经济、行政和法律的处罚[20]。

(5)本书采用的定义:土地用途管制是指为能实现土地资源的最优配置和合理利用,在土地利用分区基础上,制定和公示土地利用规则,并据此对土地利用作出许可、限制许可或不许可的规定,从而确保土地利用、规划实施的法律或行政的强制性制度和措施。这里包括三层涵义:土地利用规划是土地用途管制的依据和基础,土地用途管制是实现土地利用规划的一个重要手段;用途管制所依据的规划内容应是公示的;土地用途管制是强制性措施,包括行政强制和法律强制两种形式。

第二节 研究的理论基础

一、新古典经济学地租理论

地租作为土地经济理论的关键性概念,是解释土地价值和人类利用土地资源主要动因的理论基础。它影响着土地这一不动产资源在不同个人和不同用途间的分配,对土地开发、利用、保护及土地租赁协定、税收政策等方面都有重大影响,反映着土地用途的社会效益。土地边际生产力理论和竞租理论均属于新古典经济学地租理论①。虽然该地租理论继承了资产阶级庸俗政治经济学的地租观,掩盖地租所反映的社会经济关系的本质,主要在影响地租量的因素及地租量的决定上做文章,但其对地租的分析研究方法,对于耕地保护具有一定的理论指导价值。[5]

① 20世纪30年代的经济大危机之前,在英美等资本主义国家占据支配地位的经济理论是以马歇尔、庇古等人为代表的新古典经济学。新古典经济学从瓦尔拉的"一般均衡理论"和马歇尔的"局部均衡理论"出发,认为自由竞争的市场机制完全能够保证社会的经济资源(资本、土地、劳动力)得以充分利用和合理配置,保证社会的每个成员都得到最大的满足。

（一）土地供给弹性与地租构成

新古典经济学地租理论认为各种生产要素都能创造价值，劳动、资本、土地各要素分别按各自的贡献取得报酬，即工资、利息和地租。土地的报酬有时又称为商业地租（commercial rent)，它包含两种成分——转移收入（transfer earnings)和经济租金（economic rent)，前者是对地力消耗的补偿或土地资本的报酬，后者则是反映土地稀有价值的支付，二者的关系见图 1—5。

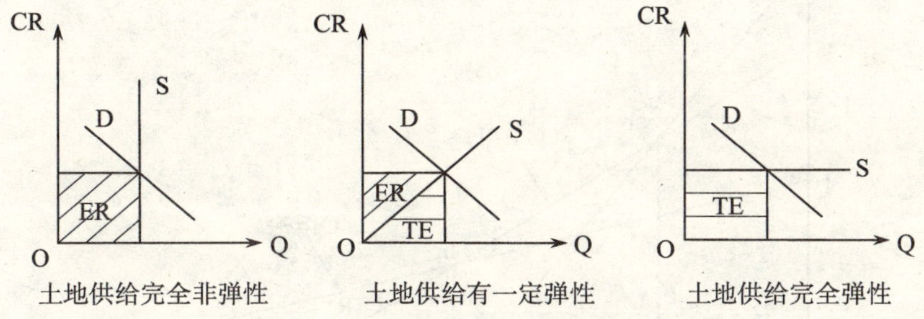

图 1—5 土地供给弹性与地租构成

图 1—5 中，横轴 Q 为土地供给量，纵轴 CR 为商业租金，斜线部分 ER 为经济租金，横线部分 TE 为转移收入，D 为需求曲线，S 为供给曲线，则土地供给弹性与地租构成如下关系：

当土地供给完全弹性时，则商业租金完全由转移收入组成，经济租金可以忽略不计。当土地有限、供给有一定弹性时，则经济租金与转移收入同时存在，二者的比例关系取决于弹性的大小，土地供给弹性越大，转移收入所占的比例越大，反之亦然。当土地供给完全非弹性时，则商业租金完全由经济租金组成，转移收入可以忽略不计。

（二）竞投地租理论

各类性质的用地受盈利水平的影响在空间上形成一定分布规律，总体表现为不同性质土地的盈利水平与城市中心的距离成正比，此即为竞投地租理论，简称竞租理论。

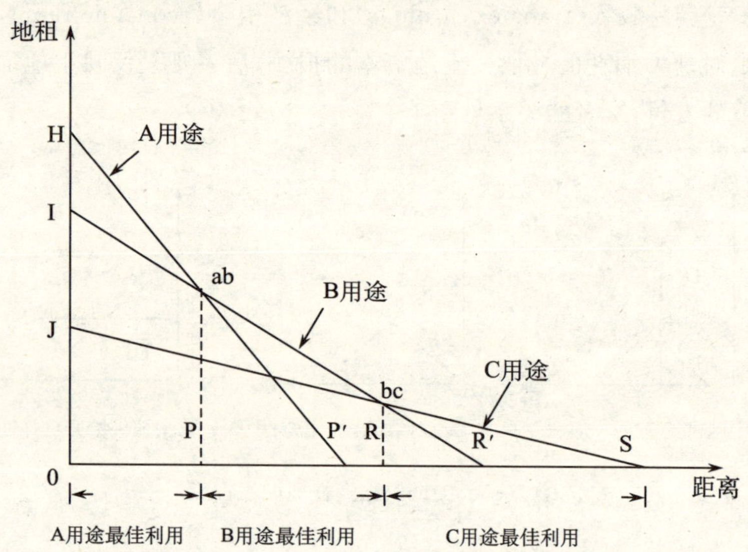

P′——A用途的无租边际；P——A、B用途的转换边际；PP′——A用途向B用途的转换带；R——B、C用途的转换边际；RR′——B用途向C用途的转换带；R′——B用途的无租边际；S——C用途的无租边界

图1—6 地租与土地各竞争用途的关系

资料来源：雷利·巴洛维(1989)，转引自程烨、王静、孟繁华(2003)。

土地质量高或交通便利的地区通常产生高额地租。相反，人类不得不利用的质量差的或交通不便的土地，则地租趋于下降。反映土地利用能力的土地质量和便利程度与地租之间密切相关，使得地租成为某用途地块利用能力的指标。当土地经营者在某一地块选择土地利用方式或土地用途时，将会注重多种用途间可能经济报酬的比较。从经济观点出发，这类比较特别涉及用途和位置时，可以用重叠的地租三角形来说明。不同土地用途的地租三角形大小和形状差异很大(图1—6)。

图1—6所示，由A用途地租的又陡又窄的三角形到C用途地租平而宽的三角形，三个地租三角形可以用来描述三种不同土地用途的竞争。可以看出，地租产出最高的土地利用方式通常首先需要利用能力最大的土地，相对较低的地租生产能力，不可能与生产率较高的利用方式竞争，其结果是他们被排挤到郊区，排挤到那些他们有足够能力与其他利用方式竞争的地方。在任何一个位置，总是存在某一用途比其他用途有较高的地租报酬。从单个经营者的经济立场，这种用途总是该土地的最高层次和最佳的利用[26]。

三个地租三角形的斜边代表该种用途的集约边际，集约边际线的交点称为转换边际，在这一点上，土地转为B类用途比继续A用途更为有利，在这一点以内，属于此类用途的最高层次和最佳利用的范围。以这些点作为A类用途、B类用途和C类用途的分区界限，将可以达到各类用途土地的最佳利用。从建设用地、农业用地、林地的地租报酬水平来讲，从土地经营者的角度考虑，A、B、C这三种用途分别代表了建设用地、农业用地、林地的利用方式。因此，从理论上讲，利用A、B、C这三种用途的转换边际点，可以进行建设用地区、农业用地区、林地用地区的类型划分，并能达到各用地区的最高层次和最佳利用。

但是，这种预期的各类用途类型土地的最高层次和最佳利用并非总能实现。受经济利益的驱动，随着经济的发展和城市的扩张，建设用地不断蚕食农业用地，A用途建设用地与B用途农业用地的转换边际不断远离其原来的位置，市场无法控制此趋势，造成A用途建设用地对B用途农业用地的“外部不经济”行为。当建设用地扩展越多，耕地不断转用为建设用地时，由“外部不经济”所损失的经济利益越大。为合理有效利用土地资源，保护农业用地，则需要社会控制手段控制土地用途的转变，控制不同用地类型的转换边际，此即为土地用途管制分区[27]。

二、现代产权理论

（一）产权范畴分析[28]

产权概念是从西方引进的。20世纪80年代后中国才从国外引入西方产权理论。“产权”的概念是科斯在1960年发表的《社会成本问题》一文中明确提出来的，德姆塞茨、阿尔奇安顺着科斯的思路，创立和发展了产权经济学。其内容包括：产权范畴；产权的安排和效率；企业的产权结构。交易成本理论、产权理论、制度创新理论是新制度经济学派的三大基石。1991年、1993年科斯和诺斯分别获得诺贝尔经济学奖，产权理论越加名声大噪，研究者更多，对产权范畴的认识也呈现多样性。

(1)“工具功能论”。德姆塞茨(H. Demsetz)认为：“产权是一种社会工具，其重要性就在于事实上他们能够帮助一个人形成他与其他人进行交易的合理预期。”他进一步指出，“所谓产权，是指使自己或他人受益受损的权利”；“产权是界定人们如何受益及为何受损，因而谁必须同谁提供补偿以使他修正人们所采取的行动”；“产权的一个主要功能是引导人们实现将外部性较大的内在化的激励”[29]。R. A. 波斯纳在其1977年再版的《法律的经济分析》中，从产权的功能作用发挥方面概括出三条标准：一是普遍性，即强调资产所有者的普遍性，这是产权有效与有序发挥的保障；二是独占性，即强调产权越具有独占性，资源配置越具有效率；三是可转让性，即强调产权可以自愿、自由地交易，否则资源配置难以有效。

(2)“财产权利复合论”。这种理论认为，“产权，广义地说就是财产权利，并表述为静态产权和动态产权。”[30]《牛津法律大辞典》把产权定义为：“财产权是指存在于任何客体之中或之上的完全权利，包括占有权、使用权、出借权、转让权、用尽权、消费权和其他与财产有关的权利。不要把产权视作单一的权利，而应当把它视作若干独立权利的集合。其中的一些或甚至其中的很多独立权利可以在不丧失所有权的情况下予以让与。”[31]

(3)“行为关系论”。著名的产权经济学家阿尔钦认为：“产权不是人与物之间的关系，而是指由于物的存在和使用引起人们之间一些被认可的行为性关系。产权分配格局具体规定了人们那些与物相关的行为规范，每个人在与他人相互变化中都必须遵守这些规范，或者必须承担不遵守这些规范的成本。这样社会中盛行的产权制度便可以被描述为界定每个人在稀缺资源利用方面的地位的一组经济和社会关系。”[32] S. Pejovich 认为：“产权是因为存在着稀缺物品和其特定用途而引起的人们之间的相互关系中，所有的人都必须遵守的与物相对应的行为准则，或承担不遵守这些准则的处罚成本。”[33]当代西方学者菲吕博腾(E. Furubotm)则指出：产权的本质不是对物的关系，而是人与人之间的关系。对其“要注意的中心点是产权不是指人与物之间的关系，而是指由于物的存在及关于它们的使用所引起的人们之间相互认可的行为关系”，“它是一系列用来确定每个人相对稀缺资源使用时的经济和社会关系”[34]。

(4)“产权体系论”。这种理论从行为权力角度界定产权定义,明确提出以出资者所有权为基础的各种行为性权力的产权体系论、产权价值论、产权可分论。著名学者 P. 阿贝尔则把产权范畴作为一组权利束来表达,他为此对产权权利束进行了描述,其中包括:“所有权,即排除他人对所有物的控制权;使用权,即区别于管理和收益权的对所有物的享用和收益权;管理权,即决定怎样和由谁来使用所有权的权利;分享残余收益或承担负债的权利,即来自于对所有物的使用或管理所产生的收益和成本分享和分摊的权利;对资本的权利,即对所有物的转让使用、改造和毁坏的权利;安全的权利,即免于被剥夺的权利;转让权,即所有物遗赠他人或下一代的权利;重新获得的权利,即重新获得业已失去的资产的可能和制度保障的权利;其他权利,包括不对其他权利和义务的履行加以约束的权利,禁止有害于使用权的权利。”

从上述观点可以看出,产权是指一个社会所强制实施的选择一种经济品使用的权利。完整的产权包括占有权、使用权、收益权和转让权(处分权)。产权的本质是原始财产所有者与财产持有利用者凭借其产权自身的“成本—收益”、“激励—约束”、“外部性—内在化”的三大基本机能,以优化资源配置的效率,实现各自的最大化分成收益,而相互确认、遵从、运用产权的利益关系这样一种新型结构的制度装置及其机制。

(二) 产权的基本特征

1. 权力的排他性

综合国内外学者的观点可以看出,产权是与财产有关的具有排他性的权利，并且是可以平等交易的法权。正如新制度经济学家诺斯(North)所指出的，产权的本质是一种排他性的权利，在暴力方面具有比较优势的组织处分界定和行使产权的地位；产权的排他对象是多元的。除开一个主体外，其他一切个人和团体都是排斥对象之列[35]。

2. 社会作用的基础性

产权是规定人们相互行为关系的一种规则，并且是社会基础性规则。中国学者刘伟等认为，产权是源于社会经济生活的对人的权利和责任的规范，并且承认这种规范首先是明确人们可以做什么，不能做什么，如果做了产权规定不该做的事情，该向谁补偿。德姆塞茨(H. Demsetz)指出："产权是一种社会工具，其重要性就在于事实上他们能帮助一个人形成他与其他人进行交易的合理性预期，这些预期通过社会的法律、习俗和道德得到表达，产权的所有者拥有他的同事同意他以特定的方式行使的权利。"[36]

3. 权力体系的结构性

从产权结构体系的形成看，在同原始财产所有权互动制衡的层面上，产权是一组对原始财产权利依法承受使用权、收益权与流转权的结构体系。承受使用权能，是通过市场规范或法律规则进行交易或继受取得并对标的物享有使用的权能；收益权能，则是按照一定规则支付交易费用，分散或规避交易风险，通过对标的物的使用而获得最大化分成收益的权能；流转权能，是产权主体按照市场规则或法律规范，对依法承受、使用的标的物自由地流转，以获取最大化分成收益，或最大限度地降低交易成本，分散交易风险的权能。它们之间是有机联系的,而不是相互分割的。

4. 权力的流转性

产权的排他性是产权交易的前提。产权的交易流转性,是产权存在的灵魂,也是产权运动的外在表现形式。产权范畴本身不仅蕴涵其主体是特定的,而且蕴涵着其初始权利的边界是清晰而可以计量的,并且可以随机凭借市场规则进行交易,其各权益主体必定要分摊交易费用与交易风险,获得分成收益。

(三) 产权界定

产权界定就是把产权的各项权能界定给不同的自然人、法人或团体。这一定义包括两个关键词,一是特定的产权权能,二是特定的产权主体。把这两者确定清楚就界定了产权。

科斯(R. Coase)在其经典名著《社会成本问题》一书中,以走失的牛群为例说明了产权界定的重要性[37]。科斯指出,没有权利的初始界定,就不存在权利的转让和重新组合的市场交易。在零交易费用条件下,参与谈判的双方在对权力的初始界定明确后会利用市场机制,通过订立合约,找寻到使各自利益损失最小(或收益最大)的合约安排。若存在交易费用,如果产权界定明确,相互作用的各方也会通过合约找寻到较优的制度安排,只要这种制度安排带来的生产价值的增加值大于其运作所带来的费用。总之,产权经济学派认为,明晰的产权是市场交易的基础。产权界限如果不清楚,人们就不能有效地行使对占有物的使用、收益和处分的权利,也就不能有效地行使产权中最重要的排他性权利,从而尽到权利人应有的责任与义务。在产权不清晰的情况下,物的交易会出现困难,交易成本会增加,资源配置也会出现不当；模糊、无效的产权关系使资源具有某种程度的共享性，使这种资源往往得不到有效开发而大量地被浪费，更使许多再生资源失去再生能力而灭绝[38]。因此，界定产权是市场经济健康运行所必须的。

在科斯的理论中，产权界定包括两个环节：其一是权力的初始界定；其二是权力的再界定。在权力初始界定的基础上，可以通过市场和合约安排，对经济当事人的权利进行重新组合，从而形成较优的权力安排，以增进经济当事人双方的福利。产权界定的方法有两种：一是法律界定，二是私下商定。但真正能得到法律保护并能有效实施的产权界定方式只有一种，就是法律界定。虽然国内外产权经济学家总结产权界定有多种方式，但从权力的设定看，只有法律设定才是正途。[39]

产权界定的最根本原则就是界定后的产权必须能降低交易费用，能够带来收益。产权界定是有成本的，有时成本还非常巨大，如社会动荡和暴力革命。在政权稳定的情况下，通过正常的法律形式，将人们通过市场竞争或私下商定的对产权的界定成果以法律的形式固定下来，就完成了对产权的界定。因产权不清而在市场竞争中产生摩擦到最终明晰，都有交易成本；法律界定也有成本。所有这些成本，就是产权界定的成本。但产权界定一旦清楚，在社会经济条件没有发生较大变化时，清晰的产权大大减少了交易的摩擦，有利于交易的进行和资源的配置，从而为产权主体和社会带来利益，这就是界定产权的收益。只有当界定产权的收益大于界定产权的成本时，产权的界定才变得可行。

三、稀缺资源配置理论

（一）机会成本与稀缺资源配置效率

稀缺(scarcity)是指资源的一种经济特性，是伴随着资源的自然有限(limitedness)而提出来的。资源的有限性是自然界赋予资源要素在数量与质量上的自然属性；而经济学上的资源稀缺概念，则是相对于无限多样化的需求，从资源的供求关系与经济、技术因素的角度而言的。所以可以把资源稀缺定义为由资源的有限性所引起的在经济上表现为只有通过竞争才能取得和使用资源的一种状态，其主要标志是资源市场价格的存在。[38]资源稀缺是有时间属性的，是一个动态的概念。

资源配置是指资源之间以及资源与其他经济要素之间的组合关系在时间结构、空间结构和产业结构等方面的具体体现及演变过程。社会资源的合理配置是经济学的核心问题，效率是衡量社会资源配置状况的标准。假设人们在进行资源配置时，必然追求效率最大化。那么为了获得效率的最大化，人们必须对各种资源配置和使用方式进行评估。当获得最佳方案后，仅次于最佳方案的次优方案所能带来的潜在效益即被称为“机会成本”。按照经济学的约定，机会成本就是指被放弃的或牺牲的次优方案的价值。

在西方现代经济学中，对效率的描述最常使用的是意大利经济学家费尔弗雷多·帕累托(Vilfredo Pareto)提出的“帕累托最优”(Pareto efficiency, Pareto optimality)。“帕累托最优”强调的是一种状态而非过程，即强调的是通过资源配置而需要达到的结果。“帕累托最优”实现的标志是：社会无法在不使别人境遇变糟的情况下，让某个人的境遇变得更好。或者说,社会无法在不减少其他人福利的情况下,进一步组织生产和消费,以改善特定人的福利水平。“帕累托最优”意味着“得者的所得大于失者的所失”,或者从全社会看,“宏观上的所得要大于宏观上的所失”。也就是说,从全社会看已经实现了以产出最大化为目标的资源充分利用。如果做到这一点,资源的配置就可以说是具有效率的。

(二) 自然资源合理配置的基本原理

自然资源配置的总目标在于实现自然资源的最优化和可持续利用。为此,自然资源配置过程中除了遵循经济学原理外,还要考虑以下原则:经济效益、生态效益和社会效益相结合原则,利益合理分配原则,自然资源的多层次综合利用原则以及因地制宜原则。

为了实现自然资源开发利用总收益的最大化,必须使得每期自然资源开发利用的净收益现值相等。即只有当边际社会成本与边际收益相等时(MSC=MSR),才能使得资源开发利用规模最佳。这里的社会成本(social cost)是指整个社会从事某项活动时付出的总的机会成本(opportunity cost),等于私人成本(private cost)和外部成本(external cost)之和。所谓外部成本是指私人活动对外造成影响而没有内在化的成本。决策者要做出正确的决策,不仅要考虑社会总成本,还要考虑边际社会成本,即必须实现:

边际社会成本(marginal social cost)=边际私人成本(marginal private cost)+边际外部成本(marginal external cost)

这里的边际社会成本(MSC)是指每增加一个单位自然资源开发量所增加的社会成本,边际私人成本(MPC)是指每开发利用一个单位自然资源所带来的私人成本,边际外部成本(MEC)是指每开发利用一个单位自然资源增加的外部成本。

（三）土地资源配置原理

土地资源是典型的珍贵的稀缺资源。土地资源配置(land resource allocation)是指在一定的自然、经济和社会条件下,人类为了满足自身的需要,对土地资源在不同用途、不同地区、不同时间和不同利益主体间的分配与布置。不同用途之间的分配主要体现为土地资源的产业结构配置;不同地区之间的分配主要体现为各地区对土地资源开发和利用的程度;不同时间上的分配主要体现为"当代人"与"后代人"对土地资源的占用程度;不同利益主体间的分配则既体现在代表不同利益集团的产业部门间的配置,又体现在国家、团体(集体)和个人之间的分配。土地资源配置必须解决两个基本问题,一是合理地在各竞争性用途之间分配土地资源,二是提高土地资源的利用效益。对于政府来说,必须从全社会的整体利益和长远利益来考虑土地利用,取得土地利用整体效用最大化,其本质就是要达到全社会土地利用结构的最优化,即土地在不同用途之间的有效而合理的分配。

在人多地少的中国,土地资源的稀缺性更为突出,国民经济每前进一步都伴随着土地资源在部门间的分配和再分配过程。因此,中国的土地资源配置应做到"四个坚持":一是坚持以严格保护耕地为前提,保障经济社会可持续发展;二是坚持以严格控制建设用地为重点,促进城乡协调发展;三是坚持以节约集约利用土地为核心,促进土地利用方式和经济增长方式的转变;四是坚持统筹安排各类、各区域用地,促进经济发展与人口、资源、环境相协调。[40]

四、土地利用变化理论

(一) 土地利用变化的概念与条件

土地利用变化包括两种类型:用途转移(或地类变更)与集约度变化。人类通过两种途径增加土地的产出,一是扩大土地面积,二是提高单位面积的产出。前者通过用途转移实现,后者借助于增加技术和劳动投入,即提高集约度。

土地利用变化的基本条件源于土地的两个根本特性。一是土地的多宜性,这是土地用途发生变化的一个必要条件;二是土地作为资源在数量上的有限性,假如土地面积充足,或生产(或服务)能力无限,则不需要为满足需求而改变土地的用途。[41]

(二) 土地利用变化的本质原因

土地利用是指人类为获取一定的经济、环境或政治福利,而对土地进行保护、改造并凭借土地的某些属性进行生产性或非生产性活动的方式、过程及结果。土地利用是人与土地相互作用构成的动态系统,因而从本质上讲,土地利用的变化基本上源于以下三个方面的原因。①在社会经济发展的不同时期,人们对土地产出(或服务)的种类或数量的需求发生改变,由此导致的土地利用变化,可称之为内生性变化或主动性变化;②由于自然或人为原因导致土地的属性发生变化,或者社会群体目标发生变化,迫使人们不得不改变土地的利用方式,可称之为外生性变化或被动性变化;③技术进步导致土地利用方式的改变,可称之为技术性变化。然而,无论哪种原因导致的变化,都源于土地所有者或使用者对于地用类型间边际效用的比较。[42]

（三）土地利用变化的驱动力

土地既是一种生产要素或经济资源，又是生态环境的载体，而且依赖土地的农业具有公共事业的性质。因此，需要从土地使用者个体行为和社会群体行为两个角度，对土地利用变化的驱动力进行综合分析。

1. 个体行为驱动

或称经济福利驱动，主要有两种类型。一是生存型经济福利驱动：在社会经济发展水平较低的地区，土地利用的目的是为了获取土地的直接物质产出，以满足人们的基本生活需要。在人口迁移率较低的情况下，人口自然增长和土地质量的下降往往造成农用土地面积的不断扩张。二是最优经济福利驱动：在市场经济得到充分发展的地区，人们开发利用土地主要是为了市场交换。土地产品或服务的市场供求状况和比较效益是影响土地利用变化的主导因素，故又称比较经济利益驱动。在经济增长和城市化发展较快的地区，由于比较经济福利驱动，耕地被非农产业占用的现象比较普遍。[41]

2. 社会行为驱动

一是环境安全驱动，人类通过土地利用活动改变地表覆被状况，由此产生许多负面的环境效应，如土地荒漠化和环境污染，造成土地的一种或多种可利用属性的丧失，这迫使人们改变地用类型，以恢复和保护人类生存所需的生态环境。另一方面，随着社会经济水平的不断提高，人们开始追求环境质量的改善和生活质量的提高，土地利用的环境收益开始受到重视。由于土地的环境收益具有强烈的外部性，所以以改良环境为目的的土地利用变化主要是土地利用的宏观主体(政府或集体)的行为。二是食物安全驱动，食物是人类生存的最基本要素，土地是食物生产的最终源泉。在一定的国际政治经济背景下，保证一定的农业用地和基本的食物供给，直接关系着国家或集体的生存安全。因而，政府的农业和土地保护政策构成了土地利用变化的重要影响因素。在耕地稀缺地区和重要粮食产地，耕地的保护受到政府的高度重视。[41]

(四) 土地利用变化的解释

1. 经济学解释

从新古典经济学理论的角度看，土地用途的转移是土地经营者追求效用最大化的结果，即通过土地的最优利用达到最大获利。其实质是不同用途对同一土地竞标活动的结果。竞标胜负的决定因素是收益或效用的大小，遵循最优利用原则："土地资源趋向于向那些出价最高的经营者手中转移，趋向于向那些收益最大的用途转移。"[26]

2. 社会群体行为解释

经济因素是土地利用变化的首要驱动因素。然而只从经济学角度出发，不可能全面刻画土地利用变化的机制。归纳起来，从经济学角度解释土地利用变化的难点主要有以下几个方面：土地市场很难实现完全竞争，土地利用的外部性，土地作为公共物品的属性。因此，需要从法律、法规及政策等体制因素出发解释社会群体行为对土地利用变化的影响。巴洛维提出应在自然条件的可能性、经济的可行性以及体制的可容性三重框架下解释人类的土地利用活动。

人们利用土地的活动，任何时候都发生在自然系统、经济系统及体制系统的三重框架之内。自然系统指的是以植被和土壤为核心的地表自然环境，经济系统可以理解为土地利用系统，而体制系统则由相互作用的私人和公共部门共同组成。实际上，这三重框架是相互关联，共同起作用的。Platt 用五条线将三个系统连结起来，李秀彬教授称其为“土地利用—环境效应—体制响应”反馈环（图 1—7）。

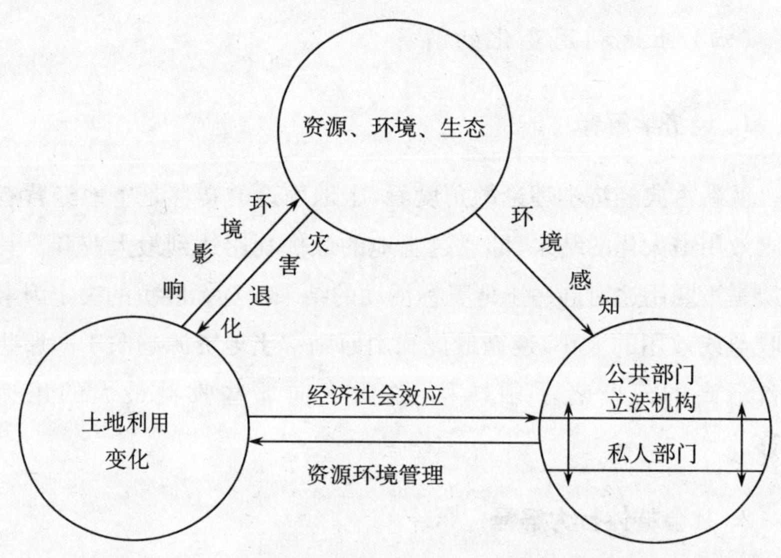

图 1—7　“土地利用—环境效应—体制响应”反馈环

资料来源：李秀彬(2002)。

任何形式的土地利用活动都或多或少地对地表自然环境施加影响。后者也同时反作用于前者，这种反作用有时候以极端的形式出现，比如自然灾害，使土地利用系统受到直接的打击。地表自然环境的变化往往表现为自然资源的衰竭和环境的退化，当这一问题足够严重以至于引起公众的关注时，体制系统就可能通过法律、法规及政策等资源和环境管理手段调整土地利用系统。除了环境变化，土地利用系统还通过自身的经济表现和社会效应为各个层次的决策者提供信息，指示其自身在经济上的可行性和社会上的可容性。“土地利用—环境效应—体制响应”反馈环的作用机制随社会制度、经济发展阶段以及不同时期社会价值取向的不同而变化，是一个非常复杂的过程。体制系统的两个输入信号作用于各级立法机构和政府，进而形成土地管理的法律、法规及政策。各级立法机构和政府面对这些信号是否采取行动，往往取决于信号的强弱。政府的土地管理政策，往往受强信号的驱动。信号的强弱除了与资源环境问题和经济社会效应本身有关外，更与社会各方面对这些问题的重视程度有关。在这些信号与各级立法机构和政府之间，公众、社会舆论、学术界往往起到重要的作用，后者不只影响信号的强弱，而且影响信息的准确性和对问题的解释，进而影响决策。[41]

五、可持续发展理论

（一）可持续发展的含义

可持续发展（sustainable development）是人类进入工业化后期，在经济持续快速增长，并面临着严重的资源、环境和人口等重大问题，以及这些问题对经济增长的制约和人类生存的危害，反思经济发展模式和经济增长方式，逐步建立起来的一种崭新的经济发展理念。从可持续发展概念的发展历程看，可持续发展已从一开始只注重生物方面，扩展到包括自然、社会、经济等各个相关领域。1992 年 6 月的环境与发展大会充分肯定了可持续发展道路，把实现可持续发展作为人类共同追求的目标。现在，可持续发展思想已成为影响人类文明以及指导人类进步的一个里程碑。中国学者普遍认为可持续发展应包括四个要点[15]：①可持续发展的内涵既包括经济发展，也包括社会的发展和保持建设良好的生态环境；②自然资源的永续利用是保障社会经济持续发展的物质基础；③自然生态环境是人类生存和社会经济发展的物质基础，是人类生存和社会进步不能替代的东西；④控制人口增长与消除贫困，是与保护生态环境密切相关的重大问题。

（二）可持续发展的理论体系

持续观、系统观、公平观、和谐观四大板块构成了可持续发展观的理论体系。其中持续是核心，和谐是基础，后者是在可持续发展的背景下看待人与环境的关系的。①持续观就是要使人类社会发展具有持续性，这是可持续发展观念的核心。②可持续发展就是把人类及其赖以生存的地球看成一个以人为中心，以自然环境为基础的系统，系统内自然、经济、社会和政治因素是相互联系的。系统的可持续发展有赖于资源承载能力、环境缓冲能力、经济生产能力、社会需求能力、管理调控能力的提高，以及各种能力的相互调适。评价这个系统的运行状况应以系统的整体和长远利益为衡量标准，即在宏观的成本效益分析基础上进行取舍，使局部利益与整体利益、短期利益与长期利益、合理的发展目标与适当的环境目标相统一，不能任意扩大或缩小某个因素的得与失。③可持续发展要求“满足所有人的基本需求和给所有人机会以满足他们过较好生活的愿望”，这又必须通过“一是提高生产潜力，二是确保每人都有平等的机会”来实现。这里的公平观是提供一种广义的平等，包括在资源分配、发展权利、技术转让、资金供给、文明成果共享等方面。它具有两层含义：一层是空间上的公平，即当代人之间的横向公平；另一层是时间上的公平，即世代间的纵向公平，当代人不应忽视后代人对资源、环境要求的权利。同样，因为上一代利用各种机会和世界资源发展起来的发达国家也应对当代的资源环境等问题承担更多的责任，为解决当代的不公平尽更多的义务，承认发展中国家的发展机会和发展权利。④WCED(World Commissionon Environment and Development)在《我们共同的未来》中总结说："从广义上讲，可持续发展的战略旨在促进人类之间以及人与自然之间的和谐。"人与自然系统是可持续发展方式建立的基础，而人与自然的和谐是可持续发展追求的最高目标。可持续发展关注环境的承受限度，但又不拘泥于这一限度，而是从人的角度出发，通过调整人类的行为，遵循自然规律去利用、调节和适应环境，实现人类社会的持续发展。

（三）可持续发展的理论内涵

有的学者把可持续发展的理论内涵概括为以下五个方面。[43]①目标：既保证经济高速发展，又保护生态环境，使社会经济同资源环境实现良性循环。不仅安排好当前的发展，又要为子孙后代着想，为未来发展创造好条件。②体系：可持续发展是社会与自然关系的变革，是以保护资源与环境为前提对社会进行革新，需要建立可持续发展的社会体系。③过程：从当前开始直至目标实现。在整个过程中协调好人口、资源、环境、社会及经济发展的关系。④思想：可持续发展是一个理想，理想目标的实现，需要人的思想观念有所改变，树立环境意识和生态观念，提倡节约，反对浪费。特别要克服片面追求经济增长的思想，防止以牺牲环境为代价换取暂时的经济繁荣。⑤原理：强调社会公平；强调发展与环境的统一；强调生态与经济的协调是核心。

曲福田认为，可持续发展理论主要包括以下基本思想：①鼓励经济增长，但不再是传统的只注重数量、以损害生态环境为代价的粗放经济发展，而是向集约型增长、注重内涵发展和资源的节约利用转变；②以保护自然为基础，与资源和环境承载力相谐调；③以改善和提高生活质量为目的，与社会进步相适应；④承认自然环境的价值，应当把有关资源环境的价值计入生产成本和产品价格中。[44]

（四）可持续发展理论对土地资源利用的要求

根据可持续发展理论的要求，土地资源必须实行可持续利用，使有限的土地持续地满足人们日益增长的需求，达到土地供求的持续平衡。土地可持续利用与经济增长模式下只注重当代人需要和眼前利益的资源利用方式不同，是在不损及后代人满足其对土地资源需求的前提下，来满足当代人需要的土地资源利用方式，包括四个方面的含义：①土地资源利用的代际分配合理；②土地资源利用的产业配置合理；③土地资源利用的空间布局基本平衡；④土地资源利用的综合效益最佳。要求在土地资源利用上，要保持和提高土地的生产性能或生态功能，降低土地利用可能带来的风险，保护土地的数量和质量，并做到经济上可行，社会上认可。[39]

1993 年，在加拿大 Lethbridge 大学举行的“21 世纪土地持续利用”学术研讨会上，提出了土地资源可持续利用的五大目标。①保持增加生产或服务。从土地利用中获得的收益应不断增加，但不是掠夺式经营，导致土地生产力下降。②降低生产风险。③保护自然资

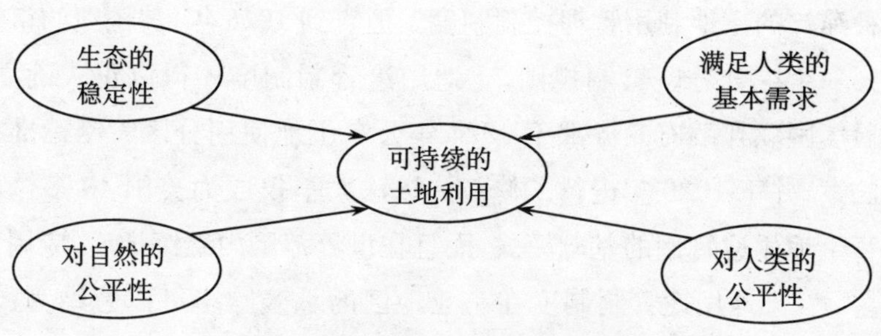

图 1—8 土地可持续利用原理

资料来源:宋戈(2005)。

源潜力和防止土壤和水质退化。④经营上的可行性。⑤社会可接受性。[45]有的学者对土地可持续利用原理进行了图示(图 1—8)。[46]

第三节 相关研究综述

本研究的关键词是土地用途管制、土地利用规划、耕地保护,土地利用总体规划是实施土地用途管制的前提和基础,耕地保护是土地用途管制的核心目标,因此研究综述主要围绕这三个方面展开。

一、土地用途管制的元认识

土地用途管制(Land Use Regulation)缘起于德国,最早是用来解决社会问题的。1875 年德国柏林政府采用分区方法,把城市化分为若干区,使工人居住的公寓分散布局其中,便于接近工厂。美国于 1891 年引进该制度,用来管制密度和容积。在美国历史上,早期的土地用途分区管制带有一定程度的种族隔离色彩,名声并不佳。后来随着这一制度的逐步完善,才逐渐摆脱了针对种族的分区,而成为一种纯粹的土地利用管理控制制度。但直到1916年,美国纽约市颁布第一个综合分区管制规则,土地用途管制制度才得以正式确立。随后美国联邦政府商务部于1924年公布土地使用分区管制标准授权法案,并于1926年进行了修订。该法案不仅成为美国40多个州执行土地用途管制的基础模式,而且在世界范围内继续推广、应用和完善。[47]土地用途管制制度在东亚地区的承袭脉络可以总结为:美国→日本→韩国→中国台湾,并且结合东亚人口多、土地资源较为紧缺的特点,都不约而同地在分区体系上向纵深发展,由单层用途区分类发展为多层的层级结构分类,在实施分区的行政级别上,也由原来的仅限于市、县级以下行政级别,向省、国家级方向发展。[48]

二次大战以后,随着经济的迅猛发展,环境恶化和农地流失日益严重,西方学者从农地保护和环境保护的角度,对土地用途管制制度进行了较为详细的研究。当前,土地用途管制是土地管理制度较为完善的国家和地区广泛采用的一项土地利用管理制度。美国、加拿大、日本等国家称之为"土地使用分区管制(Land Use Zoning)",瑞典称"土地使用管制(Land Use Control)",英国称"土地规划许可制",法国、韩国称"建设开发许可制",中国台湾则称为"非都市土地使用管制"和"都市土地使用管制"。尽管各国和地区使用的名称不一,但总的目标是一致的,即通过土地用途分区及其实施,引导土地的合理开发和利用,促进区域经济、社会和环境的协调持续发展。[49]

中国1998年的新土地管理法确定实施土地用途管制制度。在此之前,刘书楷、杨向杰、沈守愚、董祚继、张凤荣等学者对土地用途管制制度进行了探索性研究。刘书楷先生对土地使用管制、土地用途管制和耕地保护的概念及其从属关系进行了界定和辨析,指出土地用途管制和耕地保护是土地使用管制的重要内容,耕地保护是土地使用管制的中心目标，并对国外和台湾地区土地用途管制和农地保护的经验进行了阐述[50]；沈守愚、陈利根、应瑞瑶对土地用途管制的法权性质进行了探讨，并分析了地权限制与土地用途管制的差别以及中国土地用途管制的立法依据、效力和途径[23]；董祚继、邓红蒂认为，土地用途分区管制应是中国土地用途管制体系的轴心[51]。土地用途管制制度在中国实施后，为了使其更加完善，一些学者继续对其进行深入研究。王万茂先生对土地用途管制的产生和由来进行了考证，并从法学、经济学、管理学等不同角度对土地用途管制的内涵进行了剖析，同时对中国土地用途管制的基本构成要素——主体、客体、目标、手段进行了界定[25]；徐日辉从国情、土地利用规律、土地管理的角度，阐明了中国建了土地用途管制制度的必要性[52]；宗仁对中国土地用途管制的内容和管制规则进行了详细分析，认为管制权衍生于国家对城乡地政的统一管理权和公共事务管理权，而不是土地所有权，各级人民政府是实施土地用途管制的主体[53]；陆红生、韩桐魁两位先生对土地用途管制的难点进行了详细解读，认为中国土地用途管制的重点是保护耕地，包括数量上和质量上的保护[54]；黄贤金教授等在比较分析区域土地用途管制三种主要方式（直接管制、税费制度、产权安排）实施效果的基础上，认为将不同的管制方式结合起来实施将起到更为有效的土地用途管制效果，并认为随着中国市场经济体制的不断完善，以及政府职能的不断转变，税费制度、产权安排等管制方式将发挥着越来越重要的作用[55]；朱德举对台湾地区土地用途管制制度的内容与目标、实行土地用途管制制度的方式及效果与问题进行了详细分析，并指出了其对大陆土地用途管制的启示[56]。

二、土地用途管制与土地利用总体规划、土地用途分区管制的关系

（一）土地用途管制与土地利用总体规划的关系

国外土地用途管制的实践表明，土地利用总体规划的编制是实施土地用途管制的龙头[57]。土地用途管制的客体是已经确定用途的土地，并且数量、质量、权属和位置（区位）都明确的土地。管制客体的完全信息有赖于土地利用总体规划提供，后者是土地用途管制的重要技术支撑[58]。土地用途管制主要是通过土地利用指标控制和土地利用分区控制来体现。而如何确定土地利用指标和土地利用分区，以及怎样对土地利用指标和土地利用分区进行定位，这是规划要解决的问题。因此，科学编制土地利用总体规划是实行土地用途管制的首要条件。实施土地用途管制必须依据土地利用综合平衡的结果，将生存用地和发展用地同步考虑、同步解决。这个过程必然产生如何选择土地资源合理分配方案的问题，其实质就是一个土地利用结构优化过程，即选择保证土地利用的社会、经济、生态三效益整体最优控制下的土地利用规划方案，因此土地利用总体规划是实施土地用途管制的重要依据[59]。许彦曦、彭补拙等将土地用途管制与土地利用总体规划的关系进行了图示概括[60]（图 1—9）。

（二）土地利用总体规划研究进展

自 1990 年以来，中国已全面编制了两轮土地利用总体规划，特别是第二轮跨世纪土地利用总体规划的编制和实施，在保护耕地、保障经济社会可持续发展方面发挥了重要作用，但也存在一些问题和不足。为了使土地利用总体规划真正成为土地用途管制的强力支

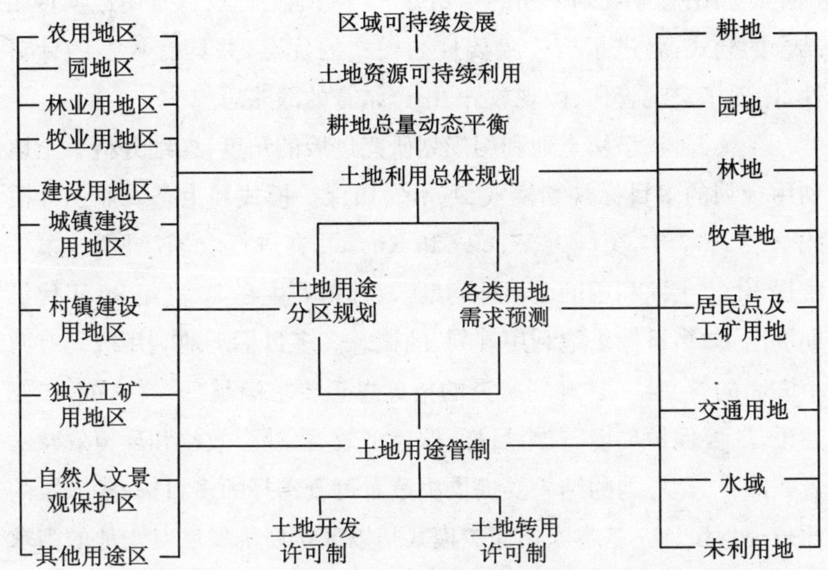

图 1—9 土地用途管制与土地利用总体规划的关系

资料来源:许彦曦、彭补拙、李春华(1998)。

撑,中国很多学者对土地利用总体规划的理念、体系、方法、技术的创新进行了研究。

1. 对土地利用规划模式的研究

董祚继认为,采用什么模式编制和实施规划,是土地利用规划最核心的问题。经济体制不同,土地利用规划适用的模式也不同。在中国,土地利用规划有所谓“总体蓝图”、“规划分区”、“指标控制”以及“战略规划”等模式之分,这些内容各自构成了一种规划模式的基本组成,但不等于模式的全部。土地利用规划模式至少应包括三个方面,即规划类型(形式)、规划内容、规划保证手段或实施方式。中国土地利用总体规划采用的规划分区与用地指标及骨干用地项目相结合的模式，融进了当今主要规划模式的优点，并具有较强的针对性，体现了宏观管住、微观放开、松严结合的战略思想。[61]

张荣群、林培从土地利用规划研究进展的角度，详细分析了土地利用规划的多目标规划模式、基本农田保护模式和生态农业设计模式[62]。1977年，英国人 Weeler 和 Russell 在进行农场规划时，第一次提出了"土地利用的多目标问题"。林培先生在20世纪90年代早期提出了"多目标土地利用规划"的概念。多目标土地利用规划有两个方面的含义：一是规划研究的指导思想要求满足"一要吃饭，二要建设，三要保护环境"三个目标，即经济效益、社会效益和环境效益三者兼顾；二是规划的结果要提供决策者可资选择的多目标、多方案的比较规划设计。基本农田保护模式是以区域经济发展对土地的需求为目标进行的，保护的对象是耕地，土地利用规划突出耕地保护。基本农田保护主要以划定基本农田保护区形式，在各级土地管理部门组织实施。在基本农田保护指导下的土地利用规划，以满足土地利用的社会需求为主，兼顾经济利益和环境效益，其目标是追求社会的可持续发展。生态学在20世纪60年代首先在欧洲引起重视，被引入到土地生态规划与设计和自然保护与环境管理中。荷兰人把生态学应用于土地利用规划，捷克和斯洛伐克则一直把景观生态学应用于区域规划和发展上，根据生态平衡原理对人类管理的景观进行优化设计，逐步形成了比较成熟的规划方法。基于生态学考虑的土地利用规划要求：①生产结构的确定、产品布局的安排等必须切实做到因地制宜，并与当地的环境条件相匹配；②对自然资源的利用不能超过资源的可更新能力；③在能量和资源的利用上，要做到有取有补，维持生态平衡；④在利用可更新资源的同时，要注意抚育和增殖自然资源,使利用系统向良性方向发展。杨子生博士认为,从实质上讲,土地生态规划是以土地利用方式(土地利用类型或土地用途)为中心,以土地生态条件为基础,以土地生态适宜性和土地生态潜力为依据,结合当地经济社会发展规划及各部门发展要求,对土地利用结构和空间配置进行合理的安排和布局。规划的理论基础主要是地理学和生态学有关原理,此外还有经济学、农学、工程技术学、系统科学等诸多学科的相关原理。[63] 土地生态规划应遵循以下七条原则:生态适宜性与社会经济需求性相结合的原则,土地利用可持续性的原则,维持空间异质性(Heterogeneity)与生态多样性(Diversity)的原则,生态关系协调的原则,因地制宜的原则,生态、经济、社会效益兼顾的原则,定性、定量、定位与定序相结合的原则。当前中国开展的各级土地利用总体规划特别强调保持耕地总量动态平衡,虽然也在一定程度上考虑了生态学要求(如有限的陡坡退耕),但还远远不够,尚未达到生态规划设计的原则要求。[64]

朱凤武、彭补拙依据系统控制原则、主导性原则、协调兼顾原则、动态规划原则构建了市场经济条件下县级土地利用总体规划模式,即土地用途分区与指标控制结合的模式[65](图 1—10)。具体地说就是以土地用途分区、分区土地规则、控制指标为宏观控制层,城市扩张控制、耕地保护、土地开发整理为微观实施层,定位、定性、定量相结合,综合考虑国家整体利益和地方局部利益,县乡规划同步编制的土地利用总体规划模式。

2. 对土地利用总体规划存在问题的认识

王万茂先生认为,中国土地利用总体规划制度尚处于成长和发展阶段,规划中还存在一些亟待研究的问题和不足,集中体现为规划

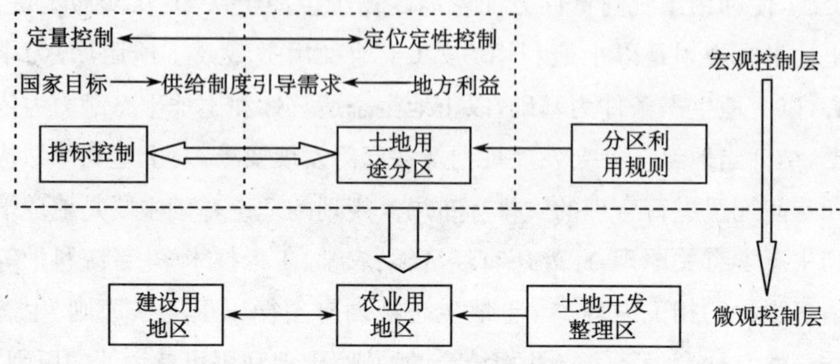

图 1—10　市场经济下县级土地利用总体规划模式

资料来源:朱凤武、彭补拙(2003)。

的科学性和可操作性两大难题。为了使土地利用总体规划的成果能够满足实施土地用途管制和土地资源可持续利用的要求,提出了如下规划创新建议:重新核查基础土地数据,完善土地利用宏观调控指标,尽快编制乡级土地利用详细规划,实现土地利用规划数字化,开展基于生态足迹理念的生态土地利用规划。欧名豪教授认为,在中国五级土地利用总体规划体系中,各级土地利用规划的目标和功能应是不同的,国家、省级和地级规划属于控制性规划,县、乡两级规划属于实施性规划。县级规划的目的是分区管制,乡级规划的目的是用途(类型)管制,乡(镇)土地利用规划是土地用途管制的最基础支撑,应做到定性、定量、定位、定序。但目前存在的问题是,五级规划在编制程序、内容、方法上大同小异,针对性不强,宏观上过细,微观上过粗,影响了规划的实施效果。[66]此外,规划的实用性不够、规划的预见性不够、规划的科学性不够、规划的公众参与不够、规划的管理不到位,也是一些学者对中国土地利用总体规划的共识。

3. 关于土地利用总体规划的理念与方法论研究

冯广京、严金明对中国土地利用总体规划的战略思路进行了深入的分析研究,认为对于土地利用总体规划的战略思路要比具体的规划问题更重要,因为它决定了规划的方法。如果规划战略思路不明确或者不确定,就有可能使规划达不到预期目标和标准,失去了有效实施的基础。中国第二轮土地利用总体规划是在非农建设大量占用耕地的背景下进行的,以耕地总量不减少为战略目标,整个规划的部署、规划控制、土地开发与保护等都在围绕耕地数量做文章。在耕地总量动态平衡的目标下,土地利用控制指标也就简单地化为了三项:建设占用耕地指标、补充耕地指标和净增耕地指标。在这样的条件下,土地利用总体规划的用地平衡也相应地简化为耕地的增减平衡。而现在土地利用总体规划面对的是经济全球化的大背景,经济的快速发展和城镇化、现代化水平不断提高的形势和社会经济可持续发展的战略需求。因此,土地利用总体规划已不是一个简单的土地利用配置问题,而是一个关系中国土地资源的战略安全问题。所以,应当从确保中国土地资源安全的战略高度认识土地利用总体规划的重要性,而且应当把它作为制定中国土地利用总体规划的一个战略思路。[67]

但承龙、历伟在对传统土地利用规划反思的基础上,提出了可持续土地利用规划的概念,并分析了其本质内涵与框架体系。可持续土地利用规划并不是对传统土地利用规划的完全抛弃,而是将可持续发展的原则和土地可持续利用的要求贯彻到土地利用规划中,是对传统土地利用规划的完善,强调以生态经济综合协同为目的,强调代内、代际公平相结合,强调规划的社会可接受和参与,强调规划的国家—区域—地方协同行动。国家和省级可持续土地利用规划的重点应该解决的是生态可持续性的问题和土地资源的代际公平配置问题，其可持续土地利用规划可以称为土地生态规划或土地环境规划，其对下级规划的指导应是生态环境和土地代际资源配置上的安排。市级可持续土地利用规划的重点应包括经济可持续性和生态可持续性两个方面。而县级和乡级可持续土地利用规划由于较为基层，其规划除了应该考虑经济和生态可持续两方面外，还应该考虑到规划的社会可接受性和社会可持续性，要将公众的力量吸收到规划的编制、实施和监督中。[68] 土地资源持续利用规划思想的产生及对它的深入研究，为土地利用总体规划的修编和解决激化的人地矛盾，以及实现社会、经济、资源与环境的协调发展带来了新的思路与途径。

田成敏、杨春德、刘殿成探讨了汉诺威原则在土地利用规划中的应用。汉诺威原则是德国下萨克森州首府汉诺威市为实现“人文(humanity)、自然(nature)、技术(technology)”的2000年世博会主题，而委托威廉·麦克道诺(William McDonough)先生制定的设计原则。该原则旨在为所有的设计者提供一个平台，借助这一平台，设计者可以考虑如何使他们的工作达到可持续发展的目的。汉诺威原则主要包括九个方面的内容：人类和自然在健康、多益、多元和可持续的状态下共处的原则，相互依存的原则，尊重精神与物质之间关系的原则，勇于承担设计责任的原则，创造有长远价值的安全物品的原则，消除废物的原则，充分利用太阳能的原则，了解设计局限性的原则，通过知识共享追求恒久发展的原则。汉诺威原则虽然讲的是设计，但规划和设计本质上是一致的，设计是规划的具体化，因此汉诺威原则在土地利用规划中同样具有借鉴作用：土地利用规划要有明确目的和长远目标，土地利用规划不能过多地改变区域自然现状，土地利用规划要达到人与自然的和谐共处，土地利用规划要强化公众参与意识，土地利用规划要坚持不断创新的原则。[69]

张友安、郑伟元认为土地利用规划应刚柔并济，并分析了刚性与弹性的内涵，认为规划的战略指导思想、任务和内容、指令性规划指标、土地用途管制、重大工程项目用地布局、管理程序是规划的刚性内容，规划的弹性方法体现为土地规划用途的界定要与时俱进、静态规划向滚动规划转变、蓝图规划向绿图规划转变、规划指标的预留与浮动、土地用途管制规则要刚柔结合、建立富有弹性的规划体系六个方面。[70]

规划的方法影响规划的质量、精度和完成的时间。王万茂先生、张颖(2003)对市场经济条件下的土地利用规划思路进行了深入研究；萧霖等(2004)分析了中国土地利用规划面临的新形势，对新形势下的土地利用规划方法进行了宏观框架研究；蔡玉梅、董祚继等(2005)对FAO土地利用规划研究进展进行了评述，并探讨了其发展趋势；赵哲远等(2005)实证研究了“头脑风暴法”公众参与土地利用总体规划的程序与方法。

4. 土地利用总体规划的实施管理研究

土地利用规划管理包括规划编制、审批和实施管理等方面，实施管理是其中的核心内容，所谓“三分规划，七分管理”形象地概括了规划实施管理的重要性。当前，理论界和决策层对土地利用总体规划的实施管理研究非常重视。邓红蒂、董祚继探讨了建立土地利用规划保障体系的目的与意义，分析了国外土地规划保障制度的现状与发展趋势，从法律保障、行政管理、经济制约、社会监督、科技管理五个方面构建了中国土地规划保障体系框架；[71]陈晓伟等认为，由于土地利用规划的预测性、长期性、系统性、可逆性差以及后果的严重性等特点，使得土地利用规划中不可避免地存在风险（图 1—11），风险管理措施主要是风险回避、风险控制、风险转移。[72]

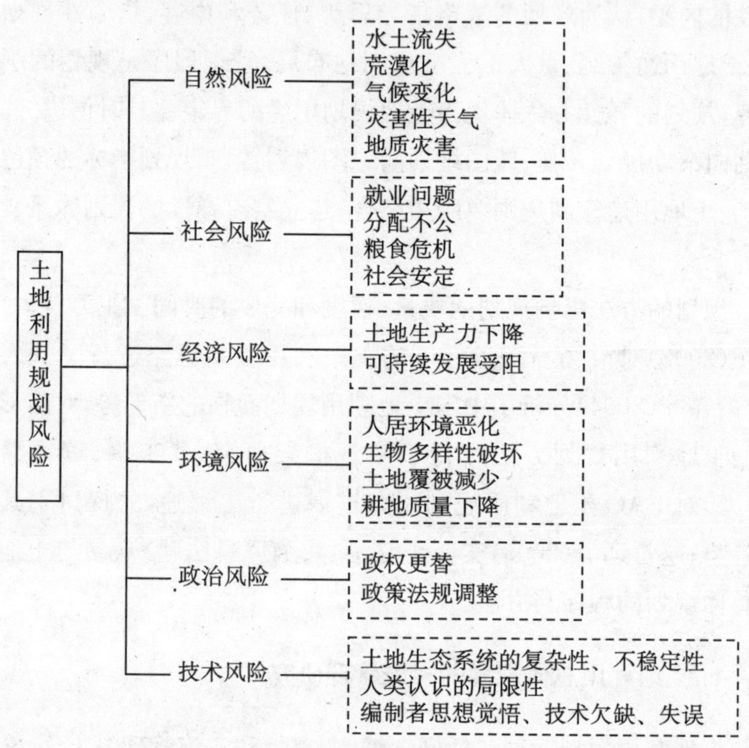

图 1—11　土地利用规划风险

资料来源：陈晓伟、赵世强（2004）。

陈银蓉、梅昀认为，在全面建设小康社会目标、加入 WTO、体制改革创新的新形势下，新一轮土地利用规划修编要改善规划决策、创新实施制度。在土地利用规划的实施上，要使规划的编制修改制度规范化，建立规划实施的定期评估制度，创新规划实施的政策机制;[73]土地利用规划的环境影响评价是规划管理的重要内容,一些学者提出了土地利用规划环境影响评价的基本程序,构建了以土壤、水、生物为评价对象的指标体系。[74][75]但当前评价的指标体系还不甚完善,技术路线也不够成熟。

5. 国外土地利用规划的借鉴

中国的土地利用规划应学习和借鉴国外土地利用规划的成功经验。在规划体系上,世界各国和地区的土地利用规划大多与区域规划、国土规划、城乡规划、都市规划等联系在一起,并没有形成像中国相对独立的国家、省、市、县、乡完整的五级规划体系。由于各国及地区的社会制度、土地产权制度、土地管理体制、土地基本国情等因素存在差异,所以土地利用规划的内容、要求也很不一样,很难找到一个比较一致的规划模式。但他们的土地利用规划往往注重规划原则和规划理念,这些值得中国借鉴。

李龙浩、张春雨详细研究了加拿大的土地规划体系、规划管理制度、总体规划方案,并得出以下启示:提高规划意识,完善规划制定和修改程序;改革规划管理体制,处理好土地利用总体规划与城市规划之间的关系,使两者有机地结合在一起,以减少规划成本,便于规划的执行;从降低决策成本和更好地发挥各级规划作用的角度出发,必须对中国各级土地利用总体规划的地位和作用进行正确定位,处理好各级规划之间的关系;提高公众在规划制定中的参与程度,以便于提高规划的科学性,增强社会的公众意识,也便于规划的实施,改“专家规划”为“专家 + 平民规划。”[76]

秦明周研究了美国的土地利用规划与保护特色。独立性、公众参与、自下而上编制是美国土地利用规划的三个显著特征。美国基本上没有制定统一的国家级土地利用规划，各州一般也没有具体详细的土地利用规划，也不强求各级政府制定土地利用规划，但联邦政府通过相关法律、政策影响各级地方的土地利用及其规划。就全国而言，县级一般都可能有土地利用规划，但是他们多依据县以下基层的乡镇（township）、市（city）的土地分区（划带）规划综合编写。市、乡镇的土地规划不突破行政界线，其用地方向主要依靠多数公民的意愿来确定，一般要经过半数以上的公民讨论同意才可进行，如果乡镇中半数以上公民不同意规划分区，也就没有或不作规划。但美国非常重视农用地尤其是基本农田的保护，重视自然生态系统的保护，在全国推行独具特色的保护缓冲带（conservation buffer strips），这些值得我们在做土地利用规划时学习借鉴。[77]

此外，严金明、蔡运龙（2001）对英国、加拿大、日本、中国台湾地区的土地利用规划进行了比较研究，王静（2001）对日本、韩国的土地规划制度进行了比较研究，并指出其对中国土地利用规划的借鉴意义。

（三）土地用途管制与土地用途分区管制的关系

从各国和地区通行的做法看，土地用途管制主要指土地用途分区管制，即依据土地利用规划划定的各类土地用途分区和分区使用管制规则，并通过用途变更许可制度，实现对土地用途的管制。因此，土地用途分区管制制度是中国土地用途管制体系的核心。[51]王静认为，土地用途管制主要内容是土地用途管制分区，土地用途管制分区实施是土地用途管制的基础。[78]欧名豪认为，土地用途控制是土地利用控制的核心，土地利用规划对土地用途的控制就是通过规划来合理地确定各区域、各地段的土地的用途，各用地者就是要按照规划所规定的土地用途利用土地[79]。中国还未建立一套相对完善的土地用途分区管制制度,目前的土地用途分区只是县级土地利用规划的土地利用分区,而且绝大多数县级土地利用分区与土地利用现状分类基本呈对应关系,缺少本区域的特点,还不能完全满足中国土地用途分区管制的要求。王静研究了土地用途分区管制的内涵、社会目标、主要内容[80];汪秀莲、张建平从目的、原则、管制方法和分区体系、保障措施等视角,对土地用途分区管制进行了国际比较研究[81];王静、程烨等从经济学、法学、生态学、规划学的角度对土地用途分区管制进行了理性分析,并探讨了中国县级土地用途分区管制实施管理措施。[82]

三、耕地保护与土地用途管制的耕地保护绩效

(一)国外的耕地保护

现代资源保护运动开始于19世纪早期,耕地资源保护相对晚些,在20世纪60~70年代才逐渐被各国接受和重视。[83]

当前耕地保护是一个世界性的话题。国外兴起耕地资源保护的首要原因是二战后人口数量剧增,人均耕地面积减少。到20世纪70年代,日本人均耕地面积减少到0.14公顷,英国仅0.12公顷;前苏联人均耕地从1958年的1.06公顷降至1983年的0.83公顷。同时,城市扩张,非农建设占用大量农田,特别是城市边缘带优质农田被占用。统计表明,1967年至1975年美国城市化共损失农田647.5万公顷,英国在1960年至1983年间减少120万公顷,占英国耕地总面积的14.6%。其中优质农田减少更快,英国减少的农田中一等地面积占12%,而英国土地分类中,一等地面积仅占2.3%。法国平均

每年有5.0万公顷农田直接被非农建设占用,受影响的农田面积则更大。[84]

国外耕地资源保护的第二个原因是自然灾害和环境污染引起农田损毁和土地退化。尽管自然灾害损毁农田现象早已存在,但自然灾害、环境污染对农田的破坏程度,随着人口增长和工业发展变得严重。据联合国环境规划署资料,到20世纪90年代中期,全球有69%的农田遭受不同程度的侵蚀和退化。

耕地资源保护的更深层次原因是,耕地面积及其质量关系到人类食物供应及食物价格,影响国家在国际粮食市场上的地位。概观国外农田保护实践,以美国农田保护最为规范。美国耕地资源保护政策中,明确指出耕地资源保护将关系到美国在国际粮食市场中的领导地位,耕地资源保护也影响农业及其相关行业发展。研究表明,在面临非农建设占用的耕地上,农民不愿作长期投资或进行花钱太多的农业革新。因此,耕地资源保护是国家可持续发展的重要环节。[85]

(二)中国耕地保护的意义

耕地是土地的精华,中国以占世界7%的耕地养活世界22%的人口,形势相当严峻。耕地保护的首要目标是保护能够满足中国人口和经济发展所必需的基本农产品的持续生产能力,做到耕地数量、质量和环境保护的和谐统一。耕地保护的内容包括数量、质量和生态三个方面,数量要保持不再减少,质量要保持不再降低,生态环境不再恶化并向良性发展。

当前的中央领导多次从战略高度严肃指出中国耕地保护的重要性。“保护耕地就是保护生命线,关系到粮食安全、农民生存、农村稳定和生态环境质量”①。“耕地是粮食生产最重要的物质基础，耕地安全是确保粮食安全的前提。只有切实保护好耕地，才能保护好粮食生产能力，保证粮食供给的持续稳定增长。……保护耕地，既关系粮食安全，又关系农民利益。耕地不仅是农民最基本的生产资料，而且是农民最基本的生存保障。保护好耕地，是对农民利益最直接、最具实效的实在的保护”②。“要守住耕地。耕地是不可再生、不可替代、易于流失的稀缺资源，对国家粮食安全具有基础作用，对农民生计具有保障作用，对农村社会具有稳定作用。粮食调控主要在于‘库’，保障能力主要在于‘地’。”③

不少学者对耕地保护的意义进行了理论探讨。高魏、胡永进从粮食安全、“三农”问题、农业结构调整、城市化、生态建设等方面论述了中国耕地保护面临的主要挑战，认为人地关系理论、投入产出理论、外部性理论、效用理论、可持续理论是耕地保护的理论基础；[86]王玉琼认为，耕地具有公共资源（Public Resource）性质，是一种比较特殊的公共资源。耕地的效用不仅仅在于耕地上生产了多少粮食或将其改作他用后获得了多少效益，更重要的是所有耕地作为一个整体所能提供给国家的食物安全保障，其效用具有整体性，且是国家每个公民都可受益的。但耕地保护具有外部性（External Effect）特征，对于管理土地的地方政府、拥有耕地的农民集体及承包耕地的农民来说，要为维持和保护耕地承担全部的成本，虽然也从中受益，但毕竟只是一部分，而全社会包括那些不用为此付出任何成本的人也都能从中受益。更严重的是，维持和保护耕地并不是维持和保护耕

① 胡锦涛总书记 2003 年 12 月在山东河南考察农村工作时的讲话。

② 温家宝总理 2003 年 10 月 28 日在国务院农业和粮食工作会议上的讲话。

③ 回良玉副总理 2003 年 12 月 24 日在中央农村工作会议上的讲话。

地者所能从耕地中获得利益最大的一种方式,在利用效益上,耕地与非农用地两者有巨大的差别,耕地相对于其他各种土地利用方式的比较经济效益是最低的,因此必须对耕地进行特殊保护。[87]蔡运龙认为,未来中国农业和农村面临三大挑战:食物安全、资源利用和环境质量的持续性、农民经济效益,而且这三大问题互相关联,它们都与耕地保护有关。因此可以说,耕地保护处在中国农业与农村可持续发展的关键地位。[88]

(三)中国的耕地保护制度

耕地保护制度主要是调整好两方面的关系:一是人与自然的关系,主要是保障耕地资源生态系统本身沿着符合自然规律的方向发展,以不破坏耕地资源生态环境系统为前提,限制人类利用耕地的行为和其他行为;二是人与人之间的关系,主要是保障农业经济的可持续发展,保障农业与相关产业的经济运行方式。

建国以来,中国一直十分重视耕地资源保护的立法工作,目前制定的与耕地保护相关的政策法规和规范性文件已有上百个,实行了世界上最严格的耕地保护制度[21]。周恩来总理 1963 年 10 月曾在一个文件的批示中指出,“我国资源有两个很大的弱点:第一,耕地少,不到 16 亿亩,在全国土地总面积中不到 12%;第二,我国森林面积很小,不到全国土地面积的 10%。所以……我们教育青年,除了首先要使他们知道我们这个江山来之不易,还要教育他们上山下乡,爱护耕地,爱护山林,发展农业,发展畜牧业,并且努力造林,发展辅助食品,木本油料以及其他各种经济作物的生产”。20 世纪 50～60 年代我国逐步在法规和具体形式两方面确立了基本农田,20 世纪 60～70 年代以基本农田建设为中心进行了水利建设和土壤培肥。

改革开放后，随着经济建设的发展，政府更加重视耕地的保护工作。1986年中共中央、国务院中发（1986）7号文件《关于加强土地管理，制止乱占耕地的通知》中指出，“十分珍惜和合理利用每寸土地，切实保护耕地，是我国必须长期坚持的一项基本国策”。中共中央（1991）1号文件强调，“切实加强土地管理，珍惜和合理利用土地，逐步稳定现有耕地面积，为农业和整个国民经济的发展提供土地保障”。自1986年以来，中国陆续颁布实施了《中华人民共和国土地管理法》（1986年6月25日）、《中华人民共和国耕地占用税暂行条例》（1987年4月1日）、《基本农田保护条例》（1994年8月18日）等一系列法律法规，都突出了对耕地的保护。1997年4月15日中共中央、国务院颁发的《关于进一步加强土地管理切实保护耕地的通知》更是确立了实现耕地总量动态平衡的战略目标，通知指出“各省、自治区、直辖市必须严格按照耕地总量动态平衡的要求，做到本地耕地总量只能增加，不能减少，并努力提高耕地质量”。

1998年国家对土地管理法进行了修订，耕地保护是新土地管理法的突出内容，也是这部法律的核心所在，确立了一系列对耕地实行严格保护的法律规范[49]：①国家严格控制耕地转为非耕地的制度；②国家实行占用耕地补偿制度；③国家实行基本农田保护制度。2000年6月18日，中共中央、国务院发布了“关于促进小城镇健康发展的若干意见”，要求发展小城镇要统一规划，集中用地，做到集约用地和保护耕地，防止乱占耕地。加强耕地保护成为中央决策层的共识：“要实行最严格的耕地保护制度，坚决制止乱占耕地现象。必须加强对基本农田的保护和建设，严格执行土地利用总体规划”①；

① 胡锦涛总书记2003年12月在山东河南考察农村工作时的讲话。

“实行最严格的耕地保护制度，切实加强对土地开发利用的管理”。①“最严格”的内涵十分丰富，既包括横向与当今世界各国相比是最严格的，又包括纵向同中国各个历史时期相比也是最严格的。“最严格”既是相对的，是相比较而言；在现阶段又是绝对的，必须不折不扣执行。[89]为落实最严格的耕地保护制度，2004 年 4 月 29 日，国务院发出“关于深入开展土地市场治理整顿严格土地管理的紧急通知”，其要点之一就是“三个暂停”：全国暂停农用地转用审批，暂停新批的县改市（区）和乡改镇的土地利用总体规划的修改，暂停涉及基本农田保护区调整的各类规划修改；2004 年 10 月 21 日，国务院颁布“关于深化改革严格土地管理的决定”（国务院 28 号文），开宗明义地指出：“实行最严格的土地管理制度，是由我国人多地少的国情决定的，也是贯彻落实科学发展观，保证经济社会可持续发展的必然要求。”并进一步严肃强调，建立耕地保护责任的考核体系，严格执行占用耕地补偿制度，严格保护基本农田，土地利用总体规划修编，必须保证现有基本农田总量不减少，质量不降低。

（四）土地用途管制的耕地保护绩效

王万茂先生[25]、郭川博士[90]对于土地用途管制的耕地保护绩效和机理进行了理论研究，认为实施土地用途管制后，耕地资源的供求关系和价格运行机制都将发生明显的变化，较分级限额审批制度能够更有效地保护耕地资源。理论界的主流意识认为土地用途管制是抑制在耕地保护中“市场失灵”的最有效措施，但是有一些学者依据代理理论、管制俘虏理论、制度经济学理论等分析，认为土地用途

---

① 温家宝总理 2003 年 10 月 28 日在国务院农业和粮食工作会议上的讲话。

管制的耕地保护作用的发挥存在以下障碍因素。一是中央及省级政府根据地方政府上报的用地需求进行建设用地和耕地占用指标分解,信息不对称,可能导致"管制时滞"问题。二是行贿和腐化造成管制者有时被拖入被管制者阵营,使土地管理机构偏离公共利益。三是管制交易成本问题,这些成本来自土地利用总体规划的编制与修订、监督检查、上下级政府之间的博弈等等。管制成本是显性支出,而耕地保护是隐性效益和未来效益,对显性效益和时间的偏好可能阻滞土地用途管制在耕地保护中发挥作用。欧名豪、张全景采用虚拟变量模型,以经济计量软件 Eviews 为分析工具,以农业大省山东省为例,首次对土地用途管制在耕地保护中的绩效进行了定量研究。结果表明土地用途管制的耕地保护绩效非常明显,实施用途管制后,每 1 万元基本建设投资可节约占用耕地 0.00195 公顷,1998～2002 年,山东省共节约建设占用耕地 80 430.48 公顷。[91]但是,对于土地用途管制制度在全国的耕地保护绩效及其在省际间的差异和绩效的潜力空间仍然没有学者进行系统的定量研究。

参考文献

[1] 姜爱林:"论土地的概念与特征",《国土资源科技管理》,2000 年第 3 期。
[2] 王万茂:《土地资源管理学》,高等教育出版社,2003 年,第 1～6 页。
[3] 林增杰、严星:《土地管理概论》,改革出版社,1993 年。
[4] 钱学森:"保护环境的工程技术——环境系统工程",《环境科学技术》,1989 年第 1 期。
[5] 毕宝德:《土地经济学》(第四版),中国人民大学出版社,2001 年,第 3～4 页,第 74 页。
[6] 马歇尔:《经济学原理》(上卷),商务印书馆,1964 年,第 157 页。
[7] 伊利(R. T. Ely)、莫尔豪斯(E. W. Morehouse):《土地经济学原理》,商务

印书馆,1982 年,第 19 页。
[8] 周诚:“正确理解马克思关于土地构成的观点”,《中国土地科学》,1996 年第 10 期。
[9] 周诚:《土地经济学原理》,商务印书馆,2003 年,第 5～9 页。
[10] 欧名豪、黄贤金、严金明:《王万茂教授从教 50 周年纪念文集》,中国大地出版社,2006 年,第 291～292 页。
[11] 林增杰、严星、谭峻:《地籍管理》,中国人民大学出版社,2001 年,第 51 页。
[12] 刘培桐、薛纪渝、王华东:《环境学概论》,高等教育出版社,1995 年,第 1～5 页。
[13] 朱震达:“中国土地荒漠化的概念、成因与防治”,《第四季研究》,1998 年第 2 期。
[14] 张凤荣、孔祥斌、安萍莉:“耕地概念与新一轮土地规划耕地保护区划定”,《中国土地》,2006 年第 1 期。
[15] 曲福田:《可持续发展的理论与政策选择》,中国经济出版社,2000 年,第 263～268 页,第 112～114 页。
[16] 俞奉庆、蔡运龙:“耕地资源价值探讨”,《中国土地科学》,2003 年第 6 期。
[17] 秦明周、Richard H. Jackson:《美国的土地利用与管理》,科学出版社,2004 年,第 123～127 页。
[18] 聂庆华、包浩生:“中国基本农田保护的回顾与展望”,《中国人口·资源与环境》,1999 年第 2 期。
[19] 刘小兵:《政府管制的经济分析》,上海财经大学出版社,2004 年,第 12～22 页。
[20] 陈利根:《土地用途管制研究》,中国大地出版社,2001 年,第 47～50 页。
[21] 欧名豪:《土地利用规划控制研究》,中国林业出版社,1999 年,第 19～24 页。
[22] Patterson T. William, *Land Use Planning: Techniques of Implementation*. New York: Van Nostrand Reinhold, 1997.
[23] 沈守愚、陈利根、应瑞瑶:“论土地用途管制的法权基础”,载《土地用途管制与耕地保护》,北京大学出版社,1997 年,第 105～108 页。
[24] 刘书楷:“论土地用途管制”,载《土地用途管制与耕地保护》,北京大学出版社,1997 年,第 13～18 页。
[25] 王万茂:“土地用途管制的实施及其效益的理性分析”,《中国土地科学》,

1999 年第 3 期。

[26] 雷利·巴洛维:《土地资源经济学——不动产经济学》,北京农业大学出版社,1989 年。

[27] 程烨、王静、孟繁华:《土地用途分区管制研究》,地质出版社,2003 年,第 61～62 页。

[28] 徐汉明:《中国农民土地持有产权制度研究》,社会科学文献出版社,2004 年,第 42～53 页。

[29] H. 德姆塞茨:"关于产权的理论",《美国经济评论》,1967 年第 57 期。

[30] 丁建中:《产权理论及产权改革目标模式探索》,上海社会科学出版社,1996 年,第 3～4 页。

[31] David Me Walker:《牛津法律大辞典》,光明日报出版社,1988 年,第 729 页。

[32] A. A 阿尔钦:"产权:一个经典的解释",载 R. 科斯等:《财权权利与制度变迁——产权学派与新制度学派译文集》,上海三联书店、上海人民出版社,1994 年,第 167 页。

[33] S. Pejovich. *The economics of property rights: a theory or comparative systems*. Kluwer Academic Publichers, 1990. p. 27.

[34] E. G. 菲吕博腾等:《产权与经济理论——近期文献的一个综述之财产权利与制度变迁》,上海三联书店,1994 年,第 204 页。

[35] 诺斯:《经济史中的结构与变迁》,上海三联书店,1991 年,第 12 页。

[36] H. Demsetz, Harold. *Toward A Theory of Property Rights*. American Economic Review, 1967. p. 57.

[37] R. Coase. *The Problem of Social Cost*. Law economics. 1960(3).

[38] 曲福田:《资源经济学》,中国农业出版社,2001 年,第 23～36 页。

[39] 周建春:"耕地价格评估理论与方法研究"(博士论文),南京农业大学,2005 年,第 95～96 页。

[40] 国土资源部规划司:"新一轮土地利用总体规划修编的几个问题",2005 年 2 月。

[41] 李秀彬:"土地利用变化的解释",《地理科学进展》,2002 年第 3 期。

[42] 李平、李秀彬、刘学军:"我国现阶段土地利用变化驱动力的宏观分析",《地理研究》,2001 年第 2 期。

[43] 贲克平:"可持续理论研究扫描",《人民日报》,1998 年 2 月 21 日。

[44] 曲福田:《经济发展与土地可持续利用》,人民出版社,2001 年,第 43～44 页。
[45] 濮励杰、彭补拙:《土地资源管理》,南京大学出版社,2002 年,第 17 页。
[46] 宋戈:《中国城镇化过程中土地利用问题研究》,中国农业出版社,2005 年,第 179 页。
[47] 李鸿毅:《土地政策通论》,(中国台湾)中国政策研究所印行,1996 年。
[48] 陈太先、魏方、潘信中:《台湾土地问题研究》,广东省地图出版社,1995 年。
[49] 卞耀武:《中华人民共和国土地管理法释义》,法律出版社,1998 年,第 24～49 页。
[50] 刘书楷:"论土地用途管制",载《刘书楷选集Ⅱ》,学苑出版社,1999 年。
[51] 董祚继、邓红蒂:"建立适合中国国情的土地用途分区管制制度",载《土地用途管制与耕地保护》,北京大学出版社,1997 年。
[52] 徐日辉:"关于建立土地用途管制制度的探讨",《中国土地科学》,1998 年第 6 期。
[53] 宗仁:"论规划修编后的土地用途管制",《中国土地科学》,1998 年第 4 期。
[54] 陆红生、韩桐魁:"土地用途管制的难点和对策探讨",《中国土地科学》,1999 年第 4 期。
[55] 黄贤金、王静、濮励杰等:"区域土地用途管制的不同方式",《南京大学学报》(自然科学版),2003 年第 3 期。
[56] 朱德举:"台湾土地保护政策的演变",《国土资源情报》,2004 年第 1 期。
[57] 高建华:"关于建立我国土地用途管制制度的思考",《中国软科学》,1998 年第 3 期。
[58] 李俊梅、王万茂:"实施土地用途管制的规划思考",《国土经济》,1999 年第 6 期。
[59] 王万茂:"土地利用规划与可持续发展",《国土经济》,2001 年第 4 期。
[60] 许彦曦、彭补拙、李春华:"土地用途管制与区域土地资源可持续利用研究",《土壤》,1998 年第 3 期。
[61] 董祚继:"对市场经济条件下土地利用规划的几点思考",《中国土地科学》,1994 年增刊。
[62] 张荣群、林培:"论土地利用规划的研究模式",《中国土地科学》,2000 年第 2 期。
[63] 杨子生:"论土地生态规划设计",《云南大学学报》(自然科学版),2002 年

第 2 期。
[64] 杨子生:“基于可持续发展的山区耕地总量动态平衡研究——以云南省为例”,《资源科学》,2001 年第 5 期。
[65] 朱凤武、彭补拙:“中国县域土地利用总体规划的模式研究”,《地理科学》,2003 年第 3 期。
[66] 欧名豪:“土地利用规划体系研究”,中国土地科学,2003 年第 5 期。
[67] 冯广京、严金明:“土地利用总体规划修编的战略思路”,《中国土地科学》,2002 年第 2 期。
[68] 但承龙、历伟:“可持续土地利用规划初探”,《生态经济》,2001 年第 11 期。
[69] 田成敏、杨春德、刘殿成:“汉诺威原则在土地利用规划中的应用”,《中国土地》,2002 年第 6 期。
[70] 张友安、郑伟元:“土地利用总体规划的刚性与弹性”,《中国土地科学》,2004 年第 1 期。
[71] 邓红蒂、董祚继:“建立土地利用规划实施管理保障体系”,《中国土地科学》,2002 年第 6 期。
[72] 陈晓伟、赵世强:“土地利用规划的风险管理”,《中国土地科学》,2004 年第 2 期。
[73] 陈银蓉、梅昀:“科学发展观与新时期土地利用规划修编”,《中国土地科学》,2005 年第 3 期。
[74] 贾克敬、谢俊奇、郑伟元、蔡玉梅:“土地利用规划环境影响评价若干问题探讨”,《中国土地科学》,2003 年第 3 期。
[75] 蔡玉梅、谢俊奇、杜官印、纪文燕:“规划导向的土地利用规划环境影响评价方法”,《中国土地科学》,2005 年第 2 期。
[76] 李龙浩、张春雨:“加拿大土地规划制度研究”,《中国土地科学》,2000 年第 4 期。
[77] 秦明周:“美国的土地利用规划与保护特色”,《中国农业资源与区划》,2001 年第 6 期。
[78] 王静:“关于我国县级土地用途管制分区类型的建议”,《中国土地科学》,2001 年第 4 期。
[79] 欧名豪:“论土地利用规划控制的内容与特性”,《南京农业大学学报》(社会科学版),2001 年第 3 期。
[80] 王静:“土地用途分区管制与区域土地资源可持续利用浅析”,《中国人

口·资源与环境》,2001 年第 4 期。

[81] 汪秀莲、张建平:“土地用途分区管制国际比较”,《中国土地科学》,2001 年第 4 期。

[82] 王静、程烨、刘康:“土地用途分区管制的理性分析与实施保证”,《中国土地科学》,2003 年第 3 期。

[83] 乔·狄维等:“资源保护”,《自然资源译丛》,1988 年第 2 期。

[84] 聂庆华、包浩生:“国外农田资源保护经验与启示”,《经济地理》,1999 年第 2 期。

[85] R. D. Rodefeld, et al. *Change in Rural America — Causes, Consequence and Alternatives*. C. V. Mosby company, 1978.

[86] 高魏、胡永进:“耕地保护理论基础”,《农村经济》,2004 年第 6 期。

[87] 王玉琼:“耕地保护与政府职能的相关性分析”,《农业经济问题》,2004 年第 4 期。

[88] 蔡运龙:“中国农村转型与耕地保护机制”,《地理科学》,2001 年第 1 期。

[89] 周远波:“关于耕地保护若干问题的思考”,《国土资源》,2003 年第 3 期。

[90] 郭川:“论经济转型中的土地用途管制”(博士论文),南京农业大学,2001 年,第 175 页。

[91] 张全景、欧名豪:“我国土地用途管制制度的耕地保护绩效研究——以山东省为例”,《中国人口·资源与环境》,2004 年第 4 期。

第二章
中国耕地数量变动态势与保护的时代背景

第一节　中国土地利用现状结构

2005 年末中国土地调查面积是 95 067.99 万公顷。其中，农用地 65 704.75 万公顷，占 69.11%；建设用地 3 192.23 万公顷，占 3.36%；未利用地 26 171.21 万公顷，占 27.53%。建设用地中，居民点及独立工矿用地 2 601.51 万公顷，交通运输用地 230.85 万公顷，水利设施用地 359.87 万公顷。在农用地中，耕地 12 208.27 万公顷，园地 1 154.90 万公顷，林地 23 574.11 万公顷，牧草地 26 214.38 万公顷，其他农用地 2 553.09 万公顷①。2005 年中国土地资源利用现状结构见图 2—1。与 2004 年相比，耕地面积减少 0.30%，园地面积增加 2.31%，林地面积增加 0.30%，牧草地面积减少 0.21%，居民点及独立工矿用地面积增加 1.11%，交通运输用地面积增加 3.37%，水利设施用地面积增加 0.26%。

---

① 数据来源：国土资源部《2005 年中国国土资源公告》。

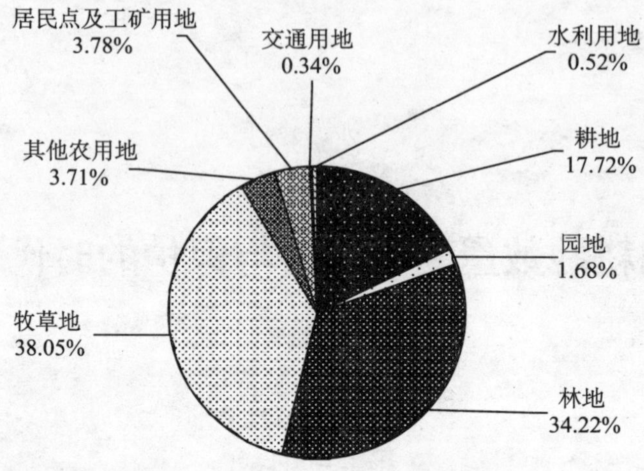

图 2—1 2005 年中国土地利用结构

第二节 近年来中国耕地资源变化的时空分析

一、耕地数量变化的总体态势

图 2—2 为中国 1996～2005 年耕地数量动态变化图[①]。1996 年底中国耕地数量为 13 003.85 万公顷，截至 2005 年底，耕地面积为 12 208.27 万公顷，净减少 795.58 万公顷（1.20 亿亩），平均每年减少 88.40 万公顷（1 326 万亩），累计净减少率为 6.12%，年均净减少

① 1996 年和 1997 年的耕地数据来自于国家土地管理局的《土地统计年鉴》（1996～1997），1998～2004 年的耕地数据来自国家土地管理局（国土资源部）的《土地（国土资源）综合统计年报》（1998～2004），2005 年的耕地数据来自于国土资源部的《2005 年中国国土资源统计年报》。

率为0.70%。其中2003年耕地净减少253.78万公顷，是九年来减少最多的年份，其净减少率为2.02%①。1996～1999年粮食单产年均4.46吨/公顷，而2000～2003年单产年均4.31吨/公顷，粮食生产水平呈下降趋势，耕地生产力下滑。[1]

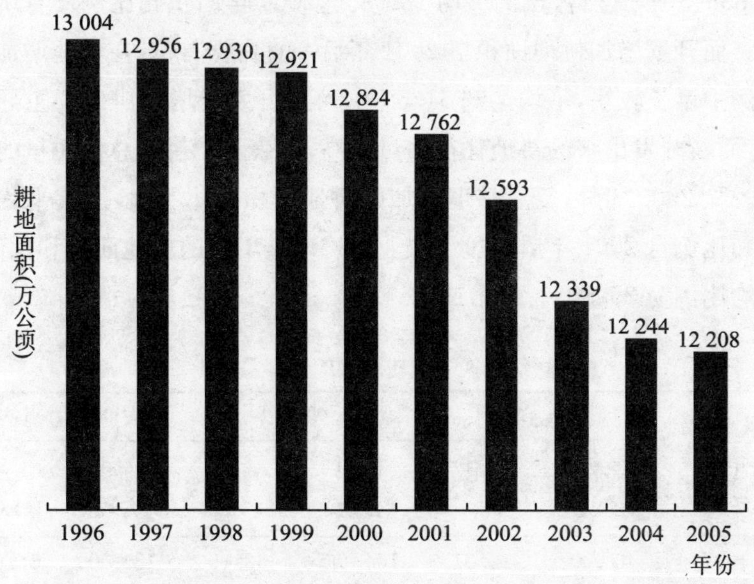

图2—2　近年来全国耕地面积变化情况

二、影响耕地资源数量变化的主导因素

（一）耕地增加因素的构成及变化

耕地增加的直接因素为整理复垦、开发、农业结构调整，表2—1

① 2003年国家进行了违法占地大检查，前几年违法、违规占用的耕地，积淀到这一年统一查处上报。所以，该年耕地减少的统计数据比2003年实际减少的耕地数据偏大。

和图 2—3(a)、图 2—3(b)表达了这三种因素的面积和比例的逐年变化。可以看出,农业结构调整的波动大,且在 1997～2000 年增加耕地的面积相对较高,平均每年增加 186 796 公顷,其所占比例平均达到 46.36%,2001～2003 年租地面积和比例下降,平均每年增加 58 853公顷,其所占比例平均 18.98%,2004 年面积和比例又有所上升。而开发增加耕地面积自 2001 年后一直占据首位,在耕地增加的比例中增长较快,平均达到 51.68%,可见开发是增加耕地的主导因素,而新开发出来的耕地往往质量不高,这表示了耕地总体质量的下降。除 2000 年外,复垦整理增加的耕地面积变化不大,但其平均面积和比例自 2001 年后超过了农业结构调整增加的耕地面积和比例,平均比例为 25.38%,居第二位。

表 2—1　中国耕地增加因素及变化

年份	复垦整理		开发		农业结构调整	
	面积（公顷）	占比（%）	面积（公顷）	占比（%）	面积（公顷）	占比（%）
1997	40 000	12.31	104 000	32.00	181 000	55.69
1998	51 000	11.94	98 000	38.32	106 721	41.73
1999	83 000	20.36	177 000	43.43	147 565	36.21
2000	249 122	41.27	41 942	6.95	312 617	51.79
2001	68 062	25.59	134 546	50.59	63 335	23.82
2002	87 523	25.65	173 238	50.77	80 429	23.57
2003	96 885	28.20	213 922	62.26	32 796	9.54
2004	117 157	22.09	228 472	43.08	184 737	34.83

资料来源:根据相应年份国土资源部的《国土资源综合统计年报》整理而成。

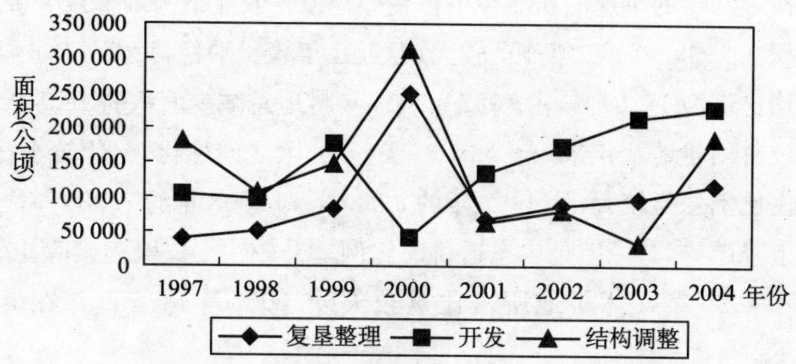

图 2—3(a) 各因素增加耕地面积的变化

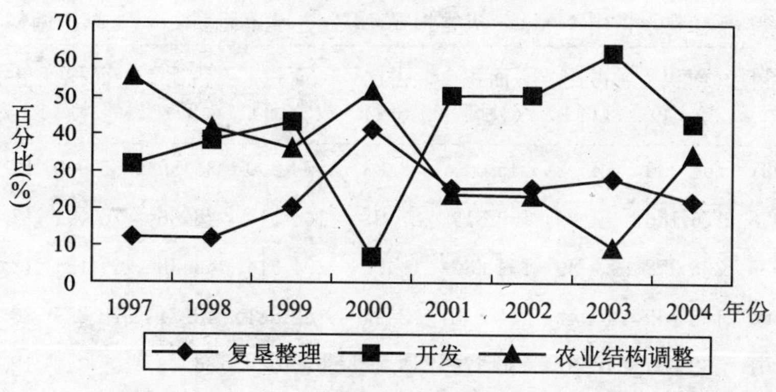

图 2—3(b) 各因素增加耕地所占比例的变化

(二)耕地减少因素的构成及变化

直接导致耕地减少的因素为建设占用、灾害损毁、生态退耕和农业结构调整。由表 2—2、图 2—4、图 2—5 可知,生态退耕减少耕地的面积最大,在耕地减少面积中的比例也快速上升,2003 年高达 77.66%,占 1997~2004 年耕地减少总面积的 60.39%,可见生态退耕在近八年的耕地面积减少中占主导地位。农业结构调整减少耕地面积在1999～2001年波动较大，但近三年趋于平稳，1997～2004年平均比例为17.81％，占1997～2004年耕地总减少面积的18.87％。建设占用耕地八年来一直在16～30万公顷之间变化，起伏较小，但所占比例变化较大，从1997年的42.36％到2003年的7.95％，总体呈下降趋势，其原因是生态退耕的比例上升较快。灾毁因素除1998年和1999年毁坏耕地所占比重较大外，2000年后一直都在5％以下。

表2—2 中国耕地减少因素及变化

年份	建设占用		灾害损毁		生态退耕		结构调整	
	面积（公顷）	占比（％）	面积（公顷）	占比（％）	面积（公顷）	占比（％）	面积（公顷）	占比（％）
1997	194 000	42.36	45 000	9.83	163 000	35.59	56 000	12.23
1998	176 186	30.89	159 519	27.97	164 610	28.86	70 091	12.29
1999	205 258	24.39	134 680	16.00	394 614	46.88	107 124	12.73
2000	163 259	10.42	61 738	3.94	762 821	48.71	578 225	36.92
2001	163 654	18.32	30 579	3.42	590 689	66.13	108 346	12.13
2002	196 500	9.69	5 639	2.78	1 425 552	70.31	349 010	17.21
2003	229 106	7.95	50 425	1.75	2 237 309	77.66	364 152	12.64
2004	292 804	19.81	63 283	4.28	732 866	49.57	389 368	26.34

资料来源：根据相应年份国土资源部的《国土资源综合统计年报》整理而成。

三、耕地数量变化的区域差异

中国地域广阔，经向跨度和纬向跨度都非常大，使得自然条件的

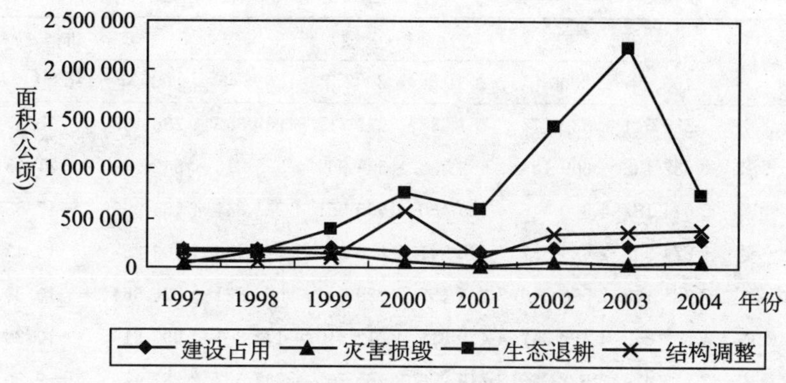

图 2—4　各因素减少耕地面积的变化

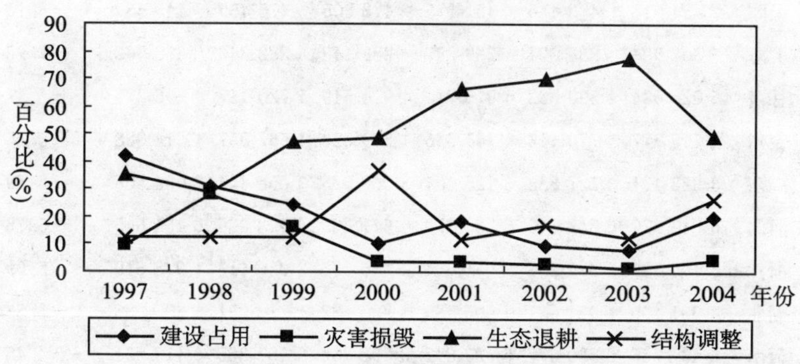

图 2—5　各因素减少耕地所占比例的变化

区域差异十分显著，地区之间的经济和社会发展不平衡，导致耕地的动态变化在空间上存在明显分异。以省份为基本空间单元，依据1999～2004 年的耕地面积数据(表 2—3 和图 2—6)，以 2004 年相对于 1999 年的耕地净减少率为指标，分析比较耕地数量变化的空间差异，划分为Ⅰ～Ⅳ四个区，Ⅰ：0.7～2.3；Ⅱ：2.3～5.1；Ⅲ：5.1～10.0；Ⅳ：10.0～31.0。

表 2—3 1999～2004 年全国及各省份耕地数量变化

省份	耕地面积(公顷)						耕地净变化率(%)
	1999 年	2000 年	2001 年	2002 年	2003 年	2004 年	
北京	339 544	332 117	287 635	274 711	259 860	236 437	−30.37
青海	687 452	669 159	652 532	604 669	555 210	542 049	−21.15
陕西	5 044 187	4 800 445	4 685 450	4 505 951	4 241 841	4 154 095	−17.65
宁夏	1 274 309	1 425 537	1 290 341	1 238 322	1 145 166	1 103 257	−13.42
内蒙古	7 785 168	7 590 316	7 445 152	7 229 624	7 004 221	6 976 564	−10.39
山西	4 562 843	4 457 347	4 449 815	4 312 340	4 172 301	4 097 518	−10.20
重庆	2 529 924	2 522 922	2 519 209	2 465 763	2 347 627	2 287 419	−9.59
四川	6 590 407	6 434 741	6 370 874	6 265 406	6 112 449	6 025 189	−8.58
天津	484 918	483 416	481 175	478 505	475 469	445 630	−8.10
上海	302 624	289 021	289 237	288 148	282 342	278 562	−7.95
甘肃	5 026 524	4 990 332	4 976 714	4 914 549	4 720 117	4 696 278	−6.57
贵州	4 795 377	4 770 413	4 761 626	4 699 523	4 567 857	4 514 388	−5.86
广东	3 223 421	3 127 833	3 125 004	3 068 626	3 058 354	3 036 865	−5.79
河北	6 848 920	6 842 240	6 833 270	6 671 862	6 498 026	6 454 645	−5.76
浙江	2 105 835	2 089 288	2 081 664	2 046 096	2 030 413	1 998 619	−5.09
湖北	4 931 400	4 921 637	4 905 489	4 820 462	4 718 081	4 690 986	−4.88
云南	6 404 756	6 339 677	6 329 847	6 298 886	6 187 265	6 119 551	−4.45
江苏	5 033 353	5 016 274	5 002 505	4 934 136	4 902 301	4 816 986	−4.30
海南	763 874	762 295	761 696	761 625	736 117	732 292	−4.13
江西	2 973 563	2 960 802	2 960 994	2 932 102	2 871 115	2 859 533	−3.83
安徽	5 961 177	5 962 449	5 962 489	5 918 469	5 758 749	5 737 940	−3.74
福建	1 404 755	1 381 540	1 379 504	1 371 221	1 366 415	1 359 848	−3.20
湖南	3 931 877	3 921 598	3 912 544	3 890 996	3 833 738	3 816 474	−2.94
新疆	4 143 911	4 164 002	4 164 045	4 115 908	4 037 206	4 025 463	−2.86
广西	4 408 690	4 384 769	4 394 328	4 370 121	4 337 012	4 309 174	−2.26

续表

省份	耕地面积(公顷)						耕地净变化率(%)
	1999年	2000年	2001年	2002年	2003年	2004年	
河南	8 095 569	8 081 255	8 078 227	8 011 601	7 936 015	7 926 343	−2.09
辽宁	4 169 647	4 164 171	4 163 029	4 139 227	4 073 654	4 098 135	−1.72
山东	7 666 608	7 672 003	7 670 456	7 644 272	7 593 101	7 540 091	−1.65
西藏	366 686	367 867	368 031	366 496	362 486	361 027	−1.54
黑龙江	11 768 309	11 739 396	11 739 149	11 726 207	11 666 723	11 665 125	−0.88
吉林	5 579 731	5 578 269	5 573 775	5 563 775	5 540 980	5 537 770	−0.75
平均	129 205 495	128 243 134	127 615 809	125 929 599	123 392 210	122 444 256	−5.23

注：1. 表中耕地面积数据来自国土资源部的《国土资源综合统计年报》(1999～2004年)。未包括台湾、香港、澳门三个省级行政区。

2. 耕地净变化率＝(2004年的耕地面积－1999年的耕地面积)÷1999年的耕地面积×100%，负值代表耕地净减少率，正值代表净增加率。

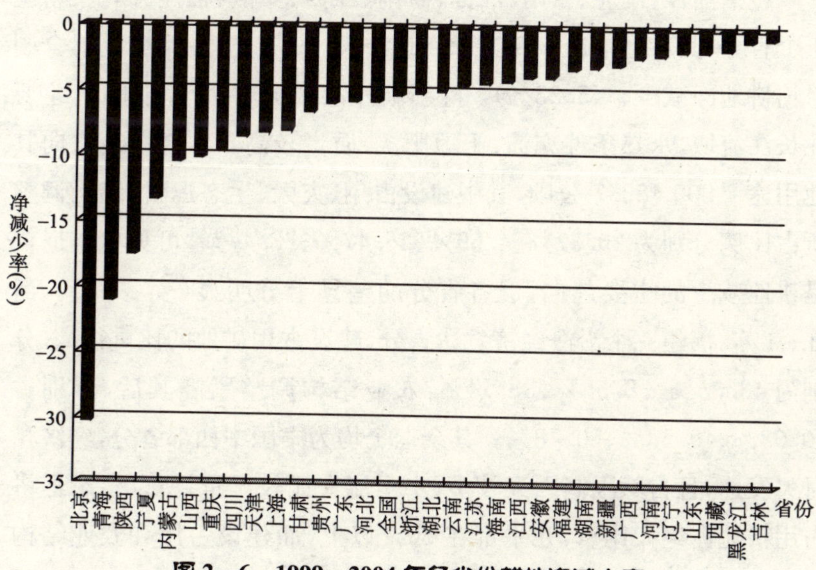

图2—6　1999～2004年各省份耕地净减少率

（一）缓慢流失区Ⅰ

包括吉林、黑龙江、西藏、山东、辽宁、河南、广西七个省份，耕地净减少率在0.75%～2.26%之间，依次升高。除广西和西藏外，主要包括了东北地区和山东、河南两个农业大省，是中国传统的农业生产基地。本区内耕地流向其他用途1 272 123.5公顷，其中建设占用、灾害损毁、生态退耕、农业结构调整所占比例分别为25.61%、6.62%、43.52%、24.25%，可见生态退耕是耕地的主要减少方向，但各省份也存在差异（表2—4），山东省建设占用耕地的比例较高，广西、吉林农业结构调整占用耕地的比例较大。

（二）较快流失区Ⅱ

包括浙江、湖北、云南、江苏、海南、江西、安徽、福建、湖南、新疆十个省分，其耕地净减少率在2.86%～5.09%之间，但都低于全国平均耕地净减少率(5.23%)。除新疆外，都处于中国南部地区，主要在长江流域，水热条件充沛，土地肥沃，质量较高。本区耕地流向其他用途2 500 483.7公顷，其中建设占用、灾毁、生态退耕、结构调整所占比例分别为20.37%、4.69%、46.47%、28.47%，可见生态退耕是耕地减少的主要趋向，但各省分的差异十分明显（表2—5）。浙江、江苏、福建三个沿海经济发达省分，建设占用耕地的比重很高，分别为43.35%、38.56%、38.14%，农业结构调整紧随其后，分别占30.02%、49.53%、50.78%。其余七个均为中国中西部省分，经济相对欠发达，且自然限制因素较多，水土流失比较严重，所以生态退耕占用耕地占绝大比重，几乎都在50%以上，而建设占用和农业结构调整占用的耕地相对比重较小。

表 2—4 Ⅰ区各省份耕地流向其他用途构成(公顷)

省份	流失去向	年份						Σ	占比(%)
		1999	2000	2001	2002	2003	2004		
广西	建设占用	4 617.8	3 120.6	3 413.5	4 232.7	2 489.8	6 706.6	25 911.9	15.08
	灾害损毁	355.1	669.6	1 279.6	853.9	142.0	295.8	3 812.1	2.21
	生态退耕	1 983.4	1 232.1	5 127.9	8 701.3	27 193.7	10 086.0	57 813.6	33.33
	结构调整	3 018.0	29 981.1	9 921.5	14 062.4	6 941.0	16 562.9	85 651.6	49.38
河南	建设占用	8 082.4	6 312.9	7 882.1	10 966.4	21 951.2	14 814.2	74 137.6	27.10
	灾害损毁	1 811.9	2 315.7	714.1	521.6	651.3	1 148.4	7 519.8	2.78
	生态退耕	207.3	4 739.1	4 989.2	61 647.6	64 916.0	8 082.9	154 207.2	56.03
	结构调整	759.7	10 905.5	1 172.7	6 418.9	14 704.4	2 328.8	38 658.6	14.06
辽宁	建设占用	9 308.7	4 461.4	2 722.1	2 921.6	3 038.5	19 695.4	44 337.0	17.74
	灾害损毁	1 734.4	824.8	813.4	75.2	2 456.8	5 024.5	11 542.2	4.60
	生态退耕	1 331.7	2 120.8	982.6	14 495.0	56 825.5	38 765.3	122 066.7	48.21
	结构调整	1 164.6	8 656.0	1 187.9	10 098.7	6 990.2	41 834.1	74 515.9	29.44
山东	建设占用	14 981.6	17 161.1	20 452.1	26 136.6	33 533.4	33 945.6	154 959.0	46.43
	灾害损毁	578.7	1 871.4	1 160.1	3 996.5	9 154.9	8 789.9	27 216.4	8.11
	生态退耕	618.6	1 345.0	1 239.7	6 038.2	24 694.1	18 198.1	55 568.0	16.55
	结构调整	5 329.5	1 975.6	5 915.1	23 175.1	16 396.2	38 221.7	96 725.4	28.90

续表

省份	流失去向	年份						Σ	占比(%)
		1999	2000	2001	2002	2003	2004		
西藏	建设占用	66.1	99.8	135.5	241.2	524.5	483.9	1 650.0	15.31
	灾害损毁	214.4	433.6	167.5	43.8	49.5	50.8	1 009.3	9.47
	生态退耕	66.1	11.5	175.9	1 781.3	3 819.5	1 467.9	7 805.9	72.27
	结构调整	3.7	0.0	0.0	21.9	48.7	224.9	318.8	0.03
黑龙江	建设占用	9 292.0	4 175.0	3 897.2	2 352.7	2 010.8	4 611.6	27 475.6	12.04
	灾害损毁	23 802.5	1 619.7	1 014.5	1 417.6	817.1	1 655.2	30 761.6	13.86
	生态退耕	11 767.5	14 322.1	5 786.1	16 324.9	62 378.6	26 536.4	145 472.1	62.65
	结构调整	2 881.5	18 952.6	315.6	1 189.1	1 094.0	635.7	26 547.6	11.45
吉林	建设占用	3 609.3	3 072.6	1 668.5	1 841.9	1 916.5	2 867.4	15 734.0	21.50
	灾害损毁	2 367.2	1 463.7	489.4	1 181.2	41.6	197.0	5 964.9	8.24
	生态退耕	1 424.0	1 360.1	5 007.3	8 580.6	23 833.7	3 392.3	46 409.6	7.69
	结构调整	3 077.3	691.5	115.9	545.4	473.4	453.4	5 508.9	62.58
Σ		114 454.8	143 895.1	87 746.8	229 863.1	389 086.8	307 076.9	1 349 301.4	

资料来源：表中面积数据根据国土资源部的《国土资源综合统计年报》(1999～2004)整理计算而成。

表 2—5　Ⅱ区各省份耕地流向其他用途构成(公顷)

省份	流失去向	年份						Σ	占比(%)
		1999	2000	2001	2002	2003	2004		
浙江	建设占用	7 590.9	11 919.0	18 136.6	25 254.2	28 565.9	24 501.2	123 193.0	43.35
	灾害损毁	1 783.0	636.1	364.0	297.1	1 143.2	623.7	5 051.4	1.81
	生态退耕	11 613.0	11 356.3	12 420.8	14 103.7	8 462.4	8 434.8	70 042.9	24.80
	结构调整	1 842.6	7 685.4	1 449.8	28 362.0	11 486.3	29 467.8	85 524.1	30.02
湖北	建设占用	6 562.6	4 563.9	5 158.0	5 847.4	5 397.4	6 821.3	36 203.2	11.46
	灾害损毁	3 781.1	1 062.1	536.4	1 266.4	741.5	2 232.6	10 009.3	3.21
	生态退耕	2 483.8	7 067.6	12 839.0	70 517.9	92 537.5	11 119.5	209 504.1	65.55
	结构调整	8 872.3	6 918.7	4 476.2	14 037.0	10 442.8	14 590.8	62 702.1	19.79
云南	建设占用	9 119.3	7 998.8	3 757.3	5 197.2	5 599.9	8 526.3	42 270.8	10.32
	灾害损毁	4 604.7	15 077.7	2 043.5	6 107.3	1 659.6	14 280.8	46 384.9	11.24
	生态退耕	7 781.2	29 204.5	7 042.5	35 666.4	84 037.9	30 148.2	206 287.3	49.78
	结构调整	11 202.9	33 748.2	4 167.9	9 487.9	30 445.7	22 599.6	118 348.7	28.67

续表

省份	流失去向	年份						Σ	占比(%)
		1999	2000	2001	2002	2003	2004		
江苏	建设占用	13 219.8	8 709.5	17 151.9	28 109.5	27 810.5	46 708.8	150 276.0	38.56
	灾害损毁	1 541.5	1 909.0	2 083.0	4 447.2	1 037.8	1 768.7	13 537.0	3.48
	生态退耕	962.8	1 833.8	1 579.1	12 807.5	7 195.0	6 600.8	32 980.1	8.43
	结构调整	7 006.0	15 637.4	11 270.3	56 300.4	28 404.1	63 417.2	193 704.1	49.53
海南	建设占用	371.9	490.9	72.4	261.0	114.5	423.2	1 824.5	4.92
	灾害损毁	0.0	61.9	5.1	0.9	95.5	0.0	174.3	0.46
	生态退耕	0.0	22.0	719.1	76.0	24 659.3	1 065.0	28 310.9	75.34
	结构调整	3.9	2 357.3	76.2	213.3	1 243.5	2 896.0	7 242.6	19.27
江西	建设占用	4 446.5	2 332.6	2 954.6	6 540.9	8 064.5	4 807.5	30 793.4	19.71
	灾害损毁	268.0	217.9	69.3	768.7	222.9	24.6	1 658.3	1.06
	生态退耕	30.2	458.1	61.1	29 799.8	56 987.4	11 034.2	104 926.8	66.52
	结构调整	588.9	13 042.0	286.7	1 180.0	3 094.0	605.9	20 011.5	12.71
安徽	建设占用	7 684.3	4 237.5	6 108.7	5 315.0	10 099.5	12 783.5	48 798.1	16.20
	灾害损毁	1 663.2	354.8	425.8	554.4	1 804.4	4 292.2	9 590.2	3.19
	生态退耕	288.9	752.5	860.5	41 876.6	153 715.9	13 010.0	224 518.8	73.78
	结构调整	934.9	4 724.1	1 101.9	4 389.8	4 330.1	4 016.2	20 734.3	6.83

续表

省份	流失去向	年份						Σ	占比(%)
		1999	2000	2001	2002	2003	2004		
福建	建设占用	4 991.6	5 297.9	3 090.6	3 951.9	6 263.5	5 723.3	30 940.8	38.14
	灾害损毁	1 134.0	1 177.2	307.8	3 676.2	62.8	335.7	7 064.3	8.71
	生态退耕	199.6	197.6	154.9	925.8	239.6	105.8	1 931.6	2.37
	结构调整	4 087.1	23 850.1	2 124.4	4 128.2	1 901.1	2 939.2	41 359.7	50.78
湖南	建设占用	5 675.5	4 164.9	3 573.1	3 372.8	4 028.9	4 162.7	26 264.8	15.34
	灾害损毁	2 392.8	1 298.3	1 691.1	2 247.7	1 347.7	685.2	10 147.4	5.93
	生态退耕	977.1	4 821.4	10 459.5	17 048.7	54 442.6	18 421.9	113 184.0	65.21
	结构调整	797.3	6 840.4	1 548.8	5 319.2	4 743.6	2 749.4	23 412.0	13.51
新疆	建设占用	6 066.7	2 697.6	1 333.9	3 624.2	2 409.1	1 913.9	18 844.1	5.61
	灾害损毁	6 792.5	2 511.0	1 520.7	1 780.3	293.2	213.1	13 532.0	4.07
	生态退耕	2 540.7	18 645.5	6 734.4	67 197.1	49 895.5	14890.9	170 394.9	49.68
	结构调整	10 639.0	11 872.8	4 074.3	21 803.5	65 528.3	16 877.4	138 805.6	40.64
Σ		162 542.2	277 754.4	153 831.1	543 860.7	800 555.1	415 818.8	2 500 483.7	

资料来源：表中面积数据根据国土资源部的《国土资源综合统计年报》(1999～2004)整理计算而成。

（三）快速流失区Ⅲ

该区包括重庆、四川、天津、上海、甘肃、贵州、广东、河北八个省份，其耕地减少率在5.76%～9.59%之间，均高于全国平均耕地减少水平(5.23%)。从区域上看，该区分为东西两部分：东部沿海地区的天津、上海、广东、河北和西部地区的重庆、四川、甘肃、贵州，两区的自然条件和社会经济发展水平差异明显。本区内耕地流向其他用途2 778 007.4公顷，其中建设占用、灾害损毁、结构调整所占比例分别为11.70%、3.64%、63.68%、20.98%。平均来看生态退耕为主导因素，但东西省份非常不同(表2—6)。重庆、四川、贵州、河北山区面积广大，水土流失严重，所以需大面积退耕还林，甘肃气候干旱，荒漠化严重，所以需大面积退耕还草，这五个省份的生态退耕占耕地减少的比重都在65%以上。天津、上海耕地减少主要来自建设占用，比重分别为56.37%和63.58%，上海市建设占用耕地的比重居全国之最。广东的耕地减少主要来自农业结构调整，占79.58%。

（四）严重流失区Ⅳ

包括北京、青海、陕西、宁夏、内蒙古、山西六个省份，耕地净减少率在10.20%～30.37%之间。北京是全国的政治、文化、经济中心，社会经济发展和环境建设占用了大量的耕地，耕地减少率居全国首位(表2—7)。青海、陕西、宁夏、内蒙古、山西处于中国的西部和北部，自然条件相对较差，生态脆弱，水土流失、沙漠化现象严重，退耕还林、退耕还草、退耕还牧的任务较重，生态退耕是耕地减少的主导因素，其比例分别达到96.36%、73.76%、96.33%、68.33%，在全国居于前列(表2—7)。

表 2—6 Ⅲ区各省份耕地流向其他用途构成(公顷)

省份	流失去向	年份						Σ	占比(%)
		1999	2000	2001	2002	2003	2004		
重庆	建设占用	7 324.6	4 382.7	2 322.4	3 241.0	7 662.0	9 019.0	36 215.0	12.54
	灾害损毁	1 123.9	1 266.5	639.6	553.8	793.1	3 638.0	8 549.2	2.96
	生态退耕	1 109.3	3 756.0	778.6	41 069.9	90 427.4	41 804.0	190 874.9	66.11
	结构调整	1 063.2	3 456.7	2 827.6	10 715.8	21 875.0	9 809.7	53 064.6	18.38
四川	建设占用	17 173.4	6 275.6	9 555.7	6 712.0	4 980.4	9 043.7	57 323.5	8.18
	灾害损毁	14 758.6	2 047.9	2 207.6	2 199.1	1 188.9	3 038.0	27 136.1	3.87
	生态退耕	5 849.4	125 553.6	47 342.8	79 626.8	118 904.4	59 673.8	466 080.8	66.49
	结构调整	5 878.7	38 792.7	12 889.5	24 900.6	33 225.7	25 370.0	150 461.0	21.46
天津	建设占用	771.5	1 515.5	2 229.4	2 013.7	1 794.5	18 391.9	28 497.5	53.67
	灾害损毁	1.7	27.1	0.0	0.0	0.0	3 079.9	3 315.9	6.25
	生态退耕	16.8	23.8	54.8	121.3	1 893.9	1 262.4	3 598.0	6.78
	结构调整	25.0	1 524.6	1 473.6	2 595.1	1 180.9	9 778.7	17 683.2	33.31
上海	建设占用	2 725.6	24 304.5	2 346.5	4 159.3	7 595.2	6 248.4	50 538.2	63.58
	灾害损毁	152.3	3 105.1	37.3	75.0	530.4	340.8	4 523.6	5.69
	生态退耕	109.2	1 655.0	114.0	25.6	4 348.3	3 324.3	10 214.9	12.85
	结构调整	186.8	3 887.0	151.4	1 306.8	6 886.4	908.2	14 215.1	17.83

续表

省份	流失去向	年份						Σ	占比(%)
		1999	2000	2001	2002	2003	2004		
甘肃	建设占用	1 809.8	2 177.3	1 234.3	1 723.6	1 646.4	2 063.3	11 364.8	2.82
	灾害损毁	244.0	159.6	188.2	423.0	702.7	592.8	2 464.4	0.61
	生态退耕	189.1	44 530.7	17 650.7	61 152.5	188 322.9	29 770.0	364 390.3	90.50
	结构调整	1 048.6	5 746.3	793.9	4 746.4	8 925.7	1 653.7	24 442.3	6.07
贵州	建设占用	11 057.5	2 735.6	3 040.0	2 715.3	4 137.4	4 563.6	30 132.9	6.77
	灾害损毁	25 835.0	4 450.6	1 389.6	5 108.5	2 060.3	2 482.0	44 081.2	9.91
	生态退耕	66 928.6	16 480.9	6 500.5	53 143.9	124 269.8	45 742.3	333 937.0	75.04
	结构调整	3 767.4	15 153.1	1 854.9	3 701.2	5 020.7	5 063.4	36 864.7	8.28
广东	建设占用	13 284.4	6 836.1	5 946.5	5 721.3	7631.7	8 078.3	50 664.8	16.87
	灾害损毁	799.4	504.3	712.5	439.8	614.3	792.9	4 120.8	1.37
	生态退耕	1 435.6	1 436.0	506.2	2 136.8	253.3	352.2	6 528.1	2.17
	结构调整	17 320.5	114 786.9	4 228.6	56 621.0	11 340.1	19 694.1	238 923.9	79.58
河北	建设占用	16 396.3	9 534.2	6 672.4	9 040.0	7 884.2	7 003.0	60 298.8	11.87
	灾害损毁	1 623.5	859.1	1 690.3	490.2	1 467.4	403.2	6 969.2	1.37
	生态退耕	2 750.9	9 000.8	10 077.8	148 778.9	154 208.7	44 029.5	393 436.4	77.48
	结构调整	3 599.3	3 328.5	1 469.0	13 540.4	20 554.3	1 661.2	47 096.3	9.27
	Σ	226 360.0	459 294.2	148 926.3	548 798.6	842 326.5	378 676.3	2 778 007.4	

资料来源：表中面积数据根据国土资源部的《国土资源综合统计年报》(1999～2004)整理计算而成。

表 2—7　Ⅳ区各省份耕地流向其他用途构成(公顷)

省份	流失去向	年份						Σ	占比(%)
		1999	2000	2001	2002	2003	2004		
北京	建设占用	1 966.5	2 464.7	15 518.3	7 327.5	3 464.6	7 689.3	40 861.8	26.74
	灾害损毁	140.5	363.9	3 409.8	1 038.4	78.1	73.6	5 435.3	3.55
	生态退耕	236.5	2 471.9	17 221.7	23 181.9	4 794.1	8 281.9	59 918.1	39.10
	结构调整	541.5	4 627.7	11 101.1	7 524.0	10 798.0	9 386.5	46 874.7	30.60
青海	建设占用	315.3	425.6	853.0	1 425.0	779.0	316.9	4 368.3	2.74
	灾害损毁	484.4	0.0	160.8	37.1	89.5	0.0	791.0	0.51
	生态退耕	115.8	17 840.8	16 512.5	47 931.0	49 392.0	13 149.9	154 596.9	96.36
	结构调整	32.5	308.7	15.7	133.0	80.8	15.9	623.5	0.39
陕西	建设占用	3 957.3	3 875.6	3 931.6	4 866.3	5 133.3	7 126.6	30 553.1	2.89
	灾害损毁	472.4	2 453.5	379.4	5 517.3	18 949.0	6 044.1	36 038.6	3.38
	生态退耕	52 389.1	157 352.2	97 219.1	160 498.6	216 928.0	53 969.3	784 087.5	73.76
	结构调整	9 245.2	90 116.2	19 847.8	16 804.3	31 236.3	32 741.3	212 707.5	19.98

续表

省份	流失去向	年份						Σ	占比(%)
		1999	2000	2001	2002	2003	2004		
宁夏	建设占用	699.5	730.9	978.4	1 093.4	2 361.1	3 400.0	9 834.3	2.47
	灾害损毁	93.0	55.1	21.8	203.7	4.3	480.0	909.0	0.23
	生态退耕	26.1	10 246.7	138 256.0	53 753.4	102 689.3	55 816.3	384 838.6	96.33
	结构调整	121.8	532.6	141.7	547.0	1 673.9	623.9	3 875.3	0.97
内蒙古	建设占用	4 109.6	1 780.6	2 845.6	4 493.7	4 998.7	3 866.6	23 293.9	1.76
	灾害损毁	28 232.0	7 006.2	3 951.3	9 957.5	1 638.2	274.0	52 581.0	4.07
	生态退耕	212 334.3	259 180.0	157 185.5	211 776.7	244 108.1	89 532.1	1 238 235.4	93.55
	结构调整	746.2	2 955.0	532.3	2 350.1	778.7	400.2	8 230.4	0.62
山西	建设占用	7 980.1	5 403.8	4 671.7	5 799.8	5 218.5	6 496.6	37 409.8	6.69
	灾害损毁	5 894.1	5 934.6	1 105.4	1 059.3	586.7	425.9	15 613.6	2.82
	生态退耕	6 847.7	13 802.7	5 089.6	134 766.8	140 934.7	64 798.1	390 199.2	68.83
	结构调整	1 338.3	95 170.0	1 814.1	2 791.2	2 308.3	11 839.8	122 856.6	21.66
Σ		338 319.8	685 099.2	502 764.2	704 877.2	849 023.5	376 748.6	3 664 733.4	

资料来源：表中面积数据根据国土资源部的《国土资源综合统计年报》(1999～2004)整理计算而成。

第三节 中国耕地保护的时代价值

一、粮食安全与耕地保护

(一) 严峻的粮食安全形势

近十年来,中国粮食总产量呈现出较大的波动性(图 2—7)。1996～1999 年,粮食生产连年丰收,四年间年平均产量超过 5 亿吨,其中 1998 年达到 5.12 亿吨,表明中国粮食综合生产能力已经达到了一个新的台阶。但是自 1999 年起,粮食总产量连续五年下降,2003 年仅为 43 069.5 万吨,为 1990 年以来的最低水平。2003 年初国家存粮 2.4 亿吨,农户存粮 1.2 亿吨,当年粮食库存减少 0.3 亿吨;2003 年实际粮食消费量 5 亿吨(13 亿人,385 千克/人),粮食供求关系趋紧;粮食价格上涨,2003 年小麦价格上涨 40～80 元 /吨,稻米价格上涨 80～120 元/吨,玉米价格上涨 60～100 元/吨。2004、2005 年粮食产量有所回升,但仍然没有达到 20 世纪 90 年代的水平。预计到 2010 年粮食需求量 5.5 亿吨(14 亿人,390 千克/人),2020 年粮食需求量 6.0 亿吨(15 亿人,400 千克/人),2030 年粮食需求量 6.4 亿吨(16 亿人,400 千克/人)。粮食供求关系将越来越紧张,粮食安全问题已经引起中国理论界和决策层的严重关注。

(二) 保护耕地是保证粮食安全的基础

影响粮食总产量的直接因子主要有耕地面积、粮食播种面积和粮食单产。由于中国粮食单产在 1996～2005 年间变化不大,各年基本在 4 386 千克/公顷的平均水平上波动,平均波动幅度仅为 0.5%

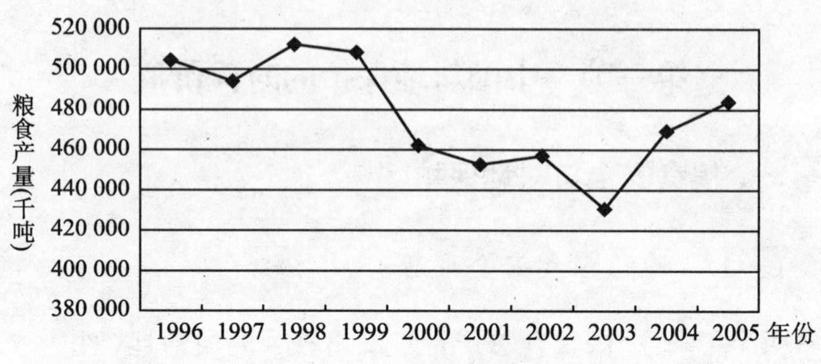

图 2—7　中国粮食总产量变化

左右，即使波动幅度最大的 2000 年，变化也只有 125 千克/公顷(即每亩 8.33 千克)。因此，这里主要进行耕地面积、粮食播种面积的影响分析。

表 2—8　1996～2005 年全国耕地面积、粮食播种面积、粮食总产量及其变化率

年份	粮播面积（千公顷）	粮播面积变化率(%)	耕地面积（千公顷）	耕地面积变化率(%)	粮食总产（千吨）	粮食总产变化率(%)
1996	112 548	2.26	130 039		504 535	8.125 9
1997	112 912	0.32	129 561	−0.37	494 171	−2.054 2
1998	113 787	0.77	129 300	−0.20	512 295	3.667 6
1999	113 161	−0.55	129 206	−0.07	508 386	−0.763 1
2000	108 463	−4.15	128 243	−0.74	462 175	−9.089 7
2001	106 080	−2.20	127 616	−0.49	452 637	−2.063 8
2002	103 891	−2.06	125 930	−1.32	457 058	0.976 7
2003	99 410	−4.31	123 392	−2.02	430 695	−5.767 8
2004	101 606	2.21	122 444	−0.77	469 469	9.002 7
2005	104 270	2.62	122 083	−0.30	484 010	3.097 2

资料来源：1996～2005 年的粮食播种面积、粮食总产量数据来自《中国统计年鉴》(2006 年)，耕地面积数据来自国土资源部土地变更调查数据。

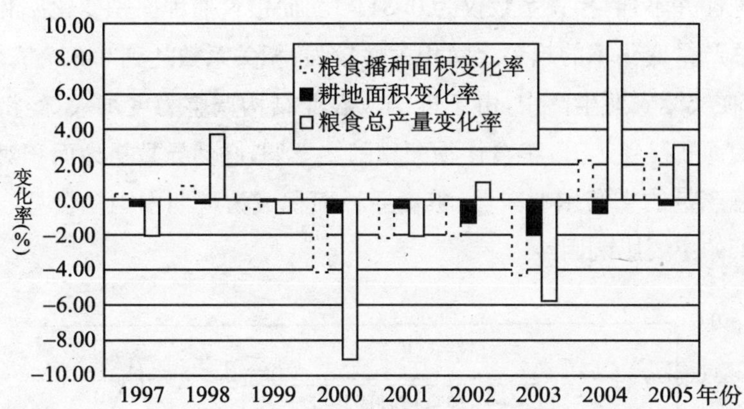

图 2—8　1996～2005 年全国耕地面积、粮食播种面积、粮食总产量变化率

表 2—8 和图 2—8 是中国 1996～2005 年间耕地面积、粮食播种面积、粮食总产量的年际变化情况。据此可以看出，全国耕地面积呈逐年减少之势，1996～2003 年减少趋势越来越明显，减少幅度逐年加大，2004 年后减少幅度开始变小。1996～2003 年全国的粮食播种面积总体上呈下降趋势，平均每年减少 187.69 万公顷，1999～2003 年间逐年大幅下降，2004 年、2005 年播种面积虽然增加，但仍然较 1998 年的播种面积有很大差距。需要注意的现象是，1997 年、1998 年、2004 年、2005 年四个年份，耕地面积较往年下降，而播种面积较往年有所上升，这可能是政策诱导的结果。在耕地面积和粮食播种面积变化的共同作用下，直接决定了 1996～2003 年间的粮食总产变化趋势，即在总体上呈下降趋势。2004 年后，随着播种面积的增加，粮食总产量开始回升。

进一步对耕地面积、粮食播种面积、粮食总产量进行相关分析（图 2—9）。耕地面积年变化率和粮食总量年变化率的趋势之间的相关性并不强，相关系数仅为 0.311 1。而粮食播种面积变化率和粮食总产量变化率的趋势之间相关性较强，相关系数达到 0.857 5。而且，在实际农业生产中，由于近年来农业结构调整力度加大，经济作物的面积逐年上升，粮食作物面积随之下调，必然导致耕地面积对粮食总产量的直接影响减弱，粮食播种面积成为近期中国粮食总产量减少的主要影响因素。

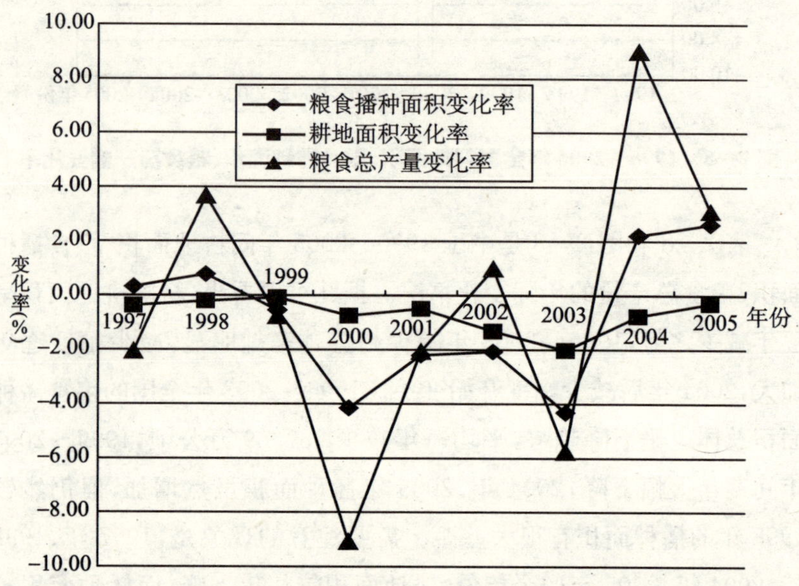

图 2—9　1996～2005 年全国耕地面积、粮食播种面积、粮食总产量年变化率

然而，并不能由此否定耕地面积对粮食安全的作用。粮食播种面积是由种植粮食作物的耕地面积和复种指数的乘积决定的，耕地面积是粮食播种面积的主要变量。如图 2—9 所示，耕地面积变化率和粮食播种面积变化率的变动趋势基本相似，两者的相关系数为

0.614 8,耕地面积与粮食播种面积之间的相关系数更是高达0.896 0,说明耕地面积对粮食播种面积具有较强的约束作用。虽然复种指数是粮食播种面积的另一变量,但在农业科技取得重大突破以前,特定地区的最大光、温、水生产潜力是一定的,复种指数在一定时期内也必然是有上限的。这表明,目前还无法通过无限上调复种指数增加粮食播种面积的办法来替代耕地面积对粮食安全的保障作用。

从理论上讲,农业属于有机性产业,不同于其他二三产业,不仅在气候、土壤、地形、地势上受到自然条件的限制相当大,生产时程亦受到严格限制,且在报酬递减规律迅速发生作用的劣势下,亦难以资本替代来增加其生产效率,所以相对需要较大面积土地来参与生产。从国际经验看,据美国科学院的研究报告,1900～1950 年间美国的粮食增产主要是扩大耕地面积的结果,20 世纪 50～60 年代谷物总产量增长主要是单位耕地面积产量提高所致。但自 60 年代以来,耕地面积增加对产量的贡献率为 80%,单产的提高对总产量增长的贡献率降为 20%。从世界上一些国家的人均耕地面积、粮食单产和人均占有粮食之间的关系来看,人均占有粮食较多的国家也是人均耕地面积较多的多家。世界上三大粮食出口国美国、加拿大、澳大利亚,其人均耕地面积都在 0.8 公顷以上,而中国、日本、中国台湾等国家和地区,尽管粮食单产水平较高,但由于人均占有耕地面积少,因而人均占有粮食量都较低。[2]

由以上分析可以得出结论,虽然粮食播种面积是近期中国粮食总产减少的主要因素,但是保障粮食安全仍然要以耕地面积保护为主,这是由耕地对粮食生产的特殊作用决定的。

二、"三农"问题与耕地保护

"三农"系指农民、农业、农村,而"三农"问题则是指农民问题、农业问题和农村问题的总称。现在"三农"问题已成为中国最为重大的经济社会问题,其中所隐含的深层矛盾已浮上表面,不时发生利益冲突,有些地方甚至可能酿成一触即发的社会危机,中央已把解决"三农"问题作为全部工作的重中之重。能否解决好"三农"问题,事关国民经济发展的全局,事关农村社会的稳定,事关国家粮食安全,事关全面建设小康社会目标的实现。[3]

(一)紧张的人地比例是中国"三农"问题形成的前提

中国的"三农"问题是长期积累的结果,有着深刻的社会历史根源,受到多种因素的制约。新中国建立后,中国政府选择了重工业优先、城市优先的发展战略,长期实行"城乡分治,一国两策"城乡分割的二元政策,是"三农"问题最直接、最重要的成因;进行以市场取向的改革以来,社会群体逐渐分化,社会利益逐渐多元化,形成了各种利益集团,如行业性利益集团、地方性利益集团、等级利益集团、特权利益集团、爆发性利益集团以及一些城市精英实体,这些利益集团寻租逐利的重点对象是农民、农业、农村。因为在社会群体分化的进程中,唯独农民这个占全国人口70%的社会群体没有形成一个真正为自己说话,争取自身利益的利益集团[4]。利益集团的兴起和农民群势的弱化是"三农"问题的延伸,是"三农"问题陷入困境的重要因素之一。

与城乡分割的二元政策和既得利益集团的强势地位相比,人地关系比例同"三农"问题关联更直接、更紧密,影响更具长期性。人地关系比例与农业、农民的生存与发展有着直接关系。人地比例关系如何，直接影响农业内部就业容量、农业经营方式的选择和土地本身的功能定位。可以认为，紧张的人地关系比例是“三农”问题形成的前提。在人地比例关系中，核心是人与耕地的比例关系。因为耕地是不可再生、不可替代、易于流失的稀缺资源，对国家粮食安全具有基础作用，对农民生计具有保障作用，对农村社会具有稳定作用，对环境具有保育作用[5]（图 2—10）。当前，中国人均耕地仅为 0.094 公顷，不到世界平均水平的三分之一，以占世界 7%的耕地养活世界 22%的人口，形势相当严峻。而且在市场经济条件下，由于耕地与建设用地的比较利益差别悬殊，单纯采用价格杠杆调节两者的关系，作用不明显或根本不发生作用，耕地非农化越来越严重，出现了“市场失灵”现象[6]。耕地的快速流失，加剧了“三农”问题的严重性。因此，明晰耕地保护与“三农”问题的关系，对“三农”问题的解决具有重要的现实意义和理论价值。

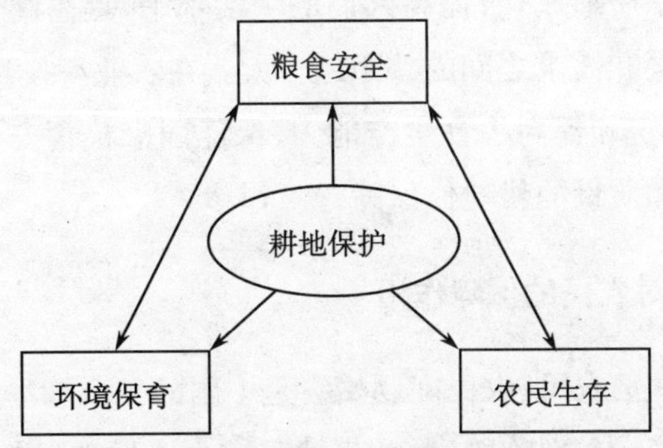

图 2—10　耕地保护在中国可持续发展中的地位

资料来源：蔡运龙（2001）。

（二）保护耕地是解决“三农”问题的基本前提

1. 耕地在农业中的基础地位

农业是国民经济的基础，耕地是农业的基础。耕地是粮食生产的载体，是粮食安全的根本保障。在中国农村经济结构中，依靠耕地发展的种植业始终占有举足轻重的地位。无论工业化程度如何高，信息化发展如何快，立足全国这一宏观角度和战略高度，中国农业总体上仍应坚持以农为根本，以地为基础，以粮为核心，因为 13 亿人口的吃饭问题无论何时都是头等大事，是中国经济发展与社会稳定的重要基石，只有抓住了粮食问题，才是抓住了农业的核心问题和主要矛盾。中国粮食生产虽然一度出现了阶段性、结构性过剩，但农业靠天吃饭的局面并未从根本上改变，抗灾的能力还比较弱，虽然目前农产品市场表象似乎中国有粮食剩余，但这是以谷物为主的膳食水平下的供需关系所形成，若提高人们的生活水平，提高膳食营养标准，中国粮食产量和需求之间的差距还很大。在农业科技没有重大突破的情况下，稳定和提高粮食生产能力，保证国家粮食安全，必须以稳定一定数量和质量的耕地作保障。

2. 耕地对农民的保障作用

中国有 9 亿农民，农民问题始终是中国的一个基本问题，也是中国的基本国情。在现阶段，耕地仍然是广大农民赖以生存的基本生产资料和生活资料。土地经营不仅是一种经营手段，而且是一种生活方式。目前中国农村还没有全面建立起社会保障体系，耕地不仅是农村生产资料，而且是农民的社会保障。农业的产业化、集约化、现代化是一种历史必然，但就中国广大农村的普遍情况而言，这只是一个方向和目标，还有相当长的路要走。城镇化、工业化、信息化的推进也需要一个过程，不可能一蹴而就。城镇现有市场的容量吸纳不了农村全部剩余劳动力，农村劳动力的转移是渐进的，在短期内是艰难的。因此，对多数农民来讲，目前还离不开农业生产，离不开农村生活，离不开耕地保障。

3. 耕地对农村的稳定作用

农村的稳定来自于农民的稳定，农民的稳定又来自于农业的稳定。因粮食危机引发的恐慌心理和社会震动将是非常可怕的，后果不可收拾。近几年，一些地区急功近利，大搞"形象工程"、"政绩工程"，大肆征占耕地，侵占了农民的利益，造成大量种田无地、就业无岗、低保无份的"三无"农民。据测算，每征用 1 公顷土地，将造成 21 个农民失去土地。根据国务院发展研究中心统计，1987～2001 年，全国非农建设占用了 159.64 万公顷耕地，至少有 3 400 万农民因征地失去或减少了土地。按现在的经济发展速度，2000～2030 年的 30 年间占用耕地将达到 363.33 万公顷以上，失地或部分失地农民将超过 7 800 万人。[7]农民失地又失业，生存问题受到挑战，纷纷进行集体上访，不时有过激事件发生，成为社会矛盾的焦点，对社会稳定带来极大负面影响，任其下去将是后患无穷。国家信访局 2002 年受理土地征用的初访信访 4 116 件，大部分聚焦在失地失业问题上。这意味着耕地非农化速度越快，失地失业的农民问题就越突出，这是中国社会稳定的巨大隐患和社会经济发展的重大难题。土地乃国脉所系，民生所依。土地问题是关系到人民群众切身利益的敏感性问题，是关系到社会稳定和国家安全的大问题。保护好耕地，等于为农村社会的稳定打下了坚实的基础。

三、资源性公共财产性质与耕地保护

耕地面临着两种失灵。其一为机能失灵，耕地（也包括其他农地）具有不可逆性，一旦由农用转变为其他非农用途，则再回复为农用的可能性微乎其微，即使在技术上可能在经济上也不划算，因此将逐渐耗竭农地资源存量。其二为市场失灵。一般而言，耕地兼有直接使用的生产价值以及非市场利益之环境价值（amenity benefit），前者得以生产者剩余表示，而后者系农业生产过程中所提供的无市场交易产品，如：新鲜空气、良好视野景观、生态保育、涵养水源、隔离灾害等。因此，若只以生产价值来参与产业间的竞争，势必因竞争力薄弱而丧失其使用权，导致农地转用，进而连同环境价值一并消失，而且尚需支付庞大的社会成本。[8]

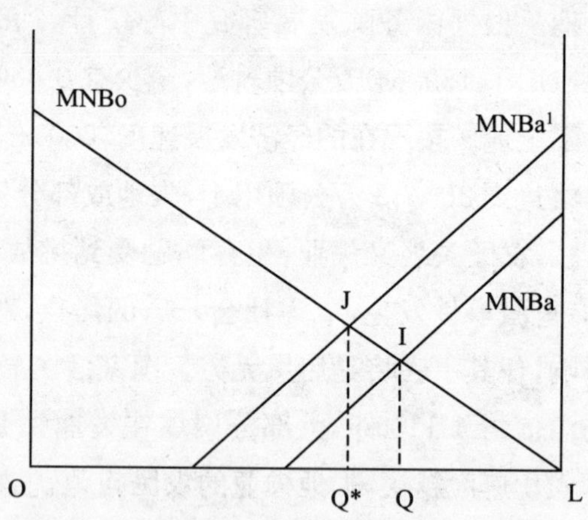

图 2—11 社会最大利益的土地最适配置模型

如图 2—11 所示，若以 Mcinerney 之社会最大净利益的土地最适分配模型分析，假设土地数量固定，且只供农业（种植业）及其他产业使用，若仅由生产角度考虑农业的使用价值，则农业的边际净利益曲线（MNBa）交其他产业边际净利益曲线（MNBo）于 I，决定农地（耕地）最适分配量 QL。若进而考量农地的环境价值，则农业的边际净利益将扩大，由 MNBa 上升至 $MNBa^1$，交其他产业边际净利益曲线于 J，决定农地（耕地）最适分配量 Q^*L。换言之，以利益衡量产量需求面积时，农地（耕地）方面除考虑其生产功能外，尚需考虑农地供任何人免费享有环境资源保育满足感而无形增加的效益。亦即，保护农地（耕地）将可使此部分价值获得适度的考量，减少环境价值不可回复的损失。

此外，由时间观点分析，WCED 对可持续发展的定义是："既满足当代人的需求，又不对后代人满足其需要的能力构成危害的发展。"可见在寻求资源可持续发展的世界形势下，现代人们有权利而且有义务将农地（耕地）这一跨时代的公共财产遗赠给后世人们。因此，在衡量农地转用成本时，必须把后代的选择价值（option value）计入不确定成本之中[9]，而保护农地（耕地）则是最具体做法之一。

如图 2—12，于 t_0 期，最大社会净效益发生在农地（耕地）使用的边际净利益等于其他使用的边际净利益时，均衡土地数量为 OQ_3 供其他产业使用，而 Q_3L 供农业使用。若此时其他产业的土地使用量在 Q_3 左侧，则增加其他产业的土地使用量将增加社会效益。但随着时间的推移，在人口愈密集产业愈发达的地方，人们对农地及开放空间所带来的环境价值愈重视，其支付意愿亦相对较高[10]。假设至 t_1 期，农业使用的边际净效益提高为 MNBa，t_1，与其他产业的净效益曲线 MNBo，t_1 交于 B 点，决定其他产业的最适土地分配量为

OQ_1，而农业的最适分配量为 Q_1L。虽然 t_1 时的最适分配点在 Q_1，但因 t_0 时其他产业已发展到使用土地 OQ_2，因恢复到农用的成本过高，在经济上已属不可能，故至少将产生社会福利损失 BCD。

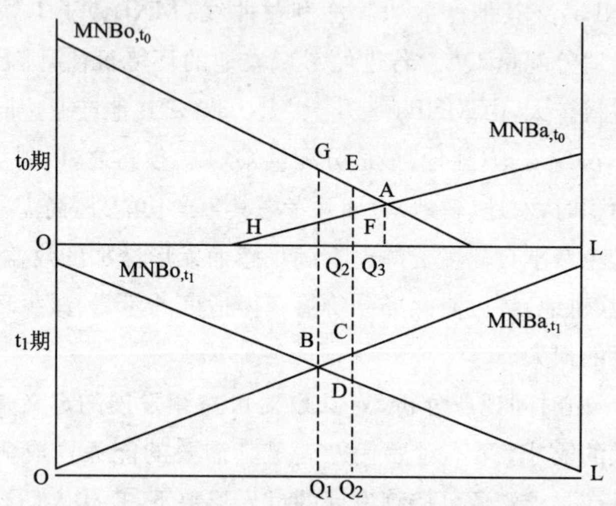

图 2—12　不同时点之社会最大净利益土地配置模型

资料来源：陈奉瑶(1996)。

综上分析可以归纳出，耕地担负有粮食安全及提供公共财产的重大责任。若仅考虑其当前的比较经济利益，不考虑其非生产价值和选择价值，则必然会造成未来的社会福利损失，使中国的环境质量进一步下降。因此，从耕地的资源性公共财产性质出发，必须对其进行保护。

第四节　耕地保护的三大时代压力

一、农业结构调整

农业结构调整主要是指进行农业内部种植业、养殖业、林业、牧业、渔业各产业之间用地比例的调整。调整和优化农业结构，是目前农业向效益型转变的一项紧迫任务。在市场经济条件下，只要存在利益差别，就会引起资金、劳动力和土地等生产要素流向高收益产业。土地利用作为一项经济活动同样遵循经济规律。由于农业比较利益低，再加上中国农村人口多，种植业在农业中所占比重过大，农民收入的提高幅度很慢，因而要提高农民的收入和生活水平，必须进行农业产业结构调整。但是，农业结构调整，一是造成耕地数量大幅度减少。从20世纪80年代中期以来，农业结构调整逐渐成为耕地总量减少的重要因素。二是农业结构调整对耕地质量保护形成威胁，主要表现在水田面积下降。

进入20世纪90年代后，中国农业发展进入新阶段，农业生产结构调整表现出了新的特点：结构调整突破了种植业结构调整的框架，从原来的种植业范围内的“粮、经”比例、“粮、经、饲”比例的调整，向养殖业、加工业、旅游休闲农业等全方位、多层面的整个大农业结构调整发展；种植业内部作物之间调整增多，耕作制度类型趋多等等。农业生产结构的调整，导致了耕地数量不断地减少(图2—13)。可以看出，自1999年以后，中国每年农业结构调整减少的耕地一直大于农业结构调整析出的耕地。1997～2004年农业结构调整共减少耕地2 022 316公顷，同期因结构调整增加的耕地为1 109 202公

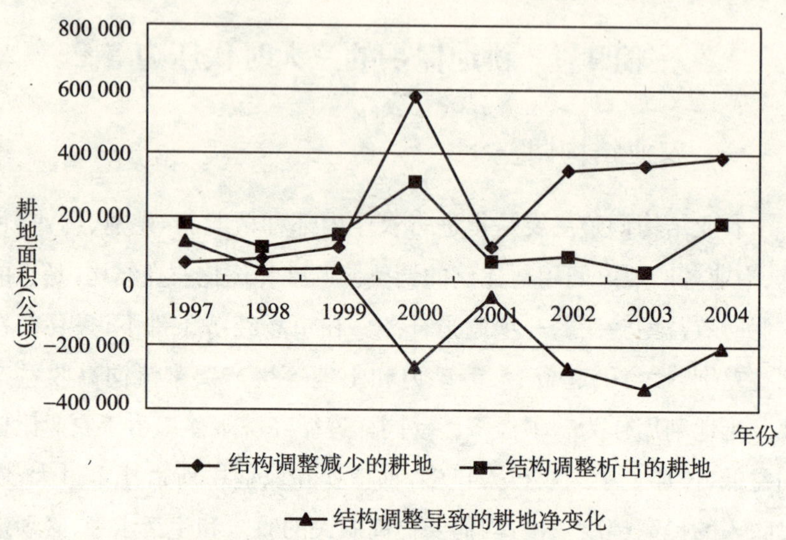

图 2—13　农业结构调整与耕地变化

顷，增减相抵，净减少耕地 913 114 公顷，平均每年减少 114 139 公顷。

从图 2—13 中也可以发现，2002 年以后农业结构调整占用耕地呈稳定趋势，这可能是农产品市场不断完善和市场容量限制的结果。但今后一段时期内，农业结构的战略性调整仍是中国农业工作的重点，农业结构调整占用耕地的趋势仍将会延续相当长的一段时间。从农业结构调整的内容来看，畜禽饲养地、设施农业用地、养殖水面用地的比重较大，农业产业结构调整带来的土地利用的不可逆性在增加，增加了耕地保护的压力。

二、生态建设

一个国家的生态环境要有利于该国的生存和发展，这就要求在土地利用结构、资源配置和土地利用方式选择上，要有利于生态环境的保护。

由于人口的快速增长、认识的偏差和决策的失误，建国后直到20世纪80年代，毁林开荒、围湖造田、过度放牧、排放有毒有害物质等非理性活动，使中国的环境质量日益下降，对中国生态安全构成严重威胁。1998年的长江特大洪涝灾害以及近年来发生的几次全国大范围的沙尘暴事件，让人们充分认识到生态恶化对人类生存所带来的严重影响，引起中央政府对土地生态保护和建设的高度重视。以植树造林和种草、退耕还林和还湖、封山护坡、土地的生态复垦、生态利用、保护湿地生态系统等复杂内容构成的生态环境改善和重塑速度加快（图2—14）。近几年来，生态退耕成为中国耕地减少的主导因素，生态环境保护与耕地保护产生了矛盾冲突，使耕地保护的压力增大。

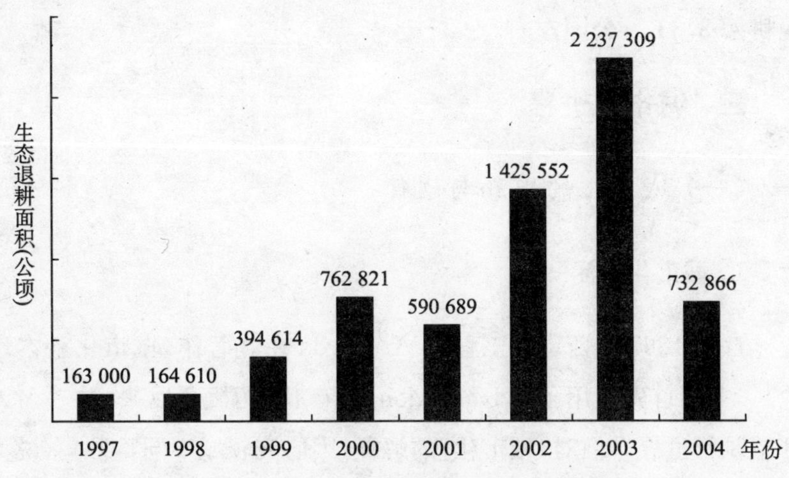

图2—14　1997～2004年中国生态退耕面积

生态建设与耕地保护的矛盾还将持续一段时间。根据1995年国土详查(已扣除坡改梯面积),全国15度以上的坡耕地面积为1 484.47万公顷,其中大于25度的为507.2万公顷,15～25度的为977.27万公顷。国家林业部门规划到2010年退耕还林为1 500万公顷,意味着全国15度以上的坡耕地将基本退完。考虑到中国坡耕地主要分布在西部地区,由于粮食生产状况、运输条件等原因,难以将15度以上坡耕地全部退耕。因此,中国科学院、中国工程院有关专家建议调整退耕还林的面积,在15～25度之间的坡耕地中重点是重度、中度侵蚀的坡耕地约400万公顷,主要分布在黄土高原的丘陵沟壑区;再加上25度以上的坡耕地506.67万公顷,退耕还林的合理面积在933.33万公顷,加上已退耕地中含有的15～25度坡耕地面积约133.33万公顷,退耕还林总面积控制在1 066.67万公顷左右。扣除1997～2004年已经退耕的614.39万公顷,到2020年还需生态退耕453.33万公顷左右。

三、城市化进程

(一)城市化的内涵与规律

1. 城市化内涵

自从1867年西班牙工程师A. Serda在其著作《城市化基本理论》一书中首先使用了urbanization(城市化)的概念以来,这一名词开始风行世界。但对“城市化”的解释,因研究领域不同,可谓众说不一[11]。谢文蕙等认为,除农村居民点外,城及镇以上的各级居民点都属于Urban place(城镇地区),既包括City,也包括Town。并认为："城市化是社会生产力的变革所引起的人类生产方式、生活方式和居住方式改变的过程。表现为：一个国家或地区内的人口由农村转移，农业人口转化为非农业人口；农村地区逐渐演化为城市地域；城镇数目不断增加；城镇人口不断膨胀，用地规模不断扩大；城市基础设施和公共服务设施水平不断提高；城市居民的生活水平和居住水平由量变到质变的改善；城市文化和价值观念成为社会文化的主体，并在农村地区不断扩散和推广。总之城市化不仅是物质文明进步的体现，也是精神文明前进的动力。"[12] 这一概念解释被普遍认可。

2. 城市化水平指标

衡量城市化水平的指标一般是对区域或国家而言的，很少对单个城市而言。虽然劳动力构成、产值构成、收入水平、消费水平、教育水平等都可以在一定程度上反映城市化水平，但能被各家都接受的指标却是人口统计学指标。其中最简明、资料最容易得到、因而也是最常用的指标是城镇人口占总人口的比重。[11]

$$PU=\frac{U}{P}\times 100\%$$

（PU——城市化率；U——城镇人口（城镇地域人口）；P——区域总人口）

在中国，由于在进行日常人口统计时，只统计农业人口和非农业人口两个指标，没有进行城镇人口和乡村人口的统计。为了进行城市化水平分析，有的学者根据国际通行的城乡划分标准，按城镇聚居非农业人口比重为75%和城镇合理郊区农业人口比重为25%，构造了如下城市化水平计算公式[13]：

$$Y=\frac{Pu}{P}\times\left(1+\frac{25\%}{75\%}\right)\times 100\%$$

（Y——城市化率；Pu——区域非农业人口总数；P——区域总人口）

3. 城市化发展规律

美国学者诺瑟姆(Ray. M. Northam)把一个国家和地区的城市人口占总人口比重的变化过程概括为一条稍被拉平的“S”型曲线，并把城市化过程分成三个阶段：即城市化水平较低、发展缓慢的初期阶段，人口向城镇迅速集聚、城市数量快速增加、城市地域扩展的中期加速阶段，进入高度城市化以后城市人口比重增长又趋缓慢甚至停滞的后期阶段[14]（图 2—15）。这条曲线有两个转折的“拐点”，第一个拐点出现在 30%左右，第二个拐点出现在 70%左右。一般来说，在城市化发展过程的第一个拐点位置之后将会出现一个城镇人口高速发展的时期。在此阶段，由于城市化的速度快于城市设施建设和城市开发的速度，常常会产生许多“城市病”，如城市交通拥挤问题、城中村问题、城市周边绿地被蚕食的问题，等等。

（二）中国城市化速度逐渐加快

美国经济学家、诺贝尔经济学奖得主斯蒂格利茨断言，21 世纪影响人类进程、改变世界面貌的有两件事：一是美国等国家的新技术革命，二是中国的城市化进程。中国的城市化不仅决定中国的未来，而且也决定着世界的发展进程。[15]

从中国的城市化进程来看，1949 年才刚刚起步，既晚于发达国家，也晚于某些发展中国家。尽管 1949 年以前城市人口有所增长，

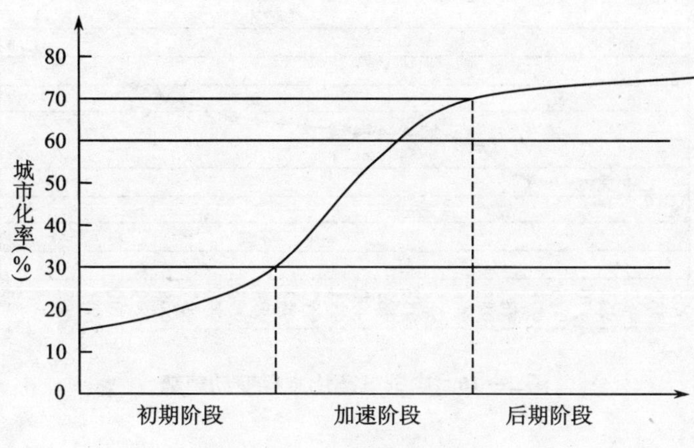

图 2—15　城市化发展阶段

资料来源：Ray. M. Northam(1975)。

但乡村人口增长更快，加之工业化处于萌芽状态，所以根本谈不上城市化的发展问题。中国真正进入城市化阶段是改革开放以后，20 世纪 80 年代以来，中国的城市化水平稳步提高，1995 年以后城市化速度明显加快(图 2—16)，城市化率从 1985 年的 23.71%提高到 2005 年的 43%，城市数量由 1985 年的 324 座增长到 2004 年的 661 座，城市建成区面积由 1985 年的 9 386 平方千米扩张到 2004 年的 30 406 平方千米。根据世界城市的发展规律，当人均 GDP 超过 1 000 美元的时候，城市化进程进入成长期；当人均 GDP 超过 3 000 美元的时候，这个地区或城市的发展将进入高速增长期。中国在 2003 年的人均 GDP 已经突破了 1000 美元，在城市尤其是特大城市，人均 GDP 已经突破 3 000 美元。这意味着中国城市发展将进入一个快速成长期。

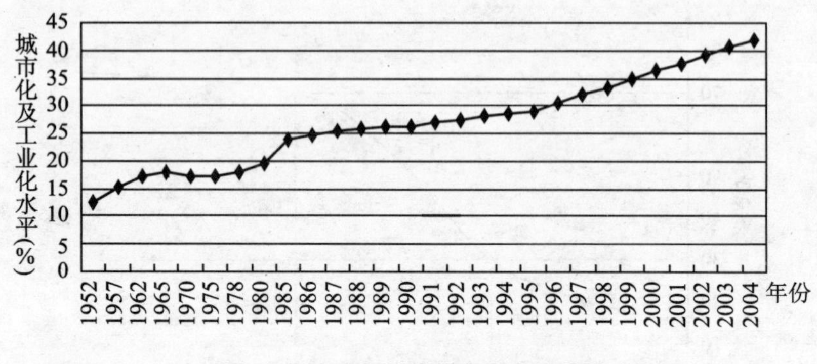

图 2—16　中国城市化水平变动趋势

（三）城市化与耕地保护的压力

1. 国际经验

美国和日本是世界上最发达的国家，城市化水平比较高，2000年都接近80％。日本是一个典型的高人口密度国家，耕地资源紧张。尽管在城市发展过程中非常注意对土地资源的集约利用，但从1961～2000年，日本的城市化水平从63.2％提高到78.8％，耕地资源总量也迅速减少，下降了21％。美国地广人稀，自然条件优越，有着丰富的后备耕地资源。从1961～2000年，美国的城市化水平从70％增加到76％，耕地面积从1969年开始也呈缓慢下降的趋势[16]。根据联合国粮农组织的资料，表2－9列出了1961～2000年间韩国、德国、法国和英国的城市化水平和耕地面积的变化。

从表2—9中可以看出，韩国在1961年城市化水平较低，仅为28.1％，但到2000年城市化水平猛增到82.4％，在此期间，耕地减少了15.5％。英国、德国和法国在1961年的城市化水平都超过了

60%，经济发展水平较高。但在进一步的城市化过程中，不但没有达到节约耕地的目的，反而出现了耕地加速流失的现象。从上述发达国家的城市化发展历程中可以看出，耕地资源总量随着城市化水平的提高都有下降的趋势，尤其是人均耕地资源紧张的国家如日本、韩国和英国，耕地资源下降更为迅速。

表 2—9　1961～2000 年部分国家城市化水平和耕地面积变化

国家	德国	法国	韩国	英国
1961 年城市化水平	76.60	63.50	28.10	85.90
1961～2000 年城市化水平增加(%)	11.10	12.10	54.30	3.50
1961～2000 年耕地面积减少(%)	3.40	6.00	15.50	18.10
2000 年人均耕地(公顷/人)	0.14	0.31	0.04	0.10

资料来源：联合国粮农组织网站（http//apps. fao. org/default-c. htm，2000)。转引自谈明洪、吕昌河(2005)。

2. 20 世纪 90 年代中国城镇扩张对耕地的占用

20 世纪 90 年代，中国经济的快速发展带来了城镇的快速扩张及乡村城镇化现象。依据城镇扩展指数(Urban expansion Index，UI)①分析，城镇用地几乎没有扩张的地区主要分布在西藏、青海、内蒙古高原及中东部的一些山区，这些地区城镇用地扩张面积仅占全

① $UI=(\Delta UL/TL)\times 100\%=(ULtn-ULt_0)/TL\times 100\%$，UI 为研究区城镇扩展指数，ULtn 为 tn 年城镇用地面积，ULt_0 为 t_0 年城镇用地面积，TL 为土地总面积。田光进、庄大方(2003)依据 UI 值将中国 90 年代的城镇扩展分为五类：第一类，$0\leqslant UI<0.001$，城镇较少，城镇化程度较低，城镇几乎没有扩展；第二类，$0.001\leqslant UI<0.1$，城镇扩展程度较小；第三类，$0.1\leqslant UI<0.6$，城镇扩展具有一定规模；第四类，$0.6\leqslant UI<3.2$，城镇扩展程度较大；第五类，$UI\geqslant 3.2$，处于城镇群区域，城镇扩展较快。

国城镇用地扩张面积的 0.02%。城镇用地扩张程度较小的地区包括新疆北部、东北、青海东部、甘肃、四川西部、云贵高原及中东部的部分山区，这些地区城镇扩张面积占全国的 10.32%。城镇用地扩展具有一定规模的地区主要分布在中东部的平原地区，包括华北平原、江汉平原、四川盆地、汉中平原、太原盆地等，这些地区城镇扩张面积占全国的 24.73%。城镇扩张较快的地区包括大连、京津唐城镇群、长三角城镇群、珠三角城镇群、四川盆地、中原平原及山东、山西、陕西、广西的大城市周围地区，其城镇扩张面积分别占全国的 33.61%和 33.32%，合计占 64.93%。由此可见，城镇扩张最快的地区主要集中在东部沿海及四川盆地大城市及城镇群集地区。

由于城镇主要地处平原，城镇扩展的结果是占用大量耕地资源。田光进等学者的研究表明，20 世纪 90 年代城镇扩展占用耕地主要集中在江苏、山东、河南、河北、广东、北京、四川、浙江，这些地区城镇扩展占用耕地面积分别占全国的 12.38%、11.13%、10.52%、8.95%、7.75%、5.69%、5.09%、5.02%，合计占全国的 66.53%。其次是广西、上海、云南、山西、湖北、安徽、新疆，这些地区城镇扩展占用耕地面积占全国的 16.16%；再次是辽宁、重庆、吉林、陕西、黑龙江、湖南、江西、新疆、福建、海南、天津，这些地区城镇扩展占用耕地面积占全国的 15.51%；贵州、甘肃、宁夏、内蒙古、青海、西藏六省份城镇扩展面积较少，这些地区城镇扩展占用耕地面积占全国的 1.79%。各省份城镇扩展占用耕地面积与城镇扩展面积比重基本相似，说明城镇扩展占用耕地比重较大，城镇扩展导致的耕地资源减少主要集中在沿海省份与河南、四川等平原地区。[17]谈明洪、李秀彬对 20 世纪 90 年代中国 145 个大中城市的建设用地扩张进行研究，结果表明，有 70.0%的新增加城市建设用地来自耕地，耕地占用比例很大，且主要占用自然条件较好的平原耕地，山地和丘陵地区的耕地比例很少[18]。总体来说，城镇用地扩展多数地区以占用生产力高的耕地为主，导致耕地资源流失。

3. 城市化对中国耕地保护的压力

1995年以后，中国城市化速度明显加快，耕地面积也急速减少（表2—10），两者的相关系数为－0.952 7，呈明显的负相关关系（图2—17）。

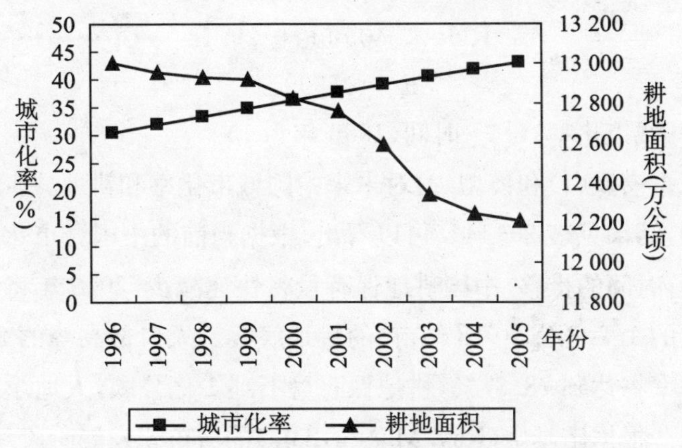

图2—17　1996～2005年城市化率与耕地变化

表2—10　中国1996～2005年城市化率与耕地变化

年份	1996	1997	1998	1999	2000
城市化率(%)	30.48	31.91	33.35	34.78	36.22
耕地面积(万公顷)	13 003.85	12 956.10	12 930.00	12 920.55	12 824.31
年份	2001	2002	2003	2004	2005
城市化率(%)	37.66	39.09	40.53	41.76	43.00
耕地面积(万公顷)	12 761.58	12 592.96	12 339.22	12 244.43	12 208.27

依据表 2—10 中的数据，对耕地面积与城市化率进行回归分析，得回归模型：

$$Y = -69.383X + 15\,237 \quad \cdots\cdots\cdots\cdots\cdots \quad (2—1)$$

$$R^2 = 0.907\,6$$

Y——耕地面积(单位:万公顷)；X——城市化率

可决系数为 0.907 6，表明城市化率对中国耕地面积的变化有较强的解释作用。

对城市化率进行时间趋势分析，得到回归模型：

$$RU = 1.405\,5t + 29.18 \quad \cdots\cdots\cdots\cdots\cdots \quad (2—2)$$

$$R^2 = 0.999\,5$$

RU——城市化率；t——时间(1996 年为 1)

依据模型(1)和模型(2)对未来中国城市化率和耕地减少面积进行预测，结果见表 2－11。可以看出，根据当前的中国城市化发展趋势，随着时间的推移，中国耕地保有量将快速减少，2010 年将低于国家确定的 1.2 亿公顷(18 亿亩)的耕地底线。人口最高峰的 2030 年城市化率将达到 78.37％，耕地保有量不到 1 亿公顷，人地矛盾将非常突出。根据诺瑟姆(Ray. M. Northam)的城市化发展阶段理论，城

表 2—11　中国城市化率、耕地面积、耕地减少面积预测结果

年份	城市化率(%)	耕地面积		较 2005 年减少耕地面积	
		万公顷	万亩	万公顷	万亩
2010	50.26	11 749.96	176 249.4	503.72	7 555.81
2015	57.28	11 262.91	168 943.7	990.79	14 861.84
2020	64.32	10 774.48	161 617.2	1 479.25	22 188.68
2030	78.37	9 799.69	146 995.3	2 454.08	36 811.15

市化率达到70%以后城市化速度将趋缓，但即使2030年的城市化率为70%，耕地面积也将较2005年减少873万公顷(约2.8亿亩)。城市化的发展给中国耕地保护带来了巨大的压力，因此走内涵式城市发展方式，节约集约利用城市土地，应是中国城市化道路的当然选择。

参考文献

[1] 徐宪立、蔡玉梅、张科利、郑伟元："耕地动态变化及其影响因素分析"，《中国人口·资源与环境》，2005年第3期。

[2] 欧名豪：《土地利用规划控制研究》，中国林业出版社，1999年，第172～173页。

[3] 牛若峰、李成贵、郑有贵：《中国的"三农"问题》，中国社会科学出版社，2004年，第33～48页。

[4] 闫威、夏振坤："利益集团视角的中国三农问题"，《当代财经》，2003年第5期。

[5] 蔡运龙："中国农村转型与耕地保护机制"，《地理科学》，2001年第1期。

[6] 张全景、欧名豪、庞英、李景刚："论土地环境"，《中国土地科学》，2004年第5期。

[7] 本刊编辑部："中国土地流失问题透视"，《中国土地》，2004年第8期。

[8] 陈奉瑶："农地析出区位选择之研究"，(中国台湾)国立政治大学地政学系、私立中国地政研究所，1996年。

[9] Plaut T. R. 1978. *Urban Growth and Agricultural Decline: Problems and Policies*.

[10] Lopez R. A., Shah F. A., Altobello M. A. 1997. Amenity Benefit and the Optimal Allocation of land. *Land Economics*, Vol. 70, No. 1.

[11] 周一星：《城市地理学》，商务印书馆，2003年，第59～64页。

[12] 谢文蕙等：《城市经济学》，清华大学出版社，1996年，第28页。

[13] 中国土地勘测规划院："我国耕地保护的理论与政策研究成果五——实证

研究”,2004 年。

[14] R. M. Northam. 1975. *Urban Geography*. New York: John Wiley & Sons.

[15] 香港文汇报:“中国城市化进程反思”,2004 年 12 月 15 日。

[16] 谈明洪、吕昌河:“城市扩张与耕地保护”,《自然资源学报》,2005 年第 1 期。

[17] 田光进、庄大方:“90 年代中国城镇用地动态变化的遥感监测”,《资源科学》,2003 年第 3 期。

[18] 谈明洪、李秀彬、吕昌河:“20 世纪 90 年代中国大中城市建设用地扩张及其对耕地的占用”,《中国科学 D 辑》,2004 年第 12 期。

第三章

中国土地用途管制制度的再认识

第一节　中国土地用途管制的基本内涵

一、实施土地用途管制的背景

（一）国情背景

中国有三大基本国策：①控制人口数量，提高人口素质，实行计划生育；②保护环境；③十分珍惜、合理利用土地和切实保护耕地。基本国策是中国人口多、耕地少、环境质量下降、人地关系紧张这一基本国情的反映，而且是一个相互联系的统一的整体（图 3—1），是"PRED"（人口—资源—环境—发展）系统协调运行的前提条件，是社会经济可持续发展的基本保证。

中国的基本国策中最重要的是土地。这是因为土地既是一种重要的、稀缺的、非可再生的自然资源，同时又是一种具有保值、增值功能的资产，而且在市场经济环境下和价格、税收金融一起构成宏观调控国民经济的重要手段。中国幅员辽阔，土地丰富，这是优势，是发

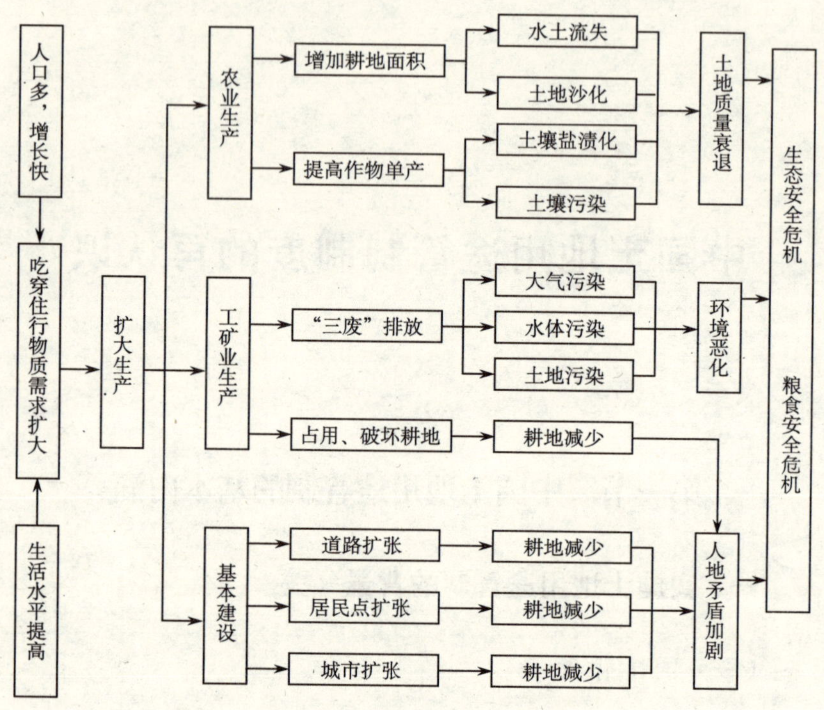

图 3—1 中国的三大基本国策

展的基础。新中国成立后，在党和政府的带领下，通过对土地的开发利用，人民的生活水平和综合国力都有了大幅度提高。但中国人口众多，人均土地资源十分匮乏，而且一度由于认识上的原因和决策上的失误，出现了诸多不合理的开发行为，产生了耕地减少、环境恶化、人地矛盾加剧等非常严峻的土地问题，严重干扰了社会经济的可持续发展，这是一个重要的国情。基于此，党中央和国务院提出要用世界上最严厉的措施管理土地和保护耕地。为此 1997 年的新刑法增设了“破坏耕地罪”、“非法批地罪”和“非法转让土地罪”，1998 年全国人大把“十分珍惜、合理利用土地和切实保护耕地”写入新修订的《土地管理法》，并确立了“土地用途管制”制度。

（二）国际背景

目前世界上许多国家和地区都对土地利用采取用途管制措施。不同国家或地区强化土地用途管制的程度是不同的，总体来讲，人口稠密的国家或地区较人口稀疏的国家或地区更严格，但不断加强用途管制是世界上许多国家或地区近几十年来土地利用方面的一个显著趋势。各国（地区）在土地用途管制上总的目标是一致的，即通过土地利用规划分区及其实施，引导土地的合理开发和利用，促进区域经济、社会和环境的协调持续发展。

（三）“分级限额审批制度”造成耕地大量流失

长期以来，中国实行的是“分级限额审批”的用地管理制度，各级政府都有征地审批权：征用耕地 3 亩以下，其他土地 10 亩以下的由县级人民政府批准；征用耕地 1 000 亩以上，其他土地 2 000 亩以上的，由国务院批准；征用省、自治区、直辖市行政区域内的耕地 3～1 000 亩，其他土地 10～2 000 亩的由省、自治区人民政府批准。但地方政府是相对独立的利益主体，是一个有限理性经济人，在土地利用和管理上只注重本地经济发展的需要，而缺乏对全局和长远利益的考虑。在“以地生财”的利益驱动下，不少地方采用“化整为零”的方法违法批地。当保护耕地和保障建设用地发生矛盾时，普遍是“牺牲农业，牺牲耕地，牺牲农民利益”。沿海有的政府官员讲，“只要有钱，就能买到粮食，保护耕地是内地的责任”。而内地的一些领导在参观沿海地区后认为，“谁保护耕地，谁就是保护落后”。其结果只能是导致建设用地规模的急剧扩大和耕地的急速减少,人地矛盾日益加剧。尤其在市场经济条件下,由于耕地与建设用地利用的比较利益差别悬殊,单纯采用价格杠杆调节耕地与建设用地的关系,不发生作用或作用不明显,出现了所谓"市场失灵"现象,土地利用的非农化现象越来越严重。因此,借鉴国际上处理类似事件的成功经验,采取政府干预手段,实施土地用途管制制度则是必由之路,借以消除城市盲目扩张,乱占滥用耕地所带来的外部不经济或成本溢出的现象,以达到土地资源均衡配置的效果。

(四)法权基础

从法学角度讲,中国土地用途管制的法权基础是统治权,它是由国家宪法、法律赋予的国家行政机关执行法律规范,是实施行政管理活动的权力,是国家政权的组成部分。统治权本质上属于行政法的范畴,但同时又包括资源法、环境法、经济法的内容,它是物权法的重点渊源。1998 年的新《土地管理法》第四条明确规定:"国家实行土地用途管制制度。"第二十条进一步规定:"县级土地利用总体规划应当划分土地利用区,明确土地用途。"可见,从法律意义上讲,中国土地用途管制的直接法律依据来自于《土地管理法》。《土地管理法》本身属于土地行政法范畴,而行政法的法律依据直接来自于宪法。所有与土地有关的法律规定都必须符合宪法的有关原则,具体到土地用途管制来讲,有两条规定直接相关,一是"国家保障自然资源的合理利用",二是"国家为公共利益的需要,可以依照法律规定对土地实行征用"。前者可以说是国家对土地用途进行管制的最原始宪法依据,其实质是确立了国家对包括土地在内的自然资源的广泛的行政管理权。后者关于"征用"的条款,虽然在社会现实中主要体现为把农村集体所有土地征为国有，但从法理学的角度，出于“公共利益”的征用和国外分区法上的“征收”是同一意义，其实质就是承认了出于公共利益的需要，土地行政权以立法形式对公民土地权利进行限制甚至合理侵犯的宪法原则。除了《宪法》和《土地管理法》这两项最重要的法律渊源外，中国土地用途管制的另外一个重要的法律渊源来自于自然资源与环境法以及有关条例与规定，主要包括《水法》、《森林法》、《草原法》、《城市房地产管理法》、《环境保护法》、《水土保持法》、《矿产资源法》等。这些法律分别就某一特定部门的土地利用管理作出了行政法意义上的规定，是对《土地管理法》的有力补充，也是土地用途管制立法的法律依据。[1][2]

二、中国土地用途管制的目标

土地用途管制制度是政府采取的最严格的土地管理制度，是政府为了保障全社会的整体利益和长远利益，消除土地利用中的各种非理性现象，处理好土地利用中的各种矛盾，保证土地资源的可持续利用而采取的一种公共干预措施。因而土地用途管制的目标属于社会目标，其总体目标是实现中国土地资源的合理利用与持续利用，可分解为三个子目标[3]。

（一）土地利用整体效率最大化

效率是指资源的有效使用与有效配置。土地作为稀缺的不可移动的资源，其有效配置可从两个角度来考虑：一是从土地使用者的角度，二是从社会或宏观控制者的角度。对于土地使用者来说，土地利用的目标是私人利益最大化，而对于社会或宏观决策者来说，它追求的是全社会土地利用整体利益的最大化。土地整体效用最大化，实质是区域土地利用结构的最优化，即土地在各种不同用途之间的有效配置。土地用途管制就是要解决在各种竞争性用途之间合理分配土地资源并提高土地利用效益的问题，它既考虑了每一个土地使用者的切身利益，又从宏观上考虑了社会整体利益，从二者的结合上追求土地利用的经济效率目标。

（二）保护耕地

耕地资源是人类社会发展的基础支持系统，耕地保护体现的是以公益性目标为主的社会效益。人多地少是中国的基本国情，以占世界7%的耕地养活占世界22%的人口，形势相当严峻。因此，保护耕地和保证粮食安全供给，是中国最大的战略任务。所以，中国土地用途管制的核心目标是严格限制农用地转为建设用地，控制建设用地总量，对耕地实行特殊保护，确保各省份内耕地总量动态平衡。

（三）消除土地利用中不利的外部性影响，保护环境

土地在空间上相互连接在一起，不能移动和分割，因此每块土地利用的后果，不仅影响到自身的利益和生态环境，必然也影响到临近土地，甚至整个区域的生态环境和经济利益，产生巨大的社会后果，亦即土地利用具有明显的社会性和外部性。对于土地利用产生的积极的外部性应该充分加以利用，对于土地利用中的消极的不利的外部性影响必须加以避免和限制。土地用途管制是一种政府行为，政府可根据土地资源的自然特性、经济和社会条件，合理地划分土地用途区，对每一用途区的土地使用类别、使用条件、使用强度等加以规定和限制，防止土地质量衰退，防止建筑物和人口的过度拥挤，保证一定的绿地，达到保护和改善环境，实现土地可持续利用的目的。

三、中国土地用途管制的内容

土地用途管制的客体是已确定用途、数量、质量和位置的土地。管制的直接内容是土地利用方向和土地用途转用。但仅仅是以上两方面的管制内容是不全面的，如果土地利用率达不到规定的要求，它仍属广义上的闲置土地。因此，从长远看，土地用途管制还应包括对土地利用程度和效益的管制，这也是衡量土地用途管制目标的主要指标[4]。各种用途管制内容的管制途径和目标见表 3—1。

表 3—1 土地用途管制体系内容

内 容	途 径	目 标
土地利用方向管制	划分土地用途区、确定土地使用条件、土地登记、土地监察等。	按规划确定的用途利用土地。
土地用途转用管制	按程序申请、报批；建立土地利用规划许可制、建筑许可制、农用地转用许可制等。	满足土地利用结构调整及社会经济发展、市场需求等。
土地利用程度管制	挖掘原有建设用地利用潜力；进行土地整理、土地复垦和土地开发。	提高土地集约利用率。
土地利用效益管制	对土地的社会、经济、生态效益进行分析、评估与管制。	土地利用综合效益最优化。

资料来源：程久苗(2000)。

四、中国土地用途管制的保障体系

中国土地用途管制制度是由一系列具体制度和规范组成的，它们相互作用，相互影响，协同保证土地用途管制的实施。

（一）土地按用途分类是实施土地用途管制的基础

土地用途管制是国家和政府行为，必须由国家规定土地用途，将土地分为农用地、建设用地和未利用地三大类。农用地是指直接用于农业生产的土地，包括耕地、林地、园地、牧草地、养殖水面、农田水利用地等。建设用地是指营造建筑物、构筑物和其他造成原土地生态利用条件难以恢复的土地，包括城乡居民点用地、工矿用地、交通水利设施用地、旅游用地、军事用地等。未利用地是指农用地和建设用地以外，尚未有明确用途或人类未以生物技术或工程措施进行改造利用的土地，其中有些是暂时未利用，有些是目前技术条件下难以利用，有些则是低效利用，有些则是为保护生物多样性而不得利用。

（二）土地利用总体规划是土地用途管制的依据

土地用途区的划分和使用条件的确立是通过土地利用总体规划完成的。因此，土地利用总体规划是土地用途管制的手段和依据。中国有国家、省、地（市）、县（市）、乡（镇）五级土地利用总体规划，其中前三级规划属于宏观控制规划，县、乡级规划属于实施规划。为了克服土地利用上的地方和行业的局部利益，土地管理法规定必须由中央政府来编制全国的土地利用总体规划，下级土地利用总体规划要依据上级土地利用总体规划编定。地方各级土地利用总体规划中的建设用地总量不得突破上一级土地利用总体规划确定的控制指标，耕地保有量不得低于上一级土地利用总体规划确定的控制指标。县（市）、乡级土地利用总体规划要划定土地利用区，明确土地用途，落实到地块，实行地块控制。

（三）农用地转用审批是实现用途管制的关键

一般地，在符合土地利用总体规划的前提下，土地由甲用途变为乙用途时，必须由土地所有者或使用者提出书面申请，经土地管理部门依法审查并批准，领取“土地用途变更许可证”，办理土地用途变更登记等手续后，才能完成从甲用途到乙用途的变更。如果未经批准私自变更，属于违法变更，应追究法律或行政责任。

（四）土地用途登记是土地用途管制的权利保障

原《土地管理法》对土地登记只有权属登记的要求，而无用途登记的规定。实行土地用途管制，要求明确土地权利人的土地用途，进行土地用途登记，使权利人土地用途的权利内容在法律上得到保障。登记为农用地的，享有农用地的使用权，不得转为建设用地，如登记为耕地的享有耕作权，登记为林地的享有种植林木的权利；登记为建设用地的，享有在土地上建筑的权利。实行土地用途登记，既保障了权利人土地用途的权利，又规定了权利人土地用途的义务。

第二节　土地用途管制的基础——土地利用总体规划

一、中国土地利用总体规划的行动轨迹

中国现代土地利用规划是从20世纪50年代国营农场建设和国家工业化开始的，规划的类型、要求、程序、内容和方法等基本上是从原苏联移植过来的。中国20世纪50年代的土地利用规划主要包括

三种类型:一是国营农场土地利用规划,二是农业生产合作社土地利用规划,三是城市土地利用规划。1958 年后又广泛开展了人民公社土地利用规划的制定,这时的规划内容较为广泛,它是把整个农、林、牧、副、渔业用地全面结合考虑的,后来逐步发展为建设方田、条田和山区梯田为中心的农田基本建设规划。进入 20 世纪 80 年代后,中国的土地利用规划逐渐由农村土地利用规划转变为土地利用总体规划,至目前为止,已经开展了两轮土地利用总体规划[5]。

(一) 第一轮土地利用总体规划

中国全面开展土地利用总体规划,始于 20 世纪 80 年代末。1987 年"国务院批准国家土地管理局关于开展土地利用总体规划工作报告的通知"下发后,在全国全面开展了各级土地利用总体规划的编制和实施工作,这是中国开展的第一轮土地利用总体规划,规划期为 1987～2000 年。1993 年 2 月国务院正式批准了"全国土地利用总体规划纲要",到 1997 年全国省级规划大部分完成,地级完成 64%,县级完成 75%,乡级规划也普遍开展,江苏、吉林、河北乡级规划已全部完成[6]。该轮土地利用总体规划采用了"用地指标调整与规划分区相结合"的模式,即采用综合平衡法进行用地指标调整以实现规划期内区域土地资源总供给量和总需求量间的平衡,指标调整所选择的规划变量是中国土地利用现状分类中的八个一级类型和重要的二级类型。用地指标调整的功能是控制区域规划期内土地利用类型的数量变化。指标的选取主要根据各用地部门的用地需求预测。通过综合平衡或数学优化模式,确定各类土地利用在规划期内的用地控制指标和调整指标,包括农业用地控制指标和非农业建设用地控制指标。分区多用地域分区方法,在土地适宜性评价的基础上，据土地利用方向、土地利用政策、措施的相对一致性，划分不同的地域分区，指出各个区域的不同土地利用主导方向和采取的土地利用措施。该轮规划是在计划经济背景下开展的，指导思想是“以需求引导供给”，因此它有效地保证了建设用地的需求，但对耕地保护的力度不够，致使耕地大量减少。

（二）第二轮土地利用总体规划

为缓解日益加剧的人地矛盾，保护耕地，1997 年中共中央、国务院 11 号文“关于进一步加强土地管理确实保护耕地的通知”提出要用最严格的措施管理土地，对土地管理法进行修订。新《土地管理法》确立了土地用途管制制度，明确了土地利用总体规划的法律地位。1997 年底为配合新《土地管理法》的实施，开展了规划修编，即第二轮土地利用总体规划。第二轮土地利用总体规划的基期为 1996 年，规划期为 1997～2010 年，展望到 2030 年。该轮规划的指导思想是“以供给引导和控制需求”，控制建设用地，严格保护耕地。主要采取“指标控制和地类分区相结合”的模式，即在用地指标控制下的用地指标调整和地类分区相结合的模式，由国家层层下达三大控制指标，即建设占用耕地指标、补充耕地量指标和新增耕地指标，体现国家对土地利用的宏观调控和对耕地的保护。在三大控制指标的调控下进行用地指标调整方案的编制，县级规划进行规划类型分区，各类型区是控制指标在图上的表现。

第二轮“全国土地利用总体规划纲要”于 1999 年 4 月经国务院批准实施。到 2001 年 2 月，须报国务院审批的 112 个省级和指定城市的土地利用总体规划全部由国务院批准实施。除西藏等少数边远地区外，其他地方各级土地利用总体规划也陆续批准实施，初步建立了国家、省级、市(地)级、县(区、市)级和乡(镇)级五个层次较完整的土地利用总体规划体系,基本实现了五级规划的国土全覆盖。第二轮土地利用总体规划实施以来成绩显著:在引导和控制城乡建设集约合理用地、保护耕地、规范土地开发整理等方面发挥了明显的作用;在实践的基础上,逐步总结形成了以土地利用年度计划、建设项目预审和建设用地报批规划审查为主的规划实施管理制度,土地利用总体规划的编制和实施管理逐步纳入制度化、规范化的轨道;全社会的土地规划意识明显增强,土地利用规划在土地管理中的基础和“龙头”地位正被越来越多的人所认可。[7]

但是,第二轮土地利用总体规划批准实施以来,党中央、国务院相继作出了加强生态环境建设、加快城镇化进程、实施西部大开发、振兴东北老工业基地等一系列重大发展战略和政策,提出了科学发展观和五个统筹的发展理念。形势、政策、战略的变化,要求土地利用总体规划的内容、方法、目标应与时俱进,作出相应的调整。基于此,对第二轮土地利用总体规划的修编,即第三轮土地利用总体规划的编制工作已经开始行动。

二、中国土地利用总体规划的地位

土地利用总体规划是在一定区域内,根据国家社会经济可持续发展的要求和当地自然、经济、社会条件,对该地区范围内全部土地的开发、利用、治理、保护在空间上、时间上所作的长期的、战略性的总体安排和布局,是中国宏观调控土地利用的重要手段,是土地用途管制的基础,是土地用途管制目标能否实现的关键[8]。土地利用总体规划是中国土地利用规划体系的核心内容(图 3—2)。

土地利用总体规划是与土地的自然条件、社会经济条件和国民

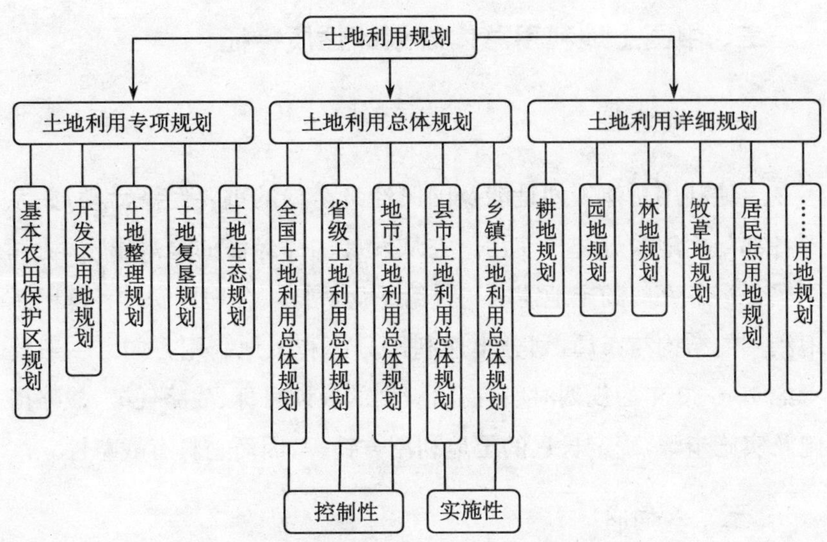

图 3—2　中国的土地利用规划体系

经济、社会发展相适应的土地利用的长远规划，因此它是科学、合理利用土地的基础和依据。根据土地的适宜性和国民经济、社会发展的需要，编制土地利用总体规划，对土地利用结构和布局进行科学合理的调整，可以统筹安排各业用地，协调各种用地、各业用地和各部门用地的矛盾，促进国民经济持续、稳定、协调发展。土地供需之间总是存在矛盾，因此必须在土地管理中建立土地利用的宏观调控机制，为国民经济和社会发展创造良好的用地环境。土地利用总体规划正是建立土地宏观调控机制的有效手段，通过规划可使土地供需保持平衡，各业用地矛盾得到协调，土地利用结构和布局趋于合理，土地资源的优势得到充分发挥。

三、中国土地利用总体规划的性质特征[①]

（一）战略性

土地利用总体规划是涉及国民经济全局的重要经济活动，关系到各部门用地的分配与使用。它从发展国民经济的全局出发，协调国民经济各部门的土地需求与供给平衡，科学、合理地安排各部门土地利用的结构与布局，划分土地利用分区和土地利用方向。一般要考虑10～30年的规划时段，提出规划的长期目标、战略任务、战略措施及实施步骤，确定长远的土地利用方针等，因而它具有战略性。

（二）空间性

土地作为一种生产要素，具有其特殊的经济区位意义。这就要求组织土地利用时，必须按照土地利用的特点来选择相应的区位，保证资源得到合理利用，获得最大的经济效益。因此，以土地为其研究对象的土地利用总体规划，就不同于一般偏重于定量的目标性的经济发展规划，具有显著的空间性。中国现行的“指标＋分区”的土地利用总体规划模式，在以国家投资为主的计划经济体制下，较好地处理了土地的数量控制和布局控制的关系。但随着市场经济的发展，土地投资主体的多元化，这就要求采用以空间控制为主、指标控制为辅、定量定位定性定序的规划模式，从而充分体现规划的空间性。[9]

---

① 王万茂先生认为，土地利用总体规划具有政策性、整体性、兼容性、折中性、动态性(2002)；韩桐魁、董德显先生认为，土地利用总体规划具有整体性、长期性、战略性、控制性(2003)；欧名豪教授认为土地利用规划应体现整体性、层次性、确定性、法规性、开放性、共同性(1999)。

（三）动态灵活性

土地利用系统的影响因素，如社会经济发展速度和水平、人口增长、各部门的不均衡发展、土地资源质量、土地利用技术水平等，是在不断变化的，这就要求土地利用总体规划要不断地调整其内容和方案以相对满足实际需要。因此，土地利用规划则表现为规划—实施—修改—规划—实施的动态过程。当然在一定时期内土地规划应保持相对稳定，使规划方案得以实施。随着市场经济的发展，土地的产品及其自身的价值必然越来越受到市场的影响，价值规律和市场调节作用则由规划的灵活性来体现。

（四）整体控制作用

土地利用总体规划以持续发展的观点，立足全局和长远利益，充分考虑土地利用的整体性，统筹安排各业用地，强调各部门用地规划必须服从其整体控制。一方面利用土地利用结构优化和布局调整引导土地使用者按规划的设想来利用土地，以最终实现规划目标；另一方面通过土地用途管制制约土地利用，以确保规划目标的实现。因此，定量指标的宏观控制、定性定位的土地利用布局和土地用途管制的微观管理，正是土地利用总体规划发挥其土地管理的“龙头”、“核心”作用的重要手段。

（五）严肃的法律性

土地利用总体规划作为国民经济和社会发展计划的组成部分，一经政府审议批准就有法律效力。各部门的土地利用规划，包括城镇、工矿、交通、水利、农、林、牧等用地规划都必须服从土地利用总体规划;土地利用总体规划具有控制土地用途的法律地位,其所确定的土地用途、用地指标、用地面积和平面分布未经法律程序不得擅自修改;土地利用行为违反规划就是违法。

四、各级土地利用总体规划的内容

土地利用总体规划体系是指各级土地利用总体规划所组成的系统。中国土地利用总体规划划分为全国、省、地(市)、县(市)、乡(镇)五个基本层次,分别由各级人民政府编制,由省级以上人民政府批准后实施。全国和省级土地利用总体规划属于宏观控制规划,主要的任务是在确保耕地总量动态平衡和严格控制城市、集镇和村庄用地规模的前提下,统筹安排各类用地。县、乡土地利用总体规划属于实施性规划,其主要任务是按照上级土地利用总体规划的指标和布局要求,划分土地利用区,明确各土地利用区的土地主要用途和区内土地使用条件,为单位和个人合理使用土地,进行土地开发、整理提供依据,为政府审批农地转用、划定基本农田保护区提供依据。[10]

(一)全国土地利用总体规划

全国土地利用总体规划纲要是贯彻国家大政方针的综合性、纲领性规划,是编制土地利用专项规划、区域性土地利用总体规划、省级规划和年度土地利用计划的依据。全国性规划的成果主要体现为制定一系列政策,同时确定一些土地利用的战略性指标。其主要内容包括:现行规划实施情况的评价;较长时期内全国土地利用的战略目标和土地利用分区规划;国家重大的区域发展战略的土地利用调控指标和政策规定;有关耕地保护、建设用地和生态建设等土地利用控制性指标的确定和分解;土地资源保护、利用、整治、开发的重点地区和重大工程确定，国家重大基础设施等建设项目用地规模和布局协调安排等。

（二）省级土地利用总体规划

省级土地利用总体规划是对全国规划在省级范围内的具体化。省级行政区域范围都比较大，经济结构、产业结构、土地利用结构都比较完整。省级土地利用总体规划是统筹省域行政范围内各类土地利用的战略性政策性规划。主要内容包括：现行规划实施情况的评价；根据全国规划纲要和本省实际，确定土地利用战略目标和方针，落实国家下达的控制性指标和土地利用分区规划；基本农田保护、土地整理复垦、生态建设与环境保护、国土整治等重点地区和重点项目的安排，耕地占补平衡，合理城乡用地规模的确定，区域内重点基础设施项目用地的协调安排；协调好各地、市间的用地关系，根据各地、市的经济发展状况与土地资源状况，提出各地、市的耕地总量平衡目标和城市用地规模控制目标等。

（三）地（市）级土地利用总体规划

地（市）级土地利用总体规划属于空间性、结构性规划，是由省级规划向县级规划的过渡层次。其主要内容包括：现行规划实施情况的评价；结合市情，深化省级规划的内容，确定规划目标，落实上级规划控制性指标，划分土地利用区，制定差别化管制措施；区域基础设施、生态建设和环境治理等重点项目和土地复垦整理项目的统筹安排；中心城市建设用地规模和范围的确定，城市增长边界的划定，中心城内土地的功能用途和控制性标准的明确；规划实施的措施；县（市）规划重点内容和要求的提出，主要控制性指标的分解。市级规划作为一级较大区域的规划，在分析研究土地的供需关系时，应侧重本地区的工农业发展、城市化水平与进程、区域城市体系和各城市的中心职能与分工等方面的研究，合理地确定各中心城市的人口规模、用地规模，以及区域性骨干基础设施的用地关系。

（四）县（市）级土地利用总体规划

县级土地利用总体规划属实施性、操作性规划，即管理型规划，重在定性、定量、定位的落实。主要内容包括：现行规划实施情况的评价；在现状分析和调查研究的基础上，确定规划目标，落实规划指标和重点建设项目；划分土地用途区，制定土地用途区管制规则；合理调整土地利用结构和布局，土地开发、整治、保护分阶段任务和重点项目的类型、时序、规模和范围的确定；乡镇重要规划指标的分解。

（五）乡（镇）土地利用总体规划

乡（镇）土地利用总体规划是对县（市）规划的具体化，也是最基层一级的土地利用总体规划，属于实施性规划，其内容应能达到控制性详细规划的要求。规划的主要内容包括：现行规划实施情况的评价；按照调查研究结果和上级规划要求，确定规划目标；划分土地用途区，结合当地土地使用条件，具体落实上位规划和本级规划的土地用途区界线和主要控制指标；规定各土地用途区管制细则，明确规划期限内土地用途区中允许、限制和禁止用途的规定和不合规定的处理办法；合理调整土地利用结构和布局，安排基本农田、村镇建设、土地开发整理复垦项目（区）的用地规模与范围；规划的实施措施。

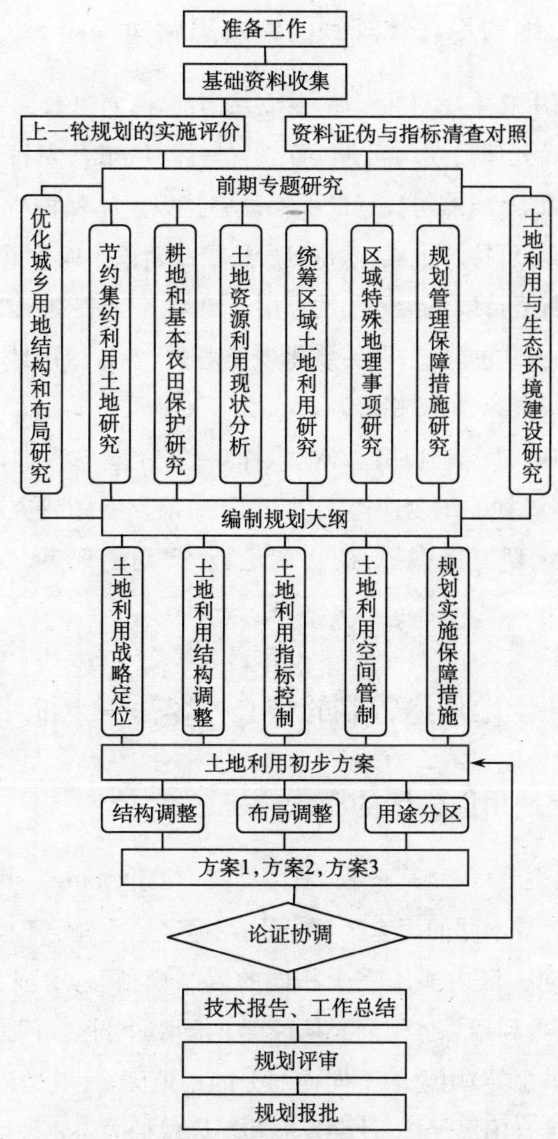

图 3—3　土地利用总体规划编制的一般程序

五、土地利用总体规划的编制思路与程序

土地利用总体规划的编制，要立足当前，面向未来，突出重点，统筹兼顾，正确处理需要与可能、局部与整体、城市与农村、建设与生活、发展与保护、当前与长远的关系。坚持以严格保护耕地为前提，保障经济社会可持续发展；坚持以严格控制建设用地为重点，促进城乡协调发展；坚持以节约和集约利用土地为核心，促进土地利用方式和经济增长方式的转变；坚持统筹安排各类、各区域用地，促进经济发展与人口、资源、环境相协调。

总结前两轮土地利用总体规划的编制经验与教训，新一轮土地利用总体规划的编制应遵循以下程序：前期专题研究、编制规划大纲、编制规划方案、规划的协调论证、规划的评审、规划的报批（图 3—3）。

第三节 土地用途管制的核心内容——土地用途分区

一、土地用途分区的概念分析

土地用途分区，究其来源，来自英文中的“zoning”，其基本理念是“把土地分成不同的用途区，在不同用途区域内规定不同的土地管制规则；在同一区内实施完全相同的管制规则”。中国县（市）、乡（镇）两级土地利用总体规划必须进行土地用途分区。用途分区是按照土地基本（主导）用途的不同而划分的用地区，一般是以土地适宜性为基础，结合国民经济、社会发展和环境保护的需要来划分。用途区体现了土地利用方向、土地基本（主导）用途和土地保护、限制、管

理措施的相对一致性。土地用途分区是实行土地用途管制的基础，是实现土地用途转用许可制的直接依据，是土地用途管制制度的核心内容。

土地用途分区有两个基本作用，即隔离作用和保护作用。首先，可以分离不相容的土地使用。通过用途分区，划定土地利用的区域范围，规定各区域的土地用途和行为限制，将那些可能会产生相互干扰的土地用途在空间上分割开来，避免土地利用消极的外部性影响的产生，达到排除对土地不当使用之目的。其次，土地用途分区对土地具有保护作用，有两层含义。其一，通过规划分区，将各种土地用途限制在一定的空间范围之内，不能突破土地分区界限，可以有效地保护农地，使其不被各种建设用地所侵蚀，各种生态脆弱地区的土地利用也可以免受开发的破坏。其二，通过规划分区控制，排除不相容的土地使用，达到土地使用的同质性，从而提高土地的环境质量，保障土地的价值，提高土地使用效率。

在中国现行的土地利用规划分区中，地(市)级以上土地利用总体规划采用的是“地域分区”，即依据土地资源的自然条件和自然特征、社会经济发展水平、土地利用结构、人地关系、土地利用方向等的一致性所划分的区域。土地用途分区与地域分区属于两类性质不同的分区，土地用途分区属于“类型分区”，地域分区属于由于地域差别进行的分区。地域分区以“个性”识别为其基本功能，类型分区则以“共性”识别为其基本功能。因此，只有在大尺度空间内进行地域分区，中小尺度空间范围内，采用类型分区形式，可直接实现不同类型区之间差异的识别。由于土地用途分区与地域分区功能的差异，造成两者在划分结果与表现形式上的差别，地域分区中的同一区域不能在空间上断续分布，一般区域命名以地理差异命名，如《江苏省镇江市土地利用总体规划》(1997～2010)依据土地的自然特征,将全市土地分成沿江区、湖西区和丘陵区三个地域区;而土地用途分区的同类区域可在空间上重复出现,区域命名以主导用途的差异命名,如基本农田区、一般农田区。因此,在同一空间尺度上,地域分区的区域类型少,土地用途分区的类型多。[1]

二、土地用途分区原则与方法

(一)分区原则

分区原则是划区的基本准则,也是在分区过程中处理各种矛盾的重要依据。一般来讲,在土地用途分区过程中应坚持以下原则。①切实保护耕地的原则。保护耕地是公益性目标,要突出对耕地尤其是优质耕地的保护,在划区过程中,把质量最好的高效农田划入基本农田保护区,予以特别保护。当出现基本农田与林地、基本草牧场、一般农地、城镇和乡村用地等发生边界矛盾时,应优先划定基本农田。②保护生态环境的原则。为避免自然灾害的蔓延,创造优美舒适和谐的人类居住环境,在划区过程中在坚持"一要吃饭,二要建设"的同时,突出生态保护。在基本农田与自然保护用地出现边界争议时,优先用于自然保护用地;在建设用地与风景旅游用地发生边界冲突时,优先考虑风景旅游用地;一般农地与环境敏感区、自然保护区、水源地发生边界矛盾时,优先考虑后者。③节约集约利用土地原则。土地利用由粗放向集约转变,是社会经济发展和中国国情的客观要求,也是优化中国土地利用结构的重要途径。在划区过程中,要本着有利于生产的空间组织,有利于土地的规模经营,有利于土地集约利用的原则,尽量使工业用地向开发区或工业园区集中,乡镇企业用地向工业小区集中，农村居民点用地向中心村集中，做到每个区域的主导用途明确，促使非主导用途土地向主导用途转变。④因地制宜原则。土地用途分区应结合各地区自然和社会经济条件，充分考虑各地的具体情况，制定符合当地土地资源实际的土地用途分区方案，增强土地用途分区的实际应用效果。⑤公众参与原则。土地用途分区的公众参与过程，是宣传、落实土地用途管制措施的过程，只有公众的积极参与，才能制定出公众认可和接受的土地用途分区方案。⑥行政和图斑界限完整性原则。在分区过程中，既要尽可能不打破行政权属界限，又要避免将一个完整的图斑分割为不同的用途区，还要注意交通干线、工程管线、构筑物走向、自然地理界限的完整性，以利于土地用途管制措施的连续贯彻。⑦一致性原则。一是土地现状用途与规划用途的一致性，二是保持本区内土地的主导用途、限制用途、可转化用途的一致。

（二）分区方法

常用的土地用途分区方法有叠图法（套图法）、特尔斐法、指标法、聚类分析法。叠图法是一种客观综合的分区方法，特尔斐法是一种完全定性的分区方法，指标法是一种定性与定量相结合的方法，聚类分析法则是一种定量的分区方法。当前中国基本采用的是以叠图法为主，聚类分析法、特尔斐法为辅的土地用途分区方法。以县级土地利用分区为例，基本工作程序为：将县级 1∶50 000 的土地利用现状图固定——将已经统一到同一比例尺的风景旅游区规划图、自然保护区规划图以经纬网和明显地物为标志进行套合——落实国家、省批准的区域界线——将基本农田保护区图、林业发展规划图、牧业发展规划图、城镇建设规划图、村镇建设规划图、工矿业发展规划图等图件叠加在土地利用现状图上——对各行业专题规划图分区界线叠加后一致的直接作为分区界线——对不重叠界线依据土地适宜性评价结果及规划要求和行业特点判别处理——单宜性土地据评价图优先确定——多宜性土地采用聚类分析法、特尔斐法等处理划定——图件清绘、着色、整饰——面积量算与统计——技术报告、工作报告。

三、县级土地用途分区类型体系

中国县级土地用途分区应适应用途管制的需要，突出耕地保护、环境保育和建设用地的控制，强化政府的调控手段，鼓励土地用途向社会、经济、生态综合效益最佳的方向转移。同时要遵照分区可操作性原则，根据各类土地用途管制的要求，按照城镇、乡村建设用地标准和上图要素与图面整饰标准确定划分土地类型区的最小单元。再者，县级土地用途分区类型不能过细，应以土地用途管制的需要划定分区类型，不是规定每宗地块的用途。程烨先生等借鉴国外经验，并结合近几年中国县级土地利用总体规划的实践，把中国县级土地用途分区分为八个用途类型一级区和若干个二级区（表 3—2）。各区所划定的最小土地面积根据地方实际情况确定，并且各区内均包括上述土地范围内为其主导用途服务的其他类型的零星土地和线状地物[11]。

四、土地的规划用途

土地规划用途主要是对主导用途、允许用途和非允许用途进行规定，使得分区管制规则更为具体和详细，土地用途管制更具有操作性。王静给出了土地规划用途类型、各类土地用途区规定的主导用途、非允许用途、零星用地的允许用途和准许现状使用的土地用途的建议[12]（表 3—3）。

表3—2 中国县级土地用途分区体系

<table>
<tr><th>一级区</th><th>二级区</th><th>分区类型定义</th></tr>
<tr><td rowspan="3">农地区</td><td>基本农田保护区</td><td>指对基本农田和生产条件较好、具有一定规模的农用地及为它服务的农村道路、农田水利、农田防护林、农业建设实行特殊保护所确定的特定保护区域。</td></tr>
<tr><td>基本草牧场区</td><td>指发展畜牧业生产所需要的大面积生产条件好的野生草本植物、灌木丛生的土地区域和改良草地、人控草地、牧道以及为它服务的农村道路、农田水利、牧场防护林、牧业建设用地。</td></tr>
<tr><td>一般农地区</td><td>指未划入基本农田保护区、林地区和基本牧场区的其他农用地,包括一般耕地、园地、牧场、零星草地、养殖业用地和为它服务的农村道路、农田水利、防护林、农业建设用地。</td></tr>
<tr><td rowspan="2">林地区</td><td>生态林区</td><td rowspan="2">林地区是指为了进行林木生产、采种、防止灾害等发展林业生产和改善生态环境需要划定的土地区域。生态林区用于防护林(包括水源涵养林、水土保持林、防风固沙林、农田牧场防护林、护岸林和护路林)和特殊用途林(国防林、试验林、母树林、环境保护林等)建设。生产林区用于用材林、经济林和薪炭林建设。</td></tr>
<tr><td>生产林区</td></tr>
<tr><td>城镇建设区</td><td></td><td>为城市与建制镇建设需要划定的用途区。</td></tr>
<tr><td>乡村建设区</td><td></td><td>为农村人口聚居地区域,用于按照村镇规划划定的土地用途区。</td></tr>
<tr><td rowspan="2">工矿建设用地区</td><td>工业用地区</td><td rowspan="2">工矿建设用地区是指独立于城镇、乡村建设区之外的用于现状工矿建设和近期规划建设所划定的用途区。工矿建设用地区必须经有关主管机关会同相关单位共同划定,并应避免利用下列地区:基本农田保护区、基本草牧场区、生产林区、生态林区;重要水库集水区、水源地保护区;珍贵稀有动植物保护区、主要动物栖息地、文物保护地区等自然保护区和风景名胜旅游区。</td></tr>
<tr><td>矿业用地区</td></tr>
<tr><td>风景名胜旅游保护区</td><td></td><td>指具有观赏、旅游、文化或科学价值,风景名胜资源集中、自然环境优美,具有一定规模和游览条件,经县级以上人民政府审定命名、划定的范围,供游览、观赏、休息和进行科学文化活动的地域及其外围保护地带。风景旅游保护区设立的目的在于维护公众利益,提高人民生活水平,发挥自然资源的多种价值。</td></tr>
</table>

续表

一级区	二级区	分区类型定义
自然保护区	核心区	自然保护区是指对具有代表性的生态系统、珍惜濒危野生动植物物种的天然集中分布区、有特殊意义的自然遗迹等保护对象所在的陆地、陆地水域,依法划出一定面积予以特别保护和管理的区域,目的在于保护自然资源,防止水土流失。
	外围区	
专用区	军事用地区	指国家为保障国防建设需要,提供给军队使用,用于军事设施用地和根据军事需要设立的军事禁区而划定的区域。
	水源地保护区	指为保护水资源所必要的公有水面以及为保护和改善江、河、湖泊源头而划定的区域。
	环境敏感特别保护区	指具有保护生态环境、防止水土流失作用的滩涂、湿地及荒草地和生态环境脆弱地带的禁止开垦地区,以及用于地质灾害防治和防、行、蓄、滞洪等保护和改善生态环境的土地所划定的区域。

资料来源:程烨、王静、孟繁华(2003)。

表 3—3 各类用途区的土地用途规定

土地用途区 / 土地用途类型	农地区			林地区				工矿建设用地区		自然保护区			专用区		
	基本农田保护区	基本草牧场区	一般农地区	生态林区	生产林区	城镇建设区	乡村建设区	工业用地区	矿业用地区	核心区	外围区	风景名胜旅游保护区	军事用地区	水源地保护区	环境敏感特别保护区
基本农田	△	○	√	○	○	×	×	×	×	×	×	×	×	×	×
种植园地	√	○	√	○	○	○	○	○	○	○	○	√	√	√	√
生态林地	√	√	√	△	○	√	√	√	√	△	△	△	√	√	√
生产林地	○	○	√	○	△	×	×	○	○	×	×	×	√	○	×
基本草场	○	△	√	○	○	×	×	×	×	×	×	×	×	×	×

续表

土地用途区 \ 土地用途类型	农地区			林地区				工矿建设用地区		自然保护区			专用区		
	基本农田保护区	基本草牧场区	一般农地区	生态林区	生产林区	城镇建设区	乡村建设区	工业用地区	矿业用地区	核心区	外围区	风景名胜旅游保护区	军事用地区	水源地保护区	环境敏感特别保护区
一般农用地	○	○	△	○	○	○	○	○	○	○	○	√	√	√	√
特定生态用地	√	√	√	√	√	√	√	√	√	√	√	√	√	√	△
城镇用地	×	×	×	×	×	△	×	×	×	×	×	×	×	×	×
农村居民点用地	×	×	√	×	√	×	△	×	×	×	×	○	○	×	×
独立工矿建筑用地	×	×	√	×	√	○	○	△	△	×	×	○	×	×	×
农业建筑用地	√	√	√	√	√	○	○	○	○	×	×	○	○	×	×
其他建筑用地	×	×	√	○	√	○	○	△	△	×	×	○	○	○	○
盐田	×	×	○	×	×	×	×	△	△	×	×	×	×	×	×
旅游用地	×	×	○	○	√	√	√	×	×	×	×	△	×	×	×
军事用地	×	×	√	√	√	√	√	√	√	√	√	√	△	√	○
墓地	×	×	×	×	×	×	×	×	×	×	×	○	×	×	×
古迹保存用地	×	×	√	√	√	√	√	√	√	√	√	√	√	○	○
养殖场用地	×	×	√	×	×	○	○	×	×	×	×	○	○	○	×
水源地	√	√	√	√	√	√	√	√	√	√	√	√	√	√	√
水利设施用地	√	√	√	√	√	√	√	√	√	×	√	√	√	△	○
交通用地	√	√	√	√	√	√	√	√	√	×	√	√	√	√	√

资料来源：王静(2001)；程烨、王静、孟繁华(2003)。

△——主导用途；√——允许零星用地使用用途；×——不允许使用用途；○——准许为现状用途使用，鼓励向本区主导用途转变。

参考文献

[1] 王静、程烨、刘康等:“土地用途分区管制的理性分析与实施保障”,《中国土地科学》,2003 年第 3 期。

[2] 金瑞林、汪劲:《中国环境与自然资源立法若干问题研究》,北京大学出版社,1999 年。

[3] 陆红生:《土地管理学总论》,中国农业出版社,2002 年,第 196～197 页。

[4] 程久苗:“试论土地用途管制”,《中国农村经济》,2000 年第 7 期。

[5] 欧名豪:《土地利用规划控制研究》,中国林业出版社,1999 年,第 149～140 页。

[6] 李元:《新土地管理法读本》,中国大地出版社,1998 年,第 89～93 页。

[7] 国土资源部规划司:“新一轮土地利用总体规划修编的几个问题”,2005 年 2 月。

[8] 王万茂:《土地利用规划学》,中国大地出版社,2000 年,第 68～72 页。

[9] 程克坚、彭补拙、濮励杰:“县级土地利用总体规划修编的理论与方法探讨”,《中国土地科学》,1998 年第 5 期。

[10] 欧名豪:“土地利用规划体系研究”,《中国土地科学》,2003 年第 5 期。

[11] 程烨、王静、孟繁华:《土地用途分区管制研究》,地质出版社,2003 年,第 9～10 页,第 75～76 页,第 91～96 页。

[12] 王静:“关于中国县级土地用途管制分区类型的建议”,《中国土地科学》,2001 年第 4 期。

第四章
土地用途管制耕地保护绩效的经济学分析

第一节 市场失灵与规划之效益的一般性分析

一、两种土地利用配置方式——分区和市场

计划配置和市场配置是两种最基本的土地利用配置方式。国外实施土地利用计划配置的主要方式是“土地用途分区”，目前中国土地利用计划配置的主要方式则是“用地指标＋用途分区”。两种方式都需要依靠土地利用规划来实现，而分区是规划的核心内容。

假设某一地区土地总面积为 S，且只有农业（耕作业）和非农建设两种用途。图 4—1 和图 4—2 分别代表分区配置方式和市场配置方式。水平轴代表区域土地面积，长度固定为 S，轴上的分界点表示农地与非农地的数量分界。

图 4—1 中，Za 代表农地区土地总量，Zn 代表非农业用地区土

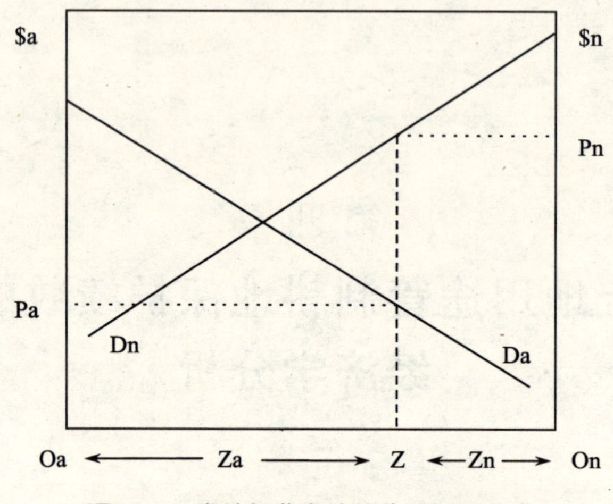

图 4—1　农地与非农地的分区配置方式

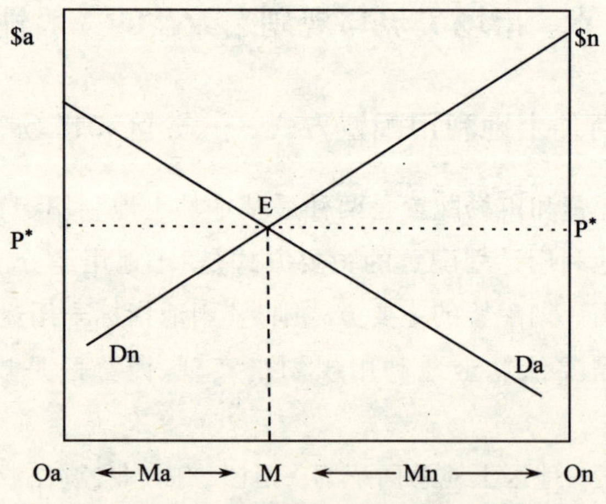

图 4—2　农地与非农地的市场配置方式

地总量。Pa 为分区配置方式中的农地市场结算价格，Pn 为分区配置中的非农地市场结算价格，都是在土地供给固定条件下的唯一的价格。据图可以看出，一旦分区得以固定，适应于土地需求变化的市场调整必须依循价格进行。

图 4—2 中，Ma 代表农地区土地的需求，Mn 代表非农地区土地的需求。纵轴表示农地和非农用地的价格，E 为土地供需均衡点，P^* 为市场均衡价格。Da 为农地的市场需求曲线和边际收益曲线；Dn 为非农用地的需求曲线和边际收益曲线。与图 4—1 相比，两种土地资源配置方式的重要区别一目了然：市场配置倾向于使不同用途的土地的价格趋于均衡，而分区配置则倾向于使不同用途的土地产生价格差异。如果因为某种原因使土地资源配置偏离均衡点 M，在市场的自我调节下，仍然会重新返回到该点。

二、两种配置方式下的土地价值比较

图 4—3 和图 4—4 表示两种不同土地资源配置方式下的土地总价值[1]。图 4—3 中阴影面积表示分区配置下的土地资源总价值，其中农地总价值为农地需求曲线至分区界限 Z 左边的阴影区域，非农用地总价值为非农用地需求曲线至分区配置界限 Z 右边的阴影区域；图 4—4 中阴影面积表示市场配置下的土地资源总价值，其中农地区的土地总价值为农地需求曲线至市场均衡边界 EM 左边的区域，非农用地区的土地总价值为非农用地需求曲线至市场均衡边界 EM 右边的区域。

比较两图可以看出，两种不同土地资源配置方式下的土地总价值是不相同的。为了进一步研究两者的差异，利用图 4—5 进行分解分析。图 4—5 中的六个不同区域是两种配置方式的土地需求曲线 Da 和 Dn 与其对应的两条供给曲线分割而成，据此可以计算出两种土地资源配置方式下的土地总价值（表 4—1）。可以看出，市场配置

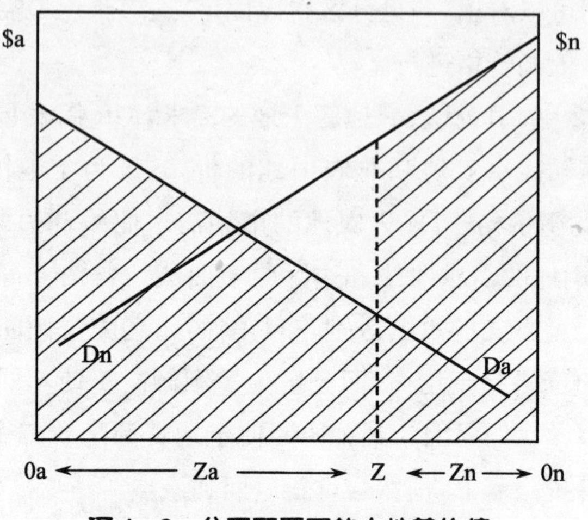

图 4—3　分区配置下的土地总价值

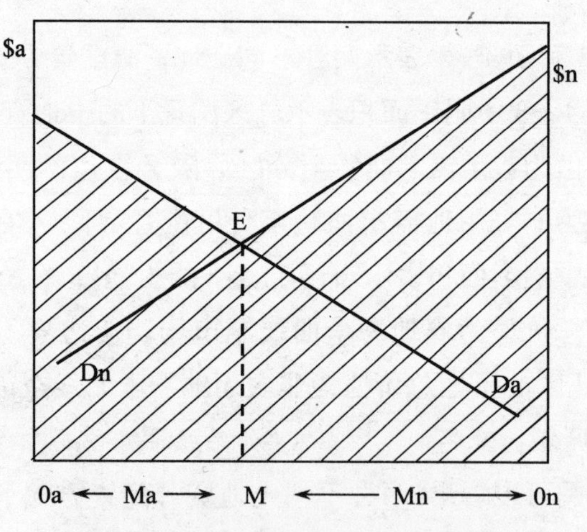

图 4—4　市场配置下的土地总价值

方式下的土地总价值超出分区配置方式下的土地总价值，超出数量为图 4—5 中的阴影三角形区域③，此三角形用以度量分区配置相对于市场配置的土地总价值的损失，故称之为非效率三角形。综合以上分析似乎可以得出以下结论：第一，只有当分区配置与市场配置相一致时，才不会出现非效率三角形，即不会出现效率损失；第二，如果两种配置相一致，分区配置则是多余的。然而第二个结论未免过早，因为很有可能会发生市场失灵(market failure)。

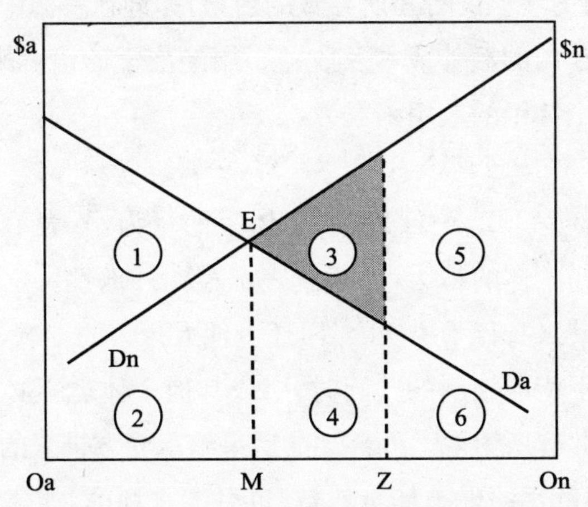

图 4—5　两种土地配置方式下的土地总价值比较

表 4—1　两种土地配置方式下的土地总价值比较

土地利用配置方式	农地总价值	非农用地总价值	区域土地总价值
分区配置(Z)	=①+②+④	=⑤+⑥	=①+②+④+⑤+⑥
市场配置(M)	=①+②	=③+④+⑤+⑥	=①+②+③+④+⑤+⑥
D=M−Z	=−④	=③+④	=③

资料来源：Eric J. Heiklila(2004)。

三、市场失灵与规划的效益

（一）外部性与市场失灵

外部性（externality）是指在缺乏任何相关交易的情况下，一方所承受的，由另一方的行为所导致的后果，亦即在资源配置中未被市场交易包括在内的额外成本及收益。用经济学的语言来表述就是，如果某经济个体甲的效用函数为：

$$U^{甲} = U^{甲}(X_1, X_2, \cdots, X_n; Y)$$

式中，$X_i(i=1,2,\cdots,n)$表示个体甲的行为，Y 表示除甲之外的所有其他任何个体的行为，那么就表示存在外部性。意味着个体甲的效用除由其自身行为决定之外，还受他人行为的影响，而且这种影响不是个体甲所能控制的。同时，甲或其他个体也不必为此有所付出或不能为此有所索取。外部性的后果给承受方带来的效益可能是好的，如耕地利用的生态环境效益；也可能是坏的，如建设用地的环境污染。前者一般称之为正外部性，后者一般称之为负外部性或外部不经济。由于正外部性给承受者带来的是正的效益，因此不管它表现为何种形式与现象，其经济特性必然遵循边际效益递减的规律，即随外部性施放者行为水平和正外部性数量的增加，承受者感觉到的效用逐渐降低，具有一般需求函数的特性，因此可以用图 4—6 中的 D_E 曲线表示。同样地，对于负外部性可以用 S_E 曲线表示，它表明负外部性随着外部性施放者行为水平的增加而呈递增的趋势，具有一般成本函数的特性。

在新古典微观经济学的一般均衡分析模型中，市场活动的参与者都是市场价格的接受者，每个参与者的行为只改变自己的经济利

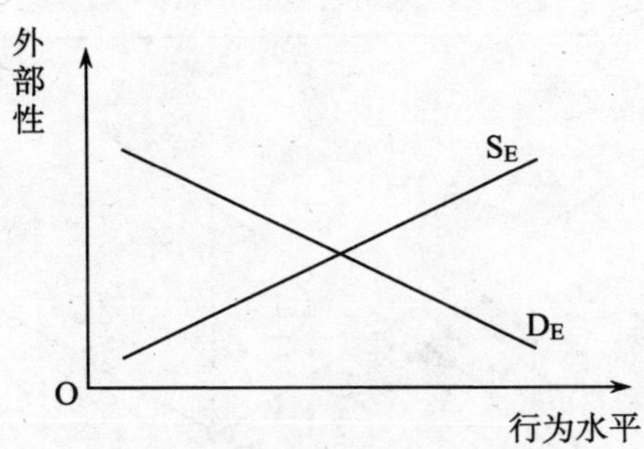

图 4—6 外部性的经济特征

益，对市场其他参与者的经济利益不产生任何影响。即每个参与者行为的结果可以完全内部化，不存在效益外溢的可能。在此前提下，市场竞争的结果才能达成帕累托效率状态。因为此时的市场所传递需求和供给信息是完全真实地反映了整个社会的需求和供给。如果市场参与者行为的结果不仅影响自身的利益，还直接影响到其他市场参与者的利益并且得不到“补偿”的话，那么集合各个参与者所传递的市场需求和供给就不再是真实的了，市场竞争的结果也就不再可能是帕累托最优状态了。因此，外部性使市场失灵，导致效率损失。

(二) 效益损失与土地利用规划(分区)的意义

图 4—7 表示负外部性下的土地总效益。D_n 为非农用地需求曲线，MB_n 为非农用地的边际效益曲线。三角形①为原始非效率三角形，三角形②为新的非效率三角形。可以看出，分区配置较市场配置增加了三角形②的土地利用效益。换句话说，三角形②表示了市场配置相对于分区配置的土地总效益损失。

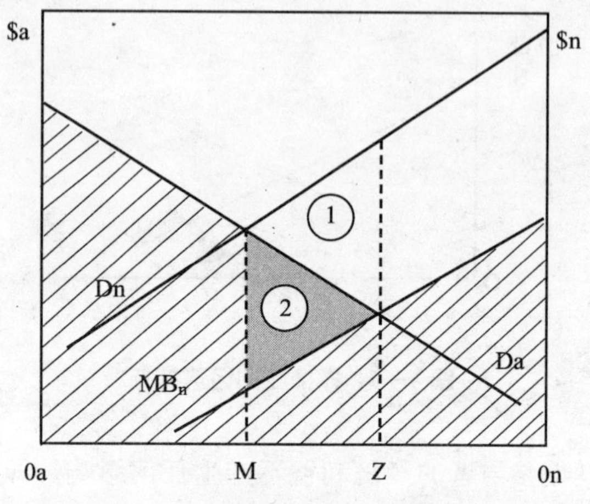

图 4—7 负外部性与土地利用总效益

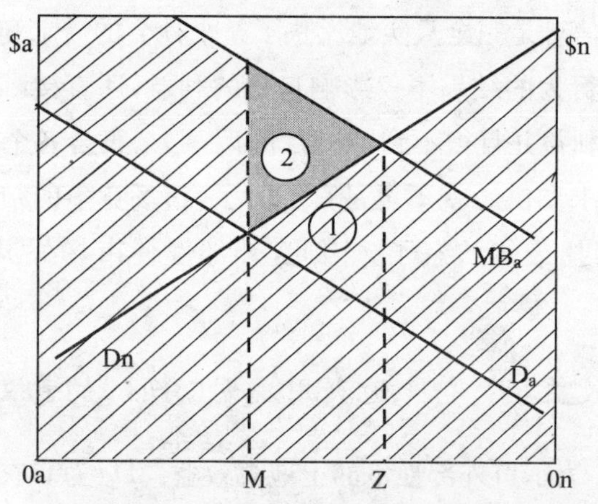

图 4—8 正外部性与土地利用总效益

图 4—8 表示正外部性下的土地总效益。D_a 为农地的市场需求曲线，MB_a 为农地利用的边际效益曲线，由于农地利用的正外部性

使得其与市场需求曲线 D_a 发生分离。三角形①是以市场为基础的非效率三角形；三角形②是以效益为基础的非效率三角形。可以看出，农地利用的正的外部性使得土地利用的最佳配置由 M 点向右转移到 Z 点，分区配置（Z 点）下的土地总效益较市场配置（M 点）的土地总效益增加三角形②。

以上分析可以得出如下结论：土地利用的正外部性和负外部性都会导致市场失灵，从而使土地总效益产生损失。这是政府通过规划分区干预土地市场配置的理由。

第二节　土地供给与需求规律

一、土地供给规律

土地供给（the supply of land）是指可供利用土地的供给，即地球所能提供给社会利用的各种生产和生活用地的数量。土地资源的供给问题含自然供给和经济供给两大部分。土地天生的可供人类利用的部分叫做土地的自然供给（the physical supply of land）。一个国家或地区的土地自然供给数量是固定不变的，不受任何人为因素的影响，因此是无弹性的供给（图 4—9）。图 4—9 中的 ss 表示土地的自然供给，因其不受需求（dd）的影响，故呈垂直于坐标轴的底线保持不变。土地资源的利用，主要是在目前可利用的自然供给总面积范围内安排，然后再考虑对于后备资源的开发。土地资源的可利用状况，主要是由土壤、气候、地貌、地质、水、生物、风景等的具体状况决定的。

土地的经济供给（the economic supply of land）是指土地在自然

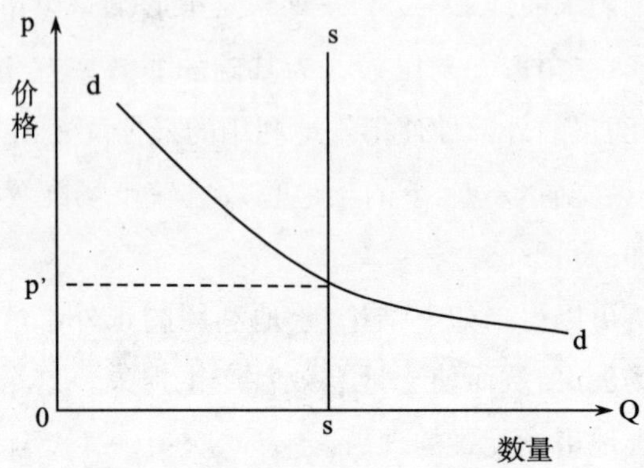

图 4—9　宏观总量上的土地自然供给

供给及自然条件允许的范围内，在一定时间和地区因用途利益与价格变化而形成的土地供给数量①。影响土地经济供给的因素包括自然因素、经济因素、技术因素、制度因素等。增加土地经济供给的主要举措包括：保护并合理利用现有土地，做到地尽其用；提高土地利用集约度，在内涵上增加用地；合理开发土地，在外延上增加用地；合理增加土地产品的代用品，节约用地；等等。

土地开发(land development)是土地资源经济供给的一个组成部分，从土地供求关系来看，土地开发的实质是：将未利用的土地投入利用，在广度上增加土地的经济供给；由低密度利用发展到高密度利用，在深度上增加土地的经济供给；改变已利用土地的用途，调剂土地的经济供给；对产权属于多个所有者，土地利用状况畸形、细碎

① 关于土地的经济供给的定义还有其他表述：指在土地自然供给的基础上，投入劳动进行开发以后，成为人类可直接用于生产、生活各种用途土地的供给(毕宝德)；土地的经济供给仅指土地自然资源供给中的人类实际利用部分(周城)。

而不经济的一个较大的区域进行土地调整(land readjustment,我国台湾称“土地重划”)。其中在深度上增加土地的供给,对于解决土地供不应求的普遍矛盾具有日益重要的作用。

土地的经济供给与自然供给的关系是:以自然供给为基础和最大范围,在此范围内发生增减;自然供给是静态的、无弹性的,而经济供给是动态的、有弹性的。而且不同用途的土地,其经济供给的弹性不同,如农地受制于自然条件较大而经济供给的弹性较小,市地则相反。

二、土地需求规律

土地需求(the demand for land)是指人类为了生存和发展利用土地进行各种生产和消费活动的需求,具体讲就是由于人们对粮食、住宅、交通、娱乐等需求而引申的对土地的需求,可概括为农业用地需求和非农业用地需求两大类。对多数商品来说,人们需求的只是商品本身,并不涉及外在因素,而土地需求则不然,往往包含一些附属成分。人们对土地的需求既包含了对单位面积或资本意义上土地本身的需求,又包含了对土地的生产潜力,诸如其空间位置、景观生态、文化生态等的需求。影响土地需求的主要因素有人地比例(man-land ratio)、人们利用土地的知识与技能、生活水平的高低,以及消费者偏好(consumer preference)、土地质量(quality of land)、非土地资源的替代效应(effect of substitution)等。

消费者偏好是文化、教育、信息、收入等因素对土地需求的选择倾向的综合反映。消费者不同的偏好及其强弱无疑影响着土地需求的结构。如果消费者对某一特定利用的土地偏好加强,该类土地的需求曲线将向右移动,也就是说,在每一个价格水平上,消费者希望比以前购买更多的土地；如果消费者偏好减弱，需求曲线将向左移动，即在同一价格水平上，消费者希望比以前购买更少的土地（图 4—10）。

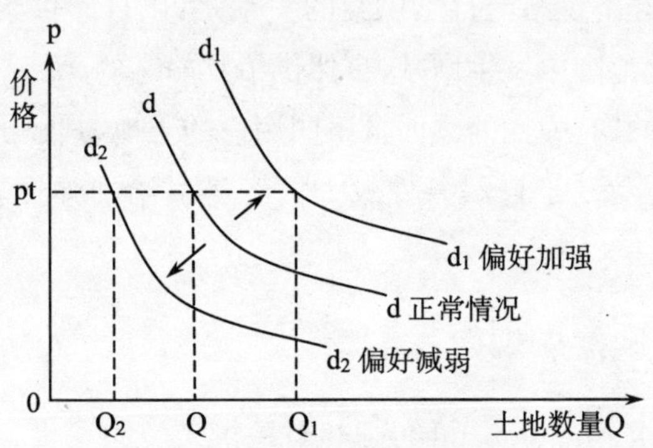

图 4—10　用地偏好的变化与需求曲线的变动

一般地，土地质量是指土地使用价值的大小。人们需求土地是为了利用土地来满足自身一定的需要，土地质量的高低与土地需求程度和需求量成正比。土地质量越高，则土地用途越广，土地利用价值越高，人们对它的需求也就越大。由于通常情况下耕地质量较好，既可用于种植粮食作物，也可用于生产经济作物，当然也非常适合作为建设用地，而且耕地一般分布在人口较为稠密的平原地区，因此耕地往往成为人们竞相利用的焦点，以致使当今世界各国的耕地面积均呈下降趋势，已经严重威胁到人类的粮食生产。

经济发展以一定的投入为基础，从资源经济的角度可以把投入分为两大部分：一部分是土地资源，另一部分是非土地资源，如资金、物资、劳动与技术等。在一定的经济水平下，上述两部分投入通过一定的组合就形成该经济水平下应得的产出。当一部分投入减少时，必须增加另一部分投入，才能保持产出不变，两者表现出一定的替代关系（图4—11）。图4—11中L为等产量曲线，在B点时，需要B_2单位的非土地资源和A_2单位的土地资源；而在A点时，则需要B_1单位的非土地资源和A_1单位的土地资源。当生产力水平提高、经济向前发展时，社会总产出进入更高水平，尽管经济效益提高了，但相对于总需求而言，仍需非土地资源和土地资源有相应增长。如图4—11，当等产量曲线由L移动到L^*时，如果保持非土地资源投入不变，则需增加较多的土地资源投入。如以生产A单位产品的非土地资源去生产C单位产品时，土地资源则需由A_1单位增加到A_3单位。所以，尽管土地资源与非土地资源之间有替代关系，但不可能发生完全替代，随着经济的发展，土地需求必然会增加。

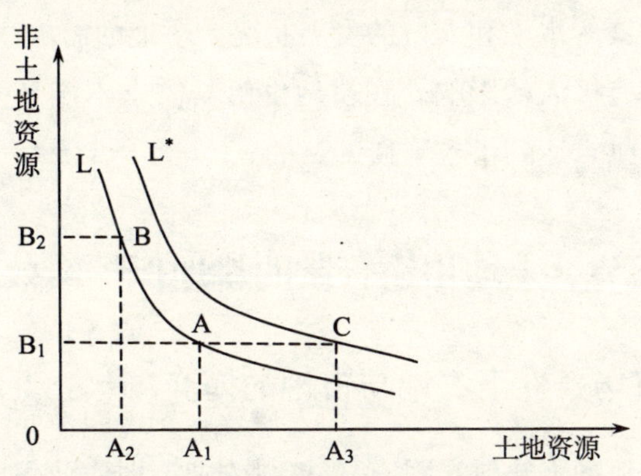

图4—11　土地与非土地资源的替代关系

三、耕地的供给与需求特性

耕地的供给是指在地球表面的陆地中可以用作耕地的数量。从耕地对自然条件的要求来看，其数量的大小和多少是一个客观存在的量。但是,从社会经济和科学技术对耕地的作用以及生物工程的进展情况来看,耕地的客观存在量也是可以变化的。正因为如此,在不同的历史阶段,耕地的供给数量是不同的。自然界耕地供给的数量往往随着社会经济的发展而增加,但耕地的扩大也不是无限的,其增长的速度受科学技术水平的高低所制约,其开垦的规律,总是遵循自然条件好的土地优先开垦,其次是中等地,最后是劣等地。只要耕地不能满足社会需求,即使在理论上不适宜种植农作物的土地,也会被开垦。如果社会需求量不大,自然条件优越的土地也会作为他用。[2]

耕地的需求是指社会经济发展所需要的耕地数量。人们利用耕地主要有两个目的,一是获得食物、衣料、工业原料等生活和生产资料,二是获得良好的生存环境。对耕地需求数量的大小,主要决定于社会经济发展的水平和人口的发展状况。耕地的需求往往对耕地的开发利用具有极大的影响。在耕地供给与需求不能平衡时,往往需要通过调整供求达到供求平衡的目的。

第三节　土地用途管制的耕地保护绩效分析

一、市场条件下农地与市地的博弈

假设某地区土地数量固定,仅能供农业与非农业建设活动使用,即只有农地与市地两种用地类型。市场是一个逐利系统,以追求经济利益最大化为目的。在土地数量有限的情况下,不同使用间边际收益相等时,土地达到最优分配。但这里的收益仅仅是农地和市地的经济收益,农地的环境价值、社会保障价值等非生产价值在市场中无法表达。如图 4—12,横轴表示土地数量,OL 为某地区土地总量,纵轴代表边际收益，其随着使用土地数量的增加而减少。MB_a 为农地使用边际收益曲线，MB_u 为市地使用边际收益曲线，两者相交于 E 点，决定最优土地配置。其中，OL_u^* 供非农建设使用，L_u^*L 供农业活动使用。

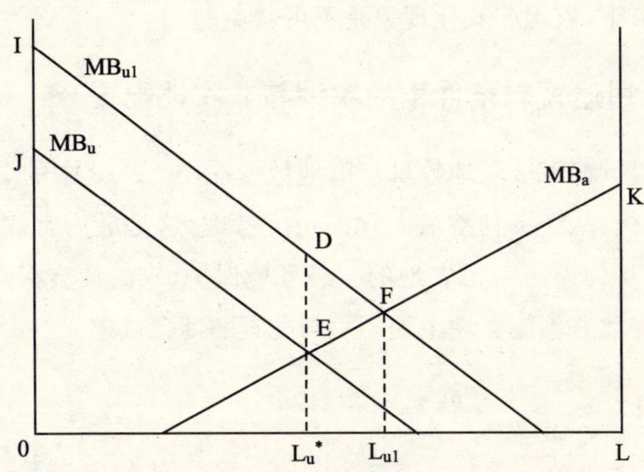

图 4—12　经济利益驱动下的土地分配模型

随着人口增加、社会条件改变，使用土地者增多，土地须更集约利用，导致市地使用的边际收益增加，如图 4—12 所示，MB_u 曲线向上移至 MB_{u1} 曲线，即 $MB_{u1}(L_u^*) > MB_a(L_u^*)$。若使之恢复均衡，有三种方法：一是降低市地使用边际收益，二是提升农地使用边际收益，三是施放 $L_u^*L_{u1}$ 数量的农地使之非农化。降低市地边际收益将减少社会福利，不可取也不可能。一般而言，提高农地使用边际收益的方法，亦即使 MB_a 曲线上移的方式，不外乎从提高农地产值及降低农业生产成本两方面着手。前者可通过农产品价格提高或增加产出实现，但事实上农产品为日常生活必需品，长久以来，从安定人们生活、保持全社会稳定的角度，不可能明显提高农产品价格；其次，中国农业当前仍然是劳动密集型产业，机械化程度很低，因此降低农业生产劳动成本非常不容易。所以，提高农业边际收益的方式困难重重。由此可以得出结论，在仅考虑经济效益的市场这一“看不见的手”的调节下，农地非农化现象是不可避免的。[3]

二、用途管制条件下的农地与非农地配置

在市场调节下，农地数量与市地数量在图 4—13 中的 F 点建立了新的平衡，从经济利益最大化的角度考虑，这是最为有效的配置。但由于市场体系不考虑农地的生态环境保护、农民社会保障等非生产价值，因此并不能实现土地利用与配置的社会效率。

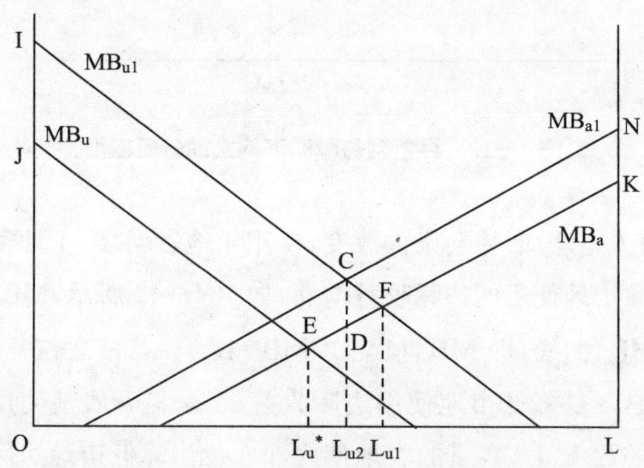

图 4—13 用途管制下的土地资源配置

若考虑农地的非生产价值，则农地使用边际收益曲线将上移，如图 4—13 中的 MB_{a1}。MB_{a1} 与 MB_{u1} 相交于 C 点，此点即为社会效率

最大化的新的均衡点。在此点处，OL_{u2}的土地供非农建设使用，$L_{u2}L$的土地供农业活动使用，这是社会效益最大化的土地资源配置方式，较之市场配置可增加四边形 KNCF 的社会利益。若政府通过土地用途管制将市地最大量控制为OL_{u2}，则在社会整体利益最大化的前提下，较之市场配置可保护$L_{u2}L_{u1}$的农地不被建设占用，这就是土地用途管制条件下的农地（耕地）保护机制。

三、土地用途管制的耕地保护绩效

土地用途管制的目的在于合理保护耕地资源，严格控制农地转作他用，寻求既保护耕地和农产品尤其是粮食的安全供应，又保障非农用地的合理要求得到满足，提高土地资源配置效率，以实现土地资源可持续利用管理。因此，从理论上看，实施土地用途管制制度之后，土地资源的供求关系和价格运行机制都将发生明显变化。[4]

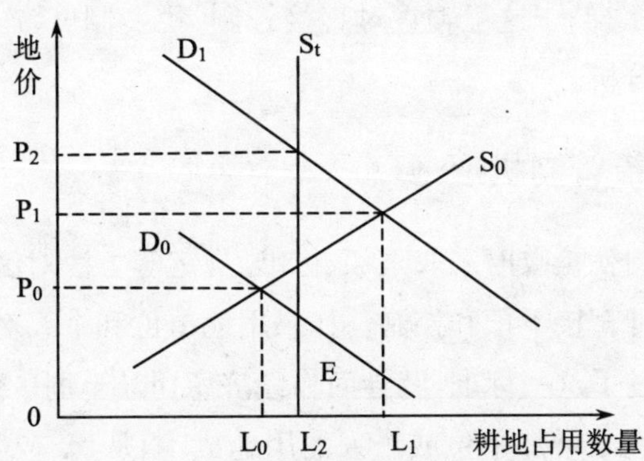

图 4—14　土地用途管制的耕地保护绩效

如图 4—14，D_0 为耕地占用需求曲线，在实行耕地占用分级限额审批制度时的土地供给曲线为 S_0，实施土地用途管制制度之后，耕地占用的供给曲线为 S_t，当社会经济发展对于耕地非农化需求的数量增加而达到 D_1 时，这时耕地占用管制价格为 P_2，而如果实行分级限额审批制度，这时耕地资源占用价格为 P_1，耕地占用需求量为 L_1，比实行土地用途管制时的耕地占用数量增加了（L_1-L_2）。以上分析可以看出，土地用途管制制度比分级限额审批制度更为有效地保护了耕地资源。[5]

第四节　土地用途管制的耕地保护机理

土地用途管制有多种实施方式，从美国对基本农田管制的经验看，从最初的直接管制到间接的公众资金激励，如补偿管制（compensable regulation）、开发权转移（transfer of development rights，TDR）、土地银行（bank of land）、优惠估价（preferential assessment），多种多样。[6]这里着重对直接管制、税费制度、产权安排的机理进行理论分析。[7~9]

一、直接管制机理

直接管制就是政府采取限额、标准、规定等方法对区域土地利用的数量等进行直接干预和控制。如果用地单位和个人对区域土地资源的利用超过了这一标准，就会面临经济惩罚甚至刑事惩罚，因而它能在一定程度上增加单位或个人的用地成本，从而有利于政府管制土地目标的实现，其作用机理见图 4—15。

在图 4—15 中，MSC 为边际社会成本，即因为多占用一个单位耕地面积而导致的社会效益损失（如粮食等农产品价格上涨而影响社会稳定、生态效益损失等）；MPC 为边际私人成本，即因为多占用

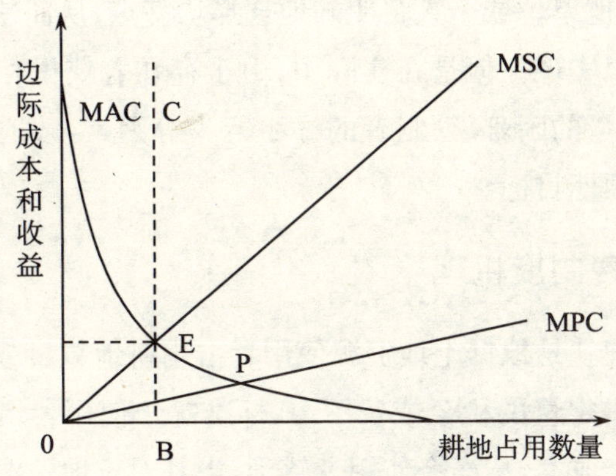

图 4—15　政府直接管制机理

资料来源：郭川(2000)，黄贤金、王静、濮励杰等(2003)。

一个单位耕地面积而导致的占用者成本的增加；MAC 为边际耕地减少控制成本，即少占用一个单位面积的耕地而带来的总成本(如土地管理投入的增加，工业化、城市化成本增加等)。显然，从私人利益得以充分实现的角度来看，耕地占用者(单位或个人)占用耕地资源的数量的确定由 MPC 和 MAC 决定，即图中的 P 点，在这一点实现了私人边际成本和收益的均衡；对社会而言，其目标是使增加耕地占用的成本和减少耕地占用的成本之和达到最小，这由 MSC 和 MAC 所决定，即图中的 E 点。

假设政府根据 MSC 和 MAC 曲线决定的耕地占用数量为不得超过的标准数，在图中由 CEB 线所规定，只要用地者的用地数量不超过这一标准，它就可以随心所欲。如果超过这一标准，单位或个人将受到相应的处罚或罚款，这样使得其承受的因为多占用一个单位耕地而增加的边际成本超过了因为未占用该单位耕地而带来的利益损失，因而用地单位或个人将明确地选择均衡点，从而使政府规定的政策目标得以实现。但是在实际中，由于存在着获得相关信息的困难、监督和计量的困难、管制者的寻租行为等因素，政府直接控制有时很难达到预期目标。

二、税费制度机理

税费制度就是根据土地资源使用者占用耕地数量或土地使用数量情况收取一定量的税金或费用，其标准等于使用者增加土地占用所增加的社会成本，从而令使用者感到，当其对土地资源的使用超过一定水平时就不再有利可图。通过税费的作用，使土地利用的外部性成本内部化，将土地占用的私人成本调节到社会成本的水平上，从而建立有利于促进区域土地利用效率提高或耕地保护的经济约束机制。

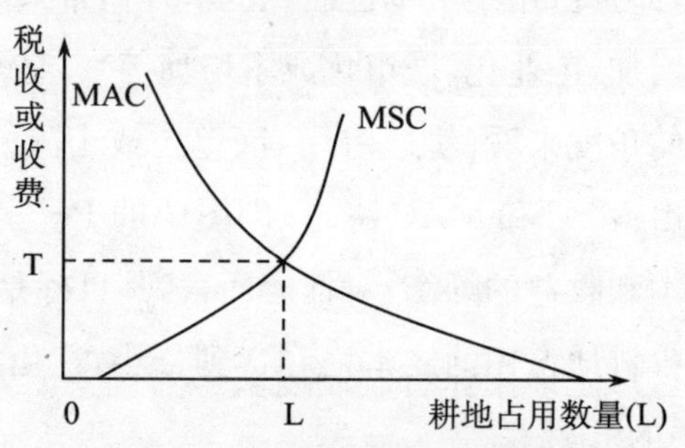

图 4—16 税费方式的作用机理

资料来源：黄贤金、王静、濮励杰等(2003)。

以图 4—16 说明税费手段作用的机理。MSC 为未实施土地用途管制制度时耕地占用的边际社会成本（外部性成本），MAC 为实施土地用途管制制度时耕地占用的边际控制成本（人、财、物的投入等)。当MSC超过一定阈值后就会造成社会损害并呈现递增趋势；MAC随着区域土地用途管制制度的不断实施，其边际费用则相应递减。如果政府对出现的耕地占用外部效果征收税费T，则使用者会自动将其使用水平控制在L水平上。否则，耕地占用行为将是不经济的。因此，只要能够准确地描绘出耕地占用的边际社会成本函数和边际控制成本函数，就可以使税费T正好处于边际社会成本与边际控制成本相等的水平上，从而使耕地占用效益达到最优，使得区域土地用途管制实施管理效果最大化。

中国的耕地占用税、新增建设用地有偿使用费、造地费等的征收就可以在一定程度上促使原想占用耕地的单位和个人，尽量使用现有存量土地，走内涵挖潜的道路，少占或不占耕地，从而减缓了非农用地扩张速度，达到节约利用土地，提高现有非农用地利用效率的目的。

三、产权安排机理

依据科斯定理，政府在有效界定土地产权的前提下，通过向用地者发放可以交易的用地许可证，可以提高区域土地用途管制制度实施管理效率。

假设根据区域土地用途管制制度实施管理要求，发放的可转让的用地许可证体系由下列基本要素构成：第一，许可证的持有者能使用一定数量的规定用途的土地资源；第二，许可证规定的区域土地资源使用总量等于社会有效水平；第三，许可证能够在土地使用者之间自由交换。一般地，可转让许可证制度的运作程序如下：首先由土地资源行政管理机构确定土地的最佳使用水平，印刷与社会有效水平相一致的土地使用许可证，然后将许可证向土地使用者拍卖或无偿分配给土地使用者，每个土地使用者只能使用与其购买的许可证相一致的土地数量，否则将受到严厉的处罚。

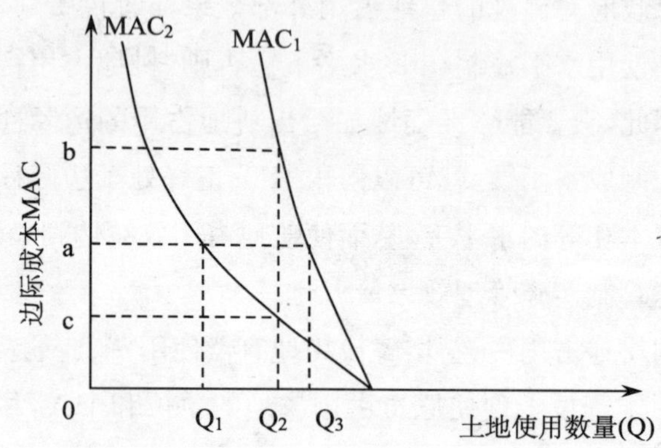

图 4—17　可转让许可证作用机制

资料来源：黄贤金、王静、濮励杰等(2003)。

以图 4—17 说明可转让许可证制度的作用机制。图中 MAC_1 和 MAC_2 分别是两个土地使用者使用土地的边际成本。土地使用者 1 由于面临相对较高的边际成本，因而愿意花费一定的费用如 b 购买土地使用许可证（对应的土地使用量为 Q_2），而该许可证对土地使用者 2 来说价值仅仅为 c，因此土地使用者 2 就会以 c 至 b 之间的价格向土地使用者 1 出售许可证。如果有足够的土地使用者和许可证，一个竞争性的许可证市场就会发生作用。在市场均衡时，许可证的价格将等于所有土地使用者的边际成本。这一制度的实施不仅对于保护耕地资源有积极意义，同时对于保护区域土地生态环境条件也是有积极意义的。

四、适应性分析

从区域资源配置的市场机制发展的阶段性来看，直接管制主要适合于区域资源配置的市场机制还不十分成熟的阶段，区域土地资源配置或分配还在相当程度上依赖于计划管理方式。中国的土地资源管理正处于市场机制的完善和发展阶段，在这一阶段，直接管制对于区域土地资源配置仍然起着十分重要的作用；税费制度则是以土地收益分配制度的完善化为基础的，从中国当前的土地税收体系来看，这一制度若要得到实施，仍然需要不断地探索；产权安排—许可证制度则要以土地产权的清晰界定和土地市场机制的完善为前提，从中国土地产权制度建设和土地市场机制建设的实践来看，这一制度当前可以在土地资源管理的一些领域进行实施。例如，为了实施区域耕地总量动态平衡，一些省内不同地市之间已经存在土地占用补充指标之间的交易。这种交易的适度开展，既不妨碍经济发达区域的经济持续发展，同时也为相对欠发达区域的经济发展尤其是农业发展提供了一定的资金积累。

无论是直接管制方式，还是税费制度以及产权安排—许可证制度，都得以土地信息化为基础。没有有效的土地信息支撑，就难以作出区域土地用途管制的科学决策，尤其是对于用地指标、土地占用的成本—效益的分析、区域不同产业类型的用地需求等的分析更是这样。

参考文献

[1] Eric J. Heiklila. 2004. *The Economics of Land Use Zoning*.
[2] 刘书楷、曲福田:《土地经济学》，中国农业出版社，2004 年。

[3] 陈奉瑶:"农地析出区位选择之研究",(中国台湾)国立政治大学地政学系、私立中国地政研究所,1996 年。

[4] 王万茂:"土地用途管制的实施及其效益的理性分析",《中国土地科学》,1999 年第 3 期。

[5] 刘书楷:《刘书楷论文选集》(第二集),学苑出版社,1999 年,第 227～242 页。

[6] 秦明周、Richard H. Jackson:《美国的土地利用与管制》,科学出版社,2004 年,第 126～138 页。

[7] 黄贤金、王静、濮励杰等:"区域土地用途管制的不同方式",《南京大学学报》(自然科学),2003 年第 3 期。

[8] 郭川:"中国土地用途管制研究"(博士论文),南京农业大学,2000 年。

[9] 曲福田:《资源经济学》,中国农业出版社,2001 年,第 138～144 页。

第五章
耕地保护绩效的定量研究

第一节　虚拟变量与虚拟变量模型

一、虚拟变量的性质

经济变量包括可直接度量的变量和不可直接度量的变量。通常在回归分析中，应变量不仅受一些定量变量的影响，而且还受一些定性变量即属性因素的影响，如性别、种族、宗教、职业等。这样的定性变量通常表明了具备或不具备某种性质，比如，男性或女性、黑人或白人、教师或非教师。把这些定性因素“定量化”的一个方法是建立人工变量，并赋值 0 和 1，0 表示变量不具备某种属性，1 表示变量具备某种属性。例如，1 代表男性，0 代表女性；1 代表某人是黄种人，0 代表某人不是黄种人。

根据属性类型，构造只取值“0”或“1”的人工变量，称为虚拟变量(Dummy Variable)。通常用符号 D 表示虚拟变量，而不是常用的符号 X，用以强调该变量是定性的变量。赋值为 0 的一类常称为基准类(base)、对比类(bench mark)、控制类(control)、遗漏类(omitted category)等。[1]

二、虚拟变量的引入

含有虚拟变量的模型称为虚拟变量模型。虚拟变量在模型中可以作解释变量,也可以作被解释变量,一般是作解释变量。解释变量仅是虚拟变量的模型称为方差分析模型(analysis-of-variance models)(ANOVA);在许多经济研究中,回归模型中的解释变量有些是定量的,有些是定性的,这种回归模型称为协方差模型(ANCOVA)。在模型中,虚拟变量的引入有两种基本方式:加法方式和乘法方式。[2]

(一) 加法方式

设虚拟变量　　$D=\begin{matrix} 1 & \text{反常情况} \\ 0 & \text{正常情况} \end{matrix}$

构建虚拟变量模型:$Y=b_0+b_1X+b_2D+u$ …………… (5—1)

反常情况:$Y=(b_0+b_2)+b_1X+u$

正常情况:$Y=b_0+b_1X+u$

在模型5—1中,虚拟变量D与其他解释变量在模型中是相加关系,故将虚拟变量的这种引入方式称为加法方式。模型5—1表明,正常情况与反常情况的函数具有相同的斜率(b_1)。模型虚拟变量D的系数b_2称为差别截距系数(differential intercept coefficient),因为它表明了取值为1的类的截距值与基准类截距值的差距,增加的一个截距可以认为是虚拟变量带来的影响(图5—1a)。

(二) 乘法方式

设虚拟变量　　$D=\begin{matrix} 1 & \text{反常情况} \\ 0 & \text{正常情况} \end{matrix}$

构建虚拟变量模型：$Y=b_0+b_1X+b_{11}DX+u$ …………（5—2）

反常情况：$Y=b_0+(b_1+b_{11})X+u$

正常情况：$Y=b_0+b_1X+u$

在模型5—2中，虚拟变量与其他解释变量是相乘关系。虚拟变量的这种引入方式称为乘法方式。模型5—2表明，正常情况与反常情况相比斜率发生了变化，b_{11} 为差别斜率（differential slope coefficient），它表明反常情况与正常情况函数的斜率的差距有多大（图5—1b）。

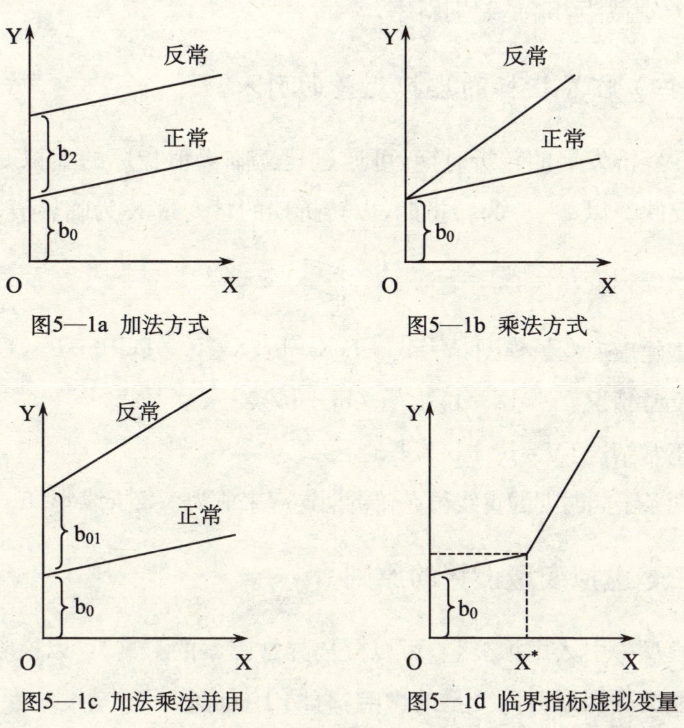

图5—1a 加法方式　图5—1b 乘法方式

图5—1c 加法乘法并用　图5—1d 临界指标虚拟变量

图5—1　虚拟变量的不同引入方式

（三）加法乘法并用

设虚拟变量 D= 1 反常情况
0 正常情况

构建虚拟变量模型：$Y=b_0+b_{01}D+b_1X+b_{11}DX+u$ …… （5—3）

反常情况：$Y=(b_0+b_{01})+(b_1+b_{11})X+u$

正常情况：$Y=b_0+b_1X+u$

反常情况和正常情况相比，截距和斜率都发生了变化（图 5—1c），b_{01}为差别截距，b_{11}是差别斜率。

（四）临界指标的虚拟变量的引入

在经济发展的转折时期，可通过建立临界值指标的虚拟变量模型来反映。以 $t=t^*$ 为转折期，以转折期的自变量 X 为临界值。

设虚拟变量 D= 1 $t\geqslant t^*$
0 $t<t^*$

构建虚拟变量模型：$Y=b_0+b_1X+b_2(X-X^*)D+u$ …… （5—4）

反常情况：$Y=b_0-b_2X^*+(b_1+b_2)X+u$

正常情况：$Y=b_0+b_1X+u$

两条不同时期的直线可在转折期连起来成为一条折线（图 5—1d）。

三、虚拟变量设置的原则

模型中引入虚拟变量，可以分离异常因素的影响，可以检验不同的属性类别因素对因变量的影响，有助于提高模型的精度。

在模型中引入多个虚拟变量时，虚拟变量的个数应按下列原则确定：如果有 m 种互斥的属性类型，在模型中引入（m－1）个虚拟变量。如果不遵循这个规则，就会陷入虚拟变量陷阱（dummy variable trap），也即完全多重共线性（perfect multicollinerarity）情形。[1]

第二节　全国土地用途管制的耕地保护绩效定量分析

一、指标选择

耕地减少主要有以下原因：建设占用、农业结构调整、生态退耕和灾害损毁（表5—1）。1989～2004年（未含1996和1997年）全国年内减少耕地累计14 385 948.6公顷，其中建设占用耕地2 284 815.1公顷，占15.88％；农业结构调整转用耕地4 539 095.0公顷，占31.55％；生态退耕6 308 462.0公顷，占43.85％；灾害损毁耕地1 253 576.6公顷，占8.71％。一般认为，农业结构调整和生态退耕虽然占用较多耕地，但具有可逆性，不构成实质性耕地损失，园地、经济林地、鱼塘、藕塘等在市场调配下可以再变更为耕地，如1998～2004年通过农业结构调整，年内增加耕地累计就达到928 201.5公顷。灾毁耕地主要是自然原因造成的，基本无法控制，所占比重不大，且灾害退去后被毁耕的土地不少可以复耕，如泄洪区内被洪水吞噬的耕地，待洪水退去后仍然可以耕作。建设用地包括国家建设用地、集体建设用地和农村个人建房占地，随着国民经济的迅猛发展和人民生活水平的提高，扩张速度越来越快，且具有用途变更的困难性，所以构成耕地的实质性减少。因此，考察土地用途管制对耕地的保护绩效，主要应测度其对建设占用耕地的控制效果。

表5—1 1989～2004年中国耕地年内减少数量和结构(亩)

年份	建设占用	灾毁耕地	生态退耕	结构调整	Σ
1989	1 338 709	1 454 614	—	3 466 454	6 259 777
1990	1 240 027	840 681	—	3 114 774	5 195 482
1991	1 537 254	1 665 200	—	3 522 760	6 725 214
1992	2 333 101	1 483 679	—	6 792 090	10 608 870
1993	2 017 197	1 010 359	—	6 351 365	9 378 921
1994	1 997 098	2 114 565	—	7 666 871	11 778 534
1995	2 407 346	1 886 112	—	7 677 378	11 970 836
1998	2 642 791	2 392 779	2 469 147	1 051 365	8 556 081
1999	3 078 877	2 020 198	5 919 215	1 606 862	12 625 152
2000	2 448 883	926 073	11 442 317	8 673 371	23 490 643
2001	2 454 809	458 685	8 860 339	1 625 192	13 399 026
2002	2 947 494	845 080	21 383 287	5 235 143	30 411 004
2003	3 436 586	756 375	33 559 636	5 462 281	43 214 878
2004	4 392 054	949 251	10 992 988	5 840 518	22 174 810

资料来源：国家土地管理局《土地综合统计年报》(1989～1996)，国土资源部《国土资源综合统计年报》(1998～2004)。

建设占用耕地的根本驱动力来自于经济的发展、人口数量的增长与结构变动，直接驱动力来自GDP增长、城市化水平的提高、工业产值的增加、固定资产投资不断攀升的拉动等。通过对1989～2004年中国建设占用耕地与GDP、工业产值、固定资产投资、总人口、非农业人口、非农业人口占总人口的比重、城市化水平等指标(表5—2)进行相关分析，发现建设占用耕地与GDP、城市化率、固定资产投资中的基本建设投资的相关性较好，相关系数分别为0.906 7、0.850 2、

表 5—2　几个影响建设占用耕地的经济指标

年份	GDP（亿元）	非农业人口(万人)	工业总产值(亿元)	固定资产投资(亿元)	基本建设投资(亿元)	总人口（万人）	非农人口/总人口	城市化率(%)
1989	15 589.9	20 850	22 016.6	4 137.7	1 551.7	110 483	0.188 7	26.21
1990	17 177.5	21 414	23 923.5	5 551.2	1 703.8	113 189	0.189 2	26.41
1991	19 555.2	21 972	28 248.3	6 103.5	2 115.8	115 362	0.190 5	26.37
1992	25 434.3	23 092	37 066.5	7 855.0	3 012.7	116 570	0.198 1	27.63
1993	34 219.1	24 289	55 521.8	12 457.9	4 615.5	117 736	0.206 3	28.14
1994	45 383.7	25 621	76 909.7	16 370.3	6 436.7	118 871	0.215 5	28.62
1995	57 632.0	26 941	91 896.7	20 019.3	7 403.6	123 669	0.217 8	29.04
1996	68 311.9	27 564	99 595.3	22 974.0	8 570.8	121 295	0.227 2	30.48
1997	76 825.4	28 503	113 732.8	24 941.1	9 917.0	122 322	0.233 0	31.91
1998	82 494.3	28 999	119 048.1	28 406.3	11 916.4	123 192	0.235 4	33.35
1999	87 671.1	29 779	72 707.0	29 854.7	12 455.3	124 219	0.239 7	34.78
2000	97 210.3	30 873	85 673.7	32 925.7	13 427.3	126 228	0.244 6	36.22
2001	106 766.3	31 922	95 467.0	37 213.5	14 820.1	126 783	0.251 8	37.66
2002	117 514.8	32 885	110 776.5	72 489.9	17 666.6	127 518	0.257 9	39.09
2003	135 529.1	35 541	142 271.2	55 566.6	22 908.6	128 374	0.276 9	40.53
2004	163 240.4	39 141	197 078.6	70 387.8	42 833.9	129 415	0.302 4	41.76

资料来源：相关年份的《中国统计年鉴》。

0.902 4,在 $\alpha=1\%$ 的水平上非常显著。因此,选取 GDP、城市化率、基本建设投资作为解释变量,分别建立虚拟变量模型,利用它们对建设占用耕地的弹性,刻画土地用途管制的耕地保护绩效。

二、基于 GDP 的分析

(一) 模型设定

制度属于属性因素,难以直接度量其大小。为了测量土地用途管制制度对耕地保护的绩效,将其设定为虚拟变量 D,以乘法方式引入,建立虚拟变量模型[3]:

$$Y=b_0+b_1X+b_2DX+\varepsilon \quad (5\text{—}5)$$

式中:Y——建设占用耕地的数量;

X——国内生产总值(GDP);

D——虚拟变量。实施用途管制前取值为 0,实施用途管制后取值为 1;

b_0、b_1、b_2 为变量系数,ε 为随机扰动项。

该模型实际包含两个函数:

$$Y=b_0+b_1X+\varepsilon \quad (5\text{—}5\text{—}1)$$

$$Y=b_0+(b_1+b_2)X+\varepsilon \quad (5\text{—}5\text{—}2)$$

函数式 5—5—1 为实施用途管制之前建设占用耕地和 GDP 之间的关系函数;函数式 5—5—2 为实施用途管制之后建设占用耕地和 GDP 之间的关系函数。可以看出,两个函数的解释变量系数发生了变化,即 GDP 的边际耕地占用量发生了变化。若 $b_2<0$,则 $(b_1+b_2)<b_2$,说明实施土地用途管制后,单位 GDP 增长所导致的耕地占用量减少,土地用途管制制度的耕地保护绩效可以肯定;若 $b_2\geqslant 0$,则

$(b_1+b_2)\geqslant b_1$，说明单位 GDP 增长所导致的耕地占用量增加或没有变化，土地用途管制在耕地保护中无绩效或产生负的绩效。

表 5—3　中国 1989～2004 年建设占用耕地和 GDP 数据

年份	建设占用耕地面积(公顷)	GDP(亿元)	D	DX
1989	89 247	15 589.9	0	0
1990	82 668	17 177.5	0	0
1991	102 484	19 555.2	0	0
1992	155 540	25 434.3	0	0
1993	134 480	34 219.1	0	0
1994	133 140	45 383.7	0	0
1995	160 490	57 632.0	0	0
1996	177 245	68 311.9	0	0
1997	194 000	76 825.4	0	0
1998	176 186	82 494.3	1	82 494.3
1999	205 258	87 671.1	1	87 671.1
2000	163 259	97 210.3	1	97 210.3
2001	163 654	106 766.3	1	106 766.3
2002	196 500	117 514.8	1	117 514.8
2003	229 106	135 529.1	1	135 529.1
2004	292 804	163 240.4	1	163 240.4

资料来源：建设占用耕地数据依据国家土地管理局《土地综合统计年报》(1989～1996)、国土资源部《国土资源综合统计年报》(1998～2004)整理而成；GDP 数据来自相关年份《中国统计年鉴》(1990～2005)。

(二) 模型求解

采用表 5—3 中的变量数据，运用经济计量分析软件 Eviews 求解，结果见表 5—4。

表 5—4　Eviews 模型求解结果

变量	变量系数	标准差	t 检验	伴随概率
b_0	71 958.43	13 870.12	5.188 0	0.000 2
X	1.592 6	0.310 5	5.129 2	0.000 2
DX	−0.414 5	0.229 5	−1.806 0	0.094 1
F-statistic:39.196 7	R^2:0.857 8	Adjusted R^2:0.835 9		0.000 003

据表 5—4 得回归模型：

$\hat{Y}=71\,958.43+1.592\,603X-0.414\,525DX$ ………… (5—6)

给定显著水平 $\alpha=0.05$，$t_x=5.129\,24>t_{\alpha/2}=2.160$；给定显著水平 $\alpha=0.10$，$|t_{DX}|=1.806\,0>t_{\alpha/2}=1.771$。表明主要变量参数均通过显著性检验。

给定显著水平 $\alpha=0.05$，$F=39.196\,9>F_{0.01(2,13)}=6.70$，表明回归总体线性显著；调整可决系数 $R^2=0.835\,9$，模型拟合优度较好，模型能以 83.59%的比例解释建设占用耕地的变动对 GDP 增长的依赖程度。

（三）耕地保护绩效分析

分析回归模型 5—6。当 D=0 时：

$\hat{Y}=71\,958.43+1.592\,603X$ ………………………… (5—6—1)

当 D=1 时：

$\hat{Y}=71\,958.43+1.178\,078X$ ………………………… (5—6—2)

5—6—1 式表明，1989～1997 年未实施土地用途管制期间，GDP 每增加 1 亿元，导致 1.592 63 公顷耕地的增量建设占用；5—6—2 式表明，1998 年对土地实施管制后，每增加 1 亿元 GDP，导致 1.178 078 公顷耕地的建设增量占用，较之用途管制前，每 1 亿元 GDP 产值可节约占用耕地 0.414 525 公顷。1998～2004 年中国 GDP 累计总值为 790 426.3 亿元人民币，共可节约建设占用耕地 327 651.5 公顷（4 914 772 亩），平均每年节约建设占用耕地 46 807.4 公顷（327 651.5 亩），表明中国土地用途管制制度的耕地保护绩效非常显著。

三、基于城市化率的分析

设定虚拟变量回归模型：

$$Y = b_0 + b_1 X + b_2 DX + \varepsilon \qquad (5—7)$$

式中：Y——建设占用耕地的数量；

X——城市化率（%）；

D——虚拟变量。实施用途管制前取值为 0，实施用途管制后取值为 1；

b_0、b_1、b_2 为变量系数，ε 为随机扰动项。

表 5—5　中国 1989～2004 年建设占用耕地和城市化率数据

年份	建设占用耕地面积（公顷）	城市化率（%）	D	DX
1989	89 247	26.21	0	0
1990	82 668	26.41	0	0
1991	102 484	26.37	0	0
1992	155 540	27.63	0	0
1993	134 480	28.14	0	0
1994	133 140	28.62	0	0
1995	160 490	29.04	0	0
1996	177 245	30.48	0	0
1997	194 000	31.91	0	0
1998	176 186	33.35	1	33.35
1999	205 258	34.78	1	34.78
2000	163 259	36.22	1	36.22

续表

年份	建设占用耕地面积(公顷)	城市化率(%)	D	DX
2001	163 654	37.66	1	37.66
2002	196 500	39.09	1	39.09
2003	229 106	40.53	1	40.53
2004	292 804	41.76	1	41.76

资料来源：建设占用耕地数据来自国家土地管理局《土地综合统计年报》(1989～1996)、国土资源部《国土资源综合统计年报》(1998～2004)；城市化率依据相关年份《中国统计年鉴》(1990～2005)计算整理而成。

依据表5—5中的数据，运用计量经济软件Eviews进行求解，运算结果见表5—6。据此结果得回归模型：

$$\hat{Y}=292\ 132.2+15\ 156.93X-1\ 989.984DX \quad \cdots\cdots\cdots\cdots \quad (5—8)$$

给定显著水平 $\alpha=0.05$，$t_x=4.641\ 1>t_{\alpha/2}=2.160$，$|t_{DX}|=2.209\ 4>t_{\alpha/2}=2.160$，表明主要变量参数均通过显著性检验；给定显著水平 $\alpha=0.05$，$F=25.754\ 5>F_{0.01(2,13)}=6.70$，表明回归总体线性显著；调整可决系数 $R^2=0.767\ 5$，模型拟合优度较好，模型能以76.75%的比例解释建设占用耕地的变动对城市化水平的依赖程度。

表5—6　Eviews模型求解结果

变量	变量系数	标准差	t检验	伴随概率
b_0	292 132.2	92 456.49	−3.159 7	0.007 5
X	15 156.93	3 265.82	4.641 1	0.000 5
DX	1 989.984	900.65	−2.209 5	0.045 7
F-statistic:25.754 5	R^2:0.798 5	Adjusted R^2:0.767 5		0.000 03

分析回归模型5—8。当D=0时：

$$\hat{Y}=292\ 132.2+15\ 156.93X \quad \cdots\cdots\cdots\cdots \quad (5—8—1)$$

当D=1时：

$\hat{Y}=292\ 132.2+13\ 166.946X$ …………………………（5—8—2）

5—8—1 式表明，1989～1997 年未实施土地用途管制期间，城市化率每提高一个百分点，导致 15 156.93 公顷耕地的增量建设占用；5—8—2 式表明，1998 年对土地实施管制后，城市化率每提高一个百分点，导致 13 166.946 公顷耕地的建设增量占用，较之用途管制前，城市化率每提高一个百分点节约占用耕地 1 989.984 公顷。2005 年中国城市化率已经达到 43%，较之 1997 年提高了 11.09 个百分点，在土地用途管制制度的制约下，城市化水平的提高节约建设占用耕地 22 068.92 公顷（331 034 亩），表明中国土地用途管制制度在一定程度上控制了城市空间的盲目扩张，耕地保护绩效显著。

模型分析结果与观测统计结果表现出一致性。改革开放以后，中国的城市建设速度加快，城市化水平不断提高。城市数量由 1985 年底的 324 座增加到 2004 年底的 661 座；建成区面积由 1985 年的 9 386 平方千米扩展到 2004 年的 30 406 平方千米，20 年内增长了 2.2 倍多，城市化率由 1985 年的 23.71%提高到 2004 年的 41.76%（表 5—7）。城市人口密度由 1985 年的 262 人/平方千米增加到 2004 年的 865 人/平方千米，但城市人口密度的变化表现出一定的阶段性，1997 年之前城市人口密度增长缓慢，1997 年之后城市人口密度快速提高，2000 年后出现了一个跃升（图 5—2）。可以认为这种变化是以“保护耕地，控制建设用地”为核心目标的土地用途管制制度的实施和不断加强的一个结果。这种变化也折射出土地用途管制制度的耕地保护绩效①。

① 1997 年中共中央、国务院 11 号文件“关于进一步加强土地管理切实保护耕地的通知”提出要用世界上最严格的措施管理土地，实施土地用途管制制度，保护耕地；1998 年 8 月 29 日颁布的“中华人民共和国土地管理法”正式确立了土地用途管制制度；此后，在这一制度统领下，耕地保护、建设用地控制不断加强。

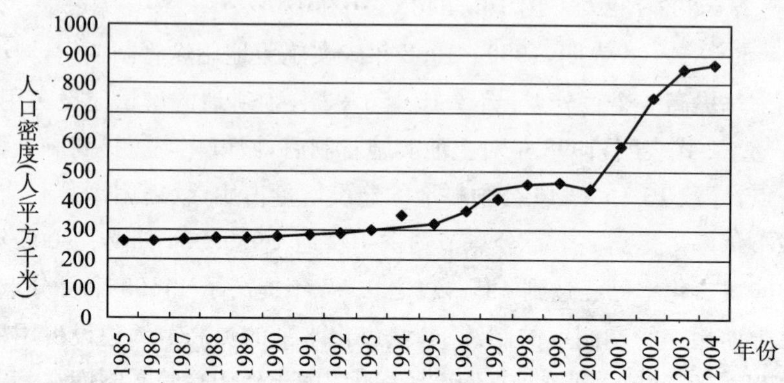

图 5—2　中国城市人口密度的变动趋势

表 5—7　中国城市建成区面积与城市人口密度

年　份	1985	1990	1995	1996	1997	1998
建成区面积（平方千米）	9 386	12 856	19 264	20 214	20 791	21 380
人口密度（人/平方千米）	262	279	322	367	440	459
城市化率(%)	23.71	26.41	29.04	30.48	31.91	33.35
年　份	1999	2000	2001	2002	2003	2004
建成区面积（平方千米）	21 525	22 439	24 027	25 973	28 308	30 406
人口密度（人/平方千米）	462	442	588	754	847	865
城市化率(%)	34.78	36.22	37.66	39.09	40.53	41.76

表5—8　中国1989～2004年建设占用耕地和基本建设投资数据

年份	建设占用耕地面积(公顷)	基本建设投资(亿元)	D	DX
1989	89 247	1 551.7	0	0
1990	82 668	1 703.8	0	0
1991	102 484	2 115.8	0	0
1992	155 540	3 012.7	0	0
1993	134 480	4 615.5	0	0
1994	133 140	6 436.7	0	0
1995	160 490	7 403.6	0	0
1996	177 245	8 570.8	0	0
1997	194 000	9 917.0	0	0
1998	176 186	11 916.4	1	11 916.4
1999	205 258	12 455.3	1	12 455.3
2000	163 259	13 427.3	1	13 427.3
2001	163 654	14 820.1	1	14 820.1
2002	196 500	17 666.6	1	17 666.6
2003	229 106	22 908.6	1	22 908.6
2004	292 804	42 833.9	1	42 833.9

资料来源:建设占用耕地数据来自国家土地管理局《土地综合统计年报》(1989～1996),国土资源部《国土资源综合统计年报》(1998～2004)。

四、基于基本建设投资的分析

基本建设投资是指投入基本建设方面的资金,它是固定资产投资的重要组成部分。具体包括:①为经济、科技和社会发展而平地起家的新建项目;②为扩大生产力(或新增效益)而增建分厂、主要生产车间、矿井、铁路干支线(包括复线)、码头、泊位等扩建项目;③为改善生产力布局而进行的全厂性迁建的项目;④为遭受各种灾害、毁坏严重、需要重建的整个企事业恢复性项目;⑤为没有折旧基金或固定收入的行政、事业单位增建业务用房或职工宿舍等项目的投资。基本建设投资是建设占用耕地的重要驱动力，在中国两者的相关系数为 0.902 4，在 $\alpha=1\%$ 的水平上非常显著。

设定虚拟变量回归模型：

$Y=b_0+b_1X+b_2DX+\varepsilon$ ………………………………… (5—9)

式中：Y——建设占用耕地的数量；

X——基本建设投资；

D——虚拟变量。实施用途管制前取值为 0，实施用途管制后取值为 1；

b_0、b_1、b_2 为变量系数，ε 为随机扰动项。

依据表 5—8 中的数据，运用计量经济软件 Eviews 进行求解，运算结果见表 5—9。据此结果得回归模型(5—10)：

表 5—9　Eviews 模型求解结果

变量	变量系数	标准差	t 检验	伴随概率
b_0	99 647.63	11 221.99	8.879 7	0.000 0
X	8.295 747	2.071 981	4.003 8	0.001 5
DX	−3.255 081	1.773 795	−1.835 1	0.089 5
F-statistic：37.577 4	R^2：0.852 5	Adjusted R^2：0.829 8		0.000 004

$\hat{Y}=99\,647.63+8.295\,747X-3.255\,081DX$ ……… (5—10)

给定显著水平 $\alpha=0.05$，$t_x=4.003\,8>t_{\alpha/2}=2.160$；$\alpha=0.10$，$|t_{DX}|=1.773\,8>t_{\alpha/2}=1.771$，表明主要变量参数均通过显著性检验；给定显著水平 $\alpha=0.05$，$F=37.577\,4>F_{0.01(2,13)}=6.70$，表明回归总体线性显著；调整可决系数 $R^2=0.829\,8$，模型拟合优度较好，模型能以 82.98%的比例解释建设占用耕地的变动对基本建设投资

的依赖程度。

分析回归模型 5—10。当 D=0 时：

$\hat{Y}$=99 647.63+8.295 747X ……………………… (5—10—1)

当 D=1 时：

$\hat{Y}$=99 647.63+5.040 666X ……………………… (5—10—2)

5—10—1 式表明，1989～1997 年未实施土地用途管制期间，每增加 1 亿元基本建设投资，可引起 8.295 747 公顷耕地的增量建设占用；5—10—2 式表明，1998 年对土地实施管制后，基本建设投资每增加 1 亿元，可导致 5.040 666 公顷耕地的建设增量占用，较之土地用途管制前，基本建设投资每增加 1 亿元投资可节约建设占用耕地 3.255 081 公顷。1998～2004 年，中国历年基本建设投资总和为 136 028.2 亿元，依据 3.255 081 公顷节约边际，共可节约建设占用耕地 442 782.8 公顷（6 641 742 亩），每年可节约建设占用耕地 63 254.69 公顷（948 820 亩），可见土地用途管制制度的耕地保护绩效非常显著。

总之，基于 GDP、城市化率、基本建设投资等解释变量的虚拟变量模型结果，均表明土地用途管制有效阻滞了建设占用耕地的速度，对于缓解人地矛盾，保证粮食安全，有积极作用，值得充分肯定，应长期坚持。

第三节　耕地保护绩效的省际差异

一、基于基本建设投资的虚拟变量模型分析

综合考虑数据的可获得性、模型拟合优度、可决系数等因素，选择基本建设投资作为解释变量，通过虚拟变量模型研究耕地保护绩

表 5—10 1989～2004 年各省份历年建设占用耕地数量(公顷)

省份＼年份	1989	1990	1991	1992	1993	1994	1995	1996	1997	1998	1999	2000	2001	2002	2003	2004
北京	1 410	1 395	1 720	2 742	3 308	3 072	2 936	1 137	—	1 756	1 966	2 465	15 518	7 328	3 465	7 689
天津	1 091	426	803	563	1 872	1 835	672	788	—	1 411	771	1 515	2 229	2 014	1 794	18 392
河北	6 245	5 322	7 636	5 288	5 554	6 629	8 534	6 881	—	11 014	16 396	9 534	6 672	9 040	7 884	7 003
山西	2 748	2 330	2 035	3 818	2 881	3 231	3 523	2 685	—	4 246	7 980	5 404	4 672	5 800	5 219	6 497
内蒙古	2 320	2 373	2 945	3 121	2 128	5 420	1 441	1 160	—	7 589	4 110	1 781	2 846	4 494	4 999	3 867
辽宁	2 952	2 201	4 114	5 966	6 059	3 911	16 914	3 167	—	4 448	9 309	4 461	2 722	2 922	3 038	19 695
吉林	1 012	815	1 146	1 371	1 878	1 497	1 838	856	—	896	3 609	3 073	1 668	1 842	1 917	2 867
黑龙江	9 588	10 127	5 927	4 504	4 281	2 524	2 975	1 502	—	11 617	9 292	4 175	3 897	2 353	2 011	4 612
上海	1 217	1 089	2 520	14 432	7 271	7 418	2 915	3 305	—	7 705	2 726	24 304	2 347	4 159	7 595	6 248
江苏	7 202	6 659	9 558	14 452	7 714	11 368	18 131	9 517	—	13 928	13 220	8 709	17 152	28 110	27 811	46 709
浙江	3 213	2 913	4 169	7 082	8 378	9 397	9 269	6 617	—	7 963	7 591	11 919	18 137	25 254	28 566	24 501
安徽	10 111	8 113	12 418	11 554	7 661	7 561	7 085	4 795	—	6 728	7 684	4 238	6 109	5 315	10 100	12 783
福建	1 623	1 201	1 109	2 465	4 362	4 339	3 184	6 466	—	8 613	4 992	5 298	3 091	3 952	6 264	5 723
江西	928	673	764	1 376	1 010	1 528	2 473	1 201	—	1 506	4 447	2 333	2 955	6 541	8 065	4 808
山东	6 159	6 057	6 973	11 381	5 763	7 802	7 257	6 238	—	13 369	14 982	17 161	20 452	26 137	33 533	33 946
河南	4 830	4 769	7 780	8 781	10 382	10 099	11 564	2 570	—	794	8 082	6 313	7 882	10 966	21 951	14 814

续表

省份＼年份	1989	1990	1991	1992	1993	1994	1995	1996	1997	1998	1999	2000	2001	2002	2003	2004
湖　北	4 463	3 874	7 043	4 887	7 315	5 150	17 405	2 334	—	2 926	6 563	4 564	5 158	5 847	5 397	6 821
湖　南	1 873	2 034	2 170	2 944	2 653	3 615	6 030	3 109	—	2 761	5 676	4 165	3 573	3 373	4 029	4 163
广　东	3 109	2 540	4 042	12 984	16 206	9 697	7 921	6 176	—	12 051	13 284	6 836	5 947	5 721	7 632	8 078
广　西	1 247	787	1 160	7 697	4 208	3 309	2 890	1 218	—	3 687	4 618	3 121	3 414	4 233	2 490	6 707
海　南	1 006	926	929	1 244	2 327	1 544	1 696	441	—	1 526	372	491	72	261	114	423
四　川	4 569	5 784	6 097	11 782	5 444	7 781	6 638	7 185	—	23 005	24 498	10 658	11 878	9 953	12 642	18 063
贵　州	1 023	876	1 404	1 386	2 220	1 808	2 667	1 385	—	3 091	11 058	2 736	3 040	2 715	4 137	4 564
云　南	1 585	1 588	1 718	3 362	5 275	5 174	3 055	2 319	—	4 897	9 119	7 999	3 757	5 197	5 600	8 526
西　藏	747	751	751	751	751	751	751	208	—	48	66	100	135	241	524	484
陕　西	2 652	2 597	2 878	3 745	3 249	2 835	5 189	2 244	—	5 284	3 957	3 876	3 932	4 866	5 133	7 127
甘　肃	1 374	1 507	1 298	2 007	1 702	1 435	1 248	1 074	—	2 433	1 810	2 177	1 234	1 724	1 646	2 063
青　海	228	144	233	244	254	214	216	213	—	298	315	426	853	1 425	779	317
宁　夏	261	262	998	478	522	304	1 257	431	—	1 094	700	731	978	1 093	2 361	3 400
新　疆	2 443	2 537	3 767	3 133	1 854	1 893	2 817	977	—	2 358	6 067	2 698	1 334	3 624	2 409	1 914

资料来源:据国家土地管理局《土地综合统计年报》(1995～1999)、国土资源部《国土资源综合统计年报》(1998～2004)计算汇总而成;1998 年的数据是根据耕地占补比例推算而来;1996 年的数据来自《中国土地年鉴》(1997)中的建设占用耕地数量。

表 5—11 1989～2004 年中国各省份的基本建设投资（亿元）

年份 省份	1989	1990	1991	1992	1993	1994	1995	1996	1997	1998	1999	2000	2001	2002	2003	2004
北 京	79.8	84.8	86.8	114.9	172.6	285.2	271.3	313.9	374.3	415.5	445.3	447.0	387.3	414.7	558.8	803.4
天 津	37.7	40.1	64.2	80.1	75.8	116.0	161.1	169.6	203.4	262.5	263.0	280.4	309.4	361.9	501.4	778.3
河 北	58.7	62.1	72.9	113.3	163.7	224.0	291.0	375.1	479.4	544.1	581.4	624.5	591.9	597.2	845.9	1 983.0
山 西	50.3	58.5	73.0	88.2	113.4	134.4	130.2	148.1	197.4	255.1	265.1	278.5	329.1	377.2	498.3	1 129.1
内蒙古	27.6	33.9	49.8	82.0	122.8	128.8	121.8	139.5	157.4	172.9	172.3	229.4	268.8	409.1	750.7	1 526.7
辽 宁	106.5	106.0	128.1	170.9	269.5	329.7	324.9	326.3	397.3	438.1	421.7	451.4	490.8	529.0	683.2	1 749.5
吉 林	29.1	29.1	40.5	62.1	109.9	136.7	158.2	194.4	177.5	200.8	230.2	276.7	317.9	371.6	433.9	837.9
黑龙江	63.7	67.1	76.0	104.3	151.2	170.5	198.7	232.2	344.3	308.5	340.0	379.8	481.9	495.6	593.1	948.8
上 海	112.5	108.5	108.8	129.6	268.2	503.1	551.9	644.5	762.0	844.2	786.8	703.5	710.5	784.1	899.3	1 619.8
江 苏	74.4	73.5	90.8	148.5	205.8	265.4	343.1	469.0	567.5	712.7	709.4	751.3	839.0	1 145.4	1 918.1	3 644.7
浙 江	41.5	44.0	51.2	79.0	137.5	221.1	306.3	424.2	509.6	619.5	680.4	821.0	979.2	1 167.3	1 643.9	2 555.3
安 徽	33.9	37.6	46.9	66.5	84.6	120.4	170.0	193.1	214.1	251.4	272.3	318.0	347.8	424.4	550.0	1 202.4
福 建	33.8	38.2	48.2	70.9	118.3	173.3	214.0	241.2	274.2	343.6	363.7	334.6	364.1	397.8	471.8	999.5
江 西	23.1	26.0	31.7	41.6	63.3	86.5	101.7	114.5	130.3	173.0	173.2	198.6	228.2	347.9	566.9	1 174.8
山 东	85.6	94.4	111.5	174.3	239.0	315.9	370.0	451.6	513.6	641.0	713.0	762.2	838.4	1 170.0	1 795.1	4 456.3
河 南	54.1	52.3	79.7	101.0	152.8	238.6	319.5	395.7	443.4	518.1	507.9	586.2	633.4	694.4	971.6	2 029.1
湖 北	42.4	52.8	64.1	109.5	175.3	260.4	353.7	398.5	435.6	517.7	557.8	600.4	666.6	746.0	828.5	1 557.5

续表

省份＼年份	1989	1990	1991	1992	1993	1994	1995	1996	1997	1998	1999	2000	2001	2002	2003	2004
湖南	34.7	39.3	53.9	87.6	114.2	157.9	202.1	235.4	237.0	306.6	326.6	367.4	440.4	505.3	599.8	1 260.3
广东	143.5	172.7	213.1	336.4	534.2	840.8	894.1	905.2	891.1	1 039.9	1 191.7	1 133.3	1 205.3	1 311.2	1 828.4	3 357.8
广西	20.8	21.3	28.9	52.2	109.8	140.8	157.1	174.5	183.0	240.5	259.7	267.5	307.6	358.2	460.9	820.0
海南	20.0	22.1	25.1	43.4	89.3	123.2	124.3	138.2	126.9	135.7	137.8	132.0	131.1	149.7	179.7	199.3
四川	81.8	89.8	121.0	160.2	221.9	297.3	350.1	417.9	549.5	716.4	742.4	852.5	957.9	1 186.4	1 518.1	2 658.8
贵州	17.8	20.6	25.7	34.4	44.0	57.9	65.7	85.7	95.8	126.0	130.4	148.0	235.5	306.6	380.1	624.8
云南	22.2	27.2	37.4	61.4	103.3	122.8	147.8	168.3	225.8	297.9	320.9	341.9	348.2	392.2	493.1	900.7
西藏	4.3	6.5	9.5	11.9	16.2	18.2	31.2	28.7	30.3	35.3	46.0	54.7	71.7	85.9	118.3	142.1
陕西	38.7	41.3	46.5	51.1	86.8	104.6	120.8	135.3	173.9	251.0	279.4	303.6	372.4	459.7	627.1	1 049.3
甘肃	25.8	29.0	34.0	39.2	42.9	58.2	62.6	101.4	121.7	157.1	187.5	208.3	228.6	263.1	307.3	566.8
青海	12.6	13.4	15.1	17.7	28.9	28.3	31.8	51.4	58.4	72.9	72.8	99.0	132.5	161.9	164.8	239.9
宁夏	7.9	10.4	13.8	16.6	18.6	25.1	26.7	37.5	47.3	58.4	69.1	86.2	101.6	121.7	162.3	238.1
新疆	32.0	48.0	59.4	105.5	144.9	168.9	182.2	212.9	256.0	332.1	332.8	392.8	400.3	490.9	621.6	869.2

资料来源：相应年份的《中国统计年鉴》。

效的省际差异性。基本思路是运用各省份 1989～2004 年的建设占用耕地数据(表 5—10)、基本建设投资数据(表 5—11),以建设占用耕地为因变量,以基本建设投资为解释变量,建立虚拟变量模型,以加法乘法方式引入,根据基本建设投资的边际建设占用耕地(即变量 DX 的系数)的变化,分析耕地保护绩效在省际间的差异。各省份的虚拟变量回归模型与统计检验结果见表 5—12。

表 5—12　各省份的虚拟变量回归模型及统计检验结果

省份	虚拟变量模型	R^2	t 检验	F 检验
北京	Y=1 771.78+4 214.25D+2.515 1X−3.009 3DX	0.234 6	×	×
天津	Y=994.27−8 994.21D+0.126 75X+30.389 3DX	0.839 9	×	√
河北	Y=5 714.82+5 038.27D+4.681 2X−6.703 0DX	0.703 1	√	√
山西	Y=2 252.98+2 147.56D+6.565 5X−4.670 6DX	0.869 9	√	√
内蒙古	Y=2 624.54+1 712.76D−0.124 8X−0.067 1DX	0.236 6	×	×
辽宁	Y=952.00−1 985.05D+21.381 3X−10.081 8DX	0.546 3	√	√
吉林	Y=1 089.78+720.69D+2.229 6X−1.195 3DX	0.564 9	×	√
黑龙江	Y=11 025.44−1 546.71D−43.97X+35.970 1DX	0.498 3	√	√
上海	Y=5 327.20−4 710.74D−1.009 8X+10.256 6DX	0.064 2	×	×
江苏	Y=8 146.86−1 635.57D+11.630 0X−0.307 7DX	0.872 3	×	√
浙江	Y=4 548.90+402.87D+11.224 9X−3.205 6DX	0.834 8	√	√
安徽	Y=11 668.33−7 676.41D−31.938 2X+39.368 5DX	0.669 9	√	√
福建	Y=807.22+4 374.82D+19.506 2X−19.000 0DX	0.606 1	√	√
江西	Y=585.99+2 709.77D+10.781 7X−8.132 9DX	0.603 1	×	√
山东	Y=3 099.56+12 384.60D+32.79X−27.897 9DX	0.735 1	√	√
河南	Y=7 394.31−3 082.40D+1.162 8X+5.675 0DX	0.289 1	×	×
湖北	Y=4 530.15−887.14D+11.141 7X−8.990 7DX	0.156 2	×	×
湖南	Y=1 574.18+2 316.75D+12.793 6X−12.661 8DX	0.472 6	√	√
广东	Y=5 279.79+4 116.92D+5.058 6X−5.621 3DX	0.103 0	×	×
广西	Y=1 149.32+1 085.41D+10.371 1X−5.710 0DX	0.613 6	√	√
海南	Y=844.78−590.10D+6.360 5X−6.139 21DX	0.945 7	√	√
四川	Y=6 240.75+8 162.22D+3.077 3X−6.332 7DX	0.292 2	×	×
贵州	Y=1 003.41+1 282.67D+13.484 9X−9.878 9DX	0.840 0	√	√

续表

省份	虚拟变量模型	R^2	t 检验	F 检验
云　南	Y=1 895.71+2 957.40D+12.905 0X−9.310 5DX	0.596 7	√	√
西　藏	Y=425.282 7−28.37D+17.105 7X−17.635 4DX	0.539 0	√	√
陕　西	Y=2 726.24+481.62D+5.726 2X−2.219 9DX	0.686 7	×	√
甘　肃	Y=1 759.33+113.29D−6.181 1X+6.170 5DX	0.373 1	×	×
青　海	Y=210.73+170.71D+0.306 2X+1.541 1DX	0.417 9	×	×
宁　夏	Y=125.41+15.776 1X−3.695 1DX	0.776 4	√	√
新　疆	Y=3 355.74+1 044.48D−7.784 9X+4.761 7DX	0.239 2	×	×

注：×表示未通过显著性检验；√表示通过显著性检验。

分析表 5—12，可以得出以下结论。①在中国 30 个省级行政单位中（重庆市含在四川省进行分析），北京、上海、广东、河南、湖北、四川、甘肃、青海、新疆、天津、黑龙江等 11 个省份，由于回归模型未通过统计检验，无法说明土地用途管制制度在该省份的耕地保护绩效。②其余 19 个省份，土地用途管制在控制建设占用耕地中都发挥了作用，1998 年以后，单位基本建设投资所导致的建设占用耕地数量减少。其中，河北、山西、辽宁、福建、江西、山东、贵州、西藏八省份的土地用途管制的耕地保护绩效非常显著。R^2 值大，说明模型的解释程度高；F 值通过 $F_{0,0.5}$ 水平的显著性检验，说明模型拟合优度好；t 检验显著，说明基本建设投资和土地用途管制制度对建设占用耕地的影响不容忽视。③土地用途管制制度的耕地保护绩效，似乎与省份的经济发展水平、基本建设投资规模的关系不大。在耕地保护绩效非常显著的 8 个省份中，既有经济非常发达的山东、福建，又有经济中等发达的河北、辽宁、山西、江西，也有经济欠发达的贵州、西藏。④由于 30 个省份的回归分析模型并没有全部通过统计检验，所以该结果不能用来分析土地用途管制制度的耕地保护绩效在全国各省份之间的差异。

二、基于一般统计结果的分析

（一）平均边际建设占用耕地下降幅度（X_b-X_a）分析

利用1989～1996年和1998～2004年两个阶段的各省（直辖市、自治区）建设占用耕地、基本建设投资数据（表5—13）[①]，分别计算实施土地用途管制制度前后单位基本建设投资所引致的建设占用耕地平均水平（X_b和X_a）；通过比较两者的差异，就可以发现土地用途管制的耕地保护成效。从计算结果可以看出，实施用途管制制度之后，各省份的单位基本建设投资所引致的建设占用耕地数量，都较土地用途管制制度前有所下降，这表明土地用途管制制度有效地保护了各省的耕地。但下降幅度（X_b-X_a）参差不齐（图5—3），全国平均下降幅度为18.314 4公顷/亿元，最大为安徽省（76.300 3公顷/亿元），最小为天津市（0.608 3公顷/亿元）。

下降幅度（X_b-X_a）超过全国平均水平的省份有16个，由低到高依次是四川、湖南、贵州、云南、内蒙古、广西、甘肃、浙江、河北、黑龙江、湖北、陕西、河南、江苏、西藏、安徽。在这些省份中，除浙江和江苏两省社会经济水平较高外，其余皆为中等或欠发展省份。但它们有一个共同特点，就是在土地用途管制制度实施之前，建设用地使用相对粗放，单位基本建设投资引致的建设占用耕地数量较大，平均为40.231 4公顷/亿元，高于全国平均水平（29.333 1公顷/亿元）的37.15%。安徽为全国最高，达到92.031 5公顷/亿元。土地用途管制制度有效地控制了这些省份基本建设投资导致的耕地占用，1998～

---

① 无法获得1997年各省份建设占用耕地的数据，故未引入分析。

表 5—13 耕地保护绩效的统计分析

省份	建设占用耕地(公顷)		基本建设投资(亿元)		单位基本建设投资引致的建设占用耕地(公顷/亿元)		$X_b - X_a$	耕保绩效系数(ICLPE)
	1989～1996	1998～2004	1989～1996	1998～2004	1989～1996 (X_b)	1998～2004 (X_a)		
北京	17 718.67	40 186.39	1 409.27	3 471.94	12.572 9	11.574 6	0.998 3	0.08
天津	8 048.47	28 127.12	744.47	2 756.82	10.811 0	10.202 7	0.608 3	0.06
河北	52 088.80	67 544.48	1 360.81	5 767.93	38.277 8	11.710 4	26.567 4	0.69
山西	23 250.73	39 816.33	796.12	3 132.25	29.205 1	12.711 7	16.493 3	0.56
内蒙古	20 908.27	29 683.92	706.05	3 529.98	29.613 0	8.409 1	21.203 9	0.72
辽宁	45 284.07	46 595.55	1 761.73	4 763.64	25.704 3	9.781 5	15.922 8	0.62
吉林	10 412.47	15 872.09	759.90	2 668.91	13.702 4	5.947 0	7.755 4	0.57
黑龙江	41 427.80	37 955.82	1 063.71	3 547.64	38.946 5	10.698 9	28.247 6	0.73
上海	40 166.80	55 084.14	2427.1	6 348.21	16.549 3	8.677 1	7.872 2	0.48
江苏	84 601.80	155 638.19	1 670.42	9 720.60	50.647 0	16.011 2	34.635 9	0.68
浙江	51 036.53	123 930.42	1 304.72	8 466.54	39.116 8	14.637 7	24.479 2	0.63
安徽	69 297.87	52 956.43	752.98	3 366.34	92.031 5	15.731 2	76.300 3	0.83
福建	24 749.33	37 932.03	937.73	3 275.13	26.392 8	11.581 8	14.811 0	0.56
江西	9 952.93	30 652.65	488.33	2 862.52	20.381 6	10.708 3	9.673 3	0.47
山东	57 629.93	159 579.23	1 842.24	10 376.04	31.282 5	15.379 6	15.902 9	0.51
河南	60 774.93	70 803.31	1 393.62	5 940.56	43.609 4	11.918 6	31.690 8	0.73

续表

省份	建设占用耕地(公顷)		基本建设投资(亿元)		单位基本建设投资引致的建设占用耕地(公顷/亿元)		X_b-X_a	耕保绩效系数(ICLPE)
	1989～1996	1998～2004	1989～1996	1998～2004	1989～1996 (X_b)	1998～2004 (X_a)		
湖　北	52 471.13	37 276.71	1 456.68	5 474.48	36.021 0	6.809 2	29.211 9	0.81
湖　南	24 426.67	27 738.48	924.93	3 806.21	26.409 2	7.287 7	19.121 5	0.72
广　东	62 674.93	59 549.00	4 040.01	11 067.72	15.513 6	5.380 4	10.133 1	0.65
广　西	22 516.00	28 268.05	705.33	2 714.37	31.922 6	10.414 2	21.508 4	0.67
海　南	10 113.93	3 260.03	585.50	1 065.30	17.274 0	3.060 2	14.213 8	0.82
四　川	55 280.40	110 696.95	1 739.98	8 632.59	31.770 7	12.823 1	18.947 6	0.60
贵　州	12 769.93	31 340.35	351.70	1 951.36	36.309 2	16.060 8	20.248 4	0.56
云　南	24 075.80	45 096.20	690.44	3 094.87	34.870 2	14.571 3	20.299 0	0.58
西　藏	5 457.87	1 598.69	126.38	554.05	43.186 2	2.885 5	40.300 7	0.93
陕　西	25 388.73	34 174.72	624.99	3 342.48	40.622 6	10.224 4	30.398 3	0.75
甘　肃	11 644.73	13 087.89	393.11	1 918.70	29.622 1	6.821 2	22.800 8	0.77
青　海	1 746.80	4 413.39	199.13	943.69	8.772 2	4.676 7	4.095 4	0.47
宁　夏	4 110.47	10 357.50	156.58	837.39	26.251 5	12.368 8	13.882 8	0.53
新　疆	19 420.27	20 402.99	953.84	3 439.49	20.360 1	5.932 0	14.428 1	0.71

注:①建设占用耕地据国家土地局《土地综合统计年报》(1989～1996)和国土资源部《国土资源综合统计年报》(1998～2004)计算汇总而成。②基本建设投资依据相关年份的《中国统计年鉴》计算而成。③重庆市含在四川省中一并分析。④耕地保护绩效系数 ICLPE(Index of Cultivated Land Protection Effect)=$(X_b-X_a)\div X_b$。

2004 年,这 16 个省份的单位基本建设投资引致的建设占用耕地平均降低为 12.081 4 公顷/亿元,接近全国平均水平(11.018 7 公顷/亿元)。

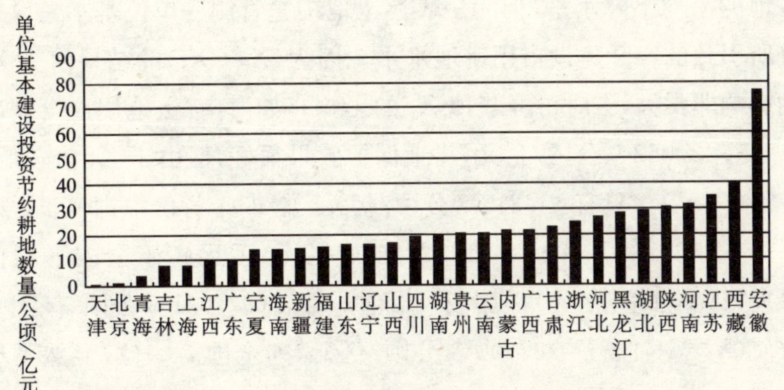

图 5—3　土地用途管制制度的耕地保护结果

下降幅度($X_b - X_a$)低于全国平均水平的省份有 14 个,由高到低依次为山西、辽宁、山东、福建、新疆、海南、广东、江西、上海、吉林、青海、北京、天津。在用途管制实施前,这些省份的单位基本建设投资引致的建设占用耕地相对较小,平均为 19.604 8 公顷/亿元,远远低于其他 16 个省份的平均占用水平和全国平均水平。实施土地用途管制制度后,单位基本建设投资引致的建设占用耕地平均下降到 9.67 公顷/亿元,低于全国平均水平(11.018 7 公顷/亿元)。但由于管制前的建设用地集约水平相对较高,导致平均下降幅度低于其他 16 个省份。

(二) 耕地保护绩效系数分析

$(X_b - X_a)$虽然能够刻画单位基本建设投资所引致的建设占用耕地的平均下降水平,但无法表述土地用途管制后单位基本建设投资所引致的实际建设占用耕地水平。因为$(X_b - X_a)$的结果值受X_b的影响非常大,有时可屏蔽掉X_a的影响。如海南,土地用途管制后X_a仅为3.062 0公顷/亿元,耕地保护效果很好,但由于X_b值较低,使得$(X_b - X_a)$只有14.213 8公顷/亿元,在30个省份中排名非常靠后。又如安徽,X_a为15.731 2公顷/亿元,远远高于全国平均值(11.018 7公顷/亿元),但由于X_b值非常高(92.031 5公顷/亿元),致使$(X_b - X_a)$高达76.300 3公顷/亿元,列全国第一位,显然不尽合理。

为了更准确地表述土地用途管制的耕地保护绩效,引入耕地保护绩效系数ICLPE(Index of Cultivated Land Protection Effect)概念,目的是依据X_a、X_b之间的相对差别来刻画耕地保护效果。

$$ICLPE = (X_b - X_a) \div X_b = 1 - X_a / X_b \quad \cdots\cdots\cdots\cdots (5—11)$$

依据公式5—11分别计算各省份的耕地保护绩效系数,结果见表5—13和图5—4。分析计算结果并对比考察图5—3和图5—4,有以下结论:全国30个省份的ICLPE都大于0,说明土地用途管制在耕地保护中在每个省份都产生了绩效;ICLPE的全国平均值为0.62,最大的是西藏(0.93),最小的是天津(0.06);各省份的排名次序较$(X_b - X_a)$结果发生了很大变化。排名在前10位的全部为中等和欠发展的省份,排名在后10位的有一半是社会经济发达的省份,只有广东和江苏在全国平均水平之上。直观的判断是,经济发展水平与土地用途管制的耕地保护绩效呈负相关关系。

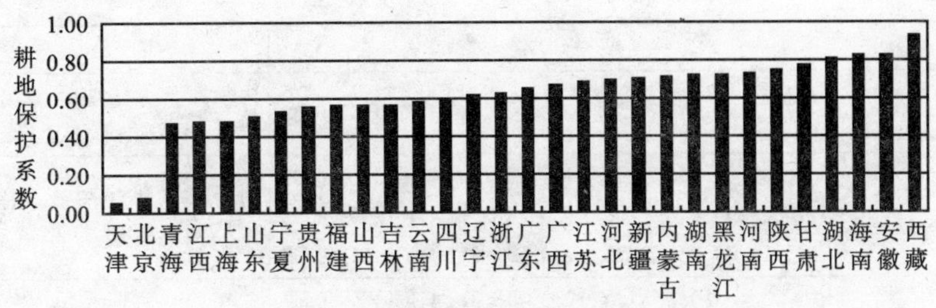

图 5—4 耕地保护系数在省份间的变化

(三) 基于省级层面的耕地保护绩效分级

为了更深入地认识中国土地用途管制制度的耕地保护绩效在省际间的差异,综合依据 X_a、(X_b-X_a)、ICLPE 三个指标,对 30 个省份的耕地保护绩效进行分级。基本思路是:以三个指标的平均值为基准,将耕地保护绩效分为四个等级(表 5—14)。X_a 的全国平均值为 11.018 7 公顷/亿元,(X_b-X_a)的全国平均值为 18.314 4 公顷/亿元,ICLPE 的全国平均值为 0.62。一级(优秀等级)的标准是三个指标都优于平均值,即 $X_a<11.0187$、$(X_b-X_a)>18.3144$、ICLPE >0.62;四级(一般等级)的标准是三个指标都次于全国平均值,即 $X_a>11.0187$、$(X_b-X_a)<18.3144$、ICLPE<0.62;二级(良好等级)的标准是三个指标中有两个优于平均值,一个次于平均值;三级(中等等级)的标准是三个指标中一个优于平均值,两个次于平均值。优秀等级的省份有八个,全部是中等或欠发展的非沿海省份;河北、黑龙江、安徽、河南、湖北、湖南等粮棉油生产大省的耕地保护绩效相对较好;北京、山西、福建、山东、宁夏五省份耕地保护绩效还有较大的提升空间。

表 5—14　耕地保护绩效分级

等级	标　准	省　份
一级 (优秀等级)	$X_a<11.0187,(X_b-X_a)>18.3144,ICLPE>0.62$	内蒙古 黑龙江 湖北 湖南 广西 西藏 陕西 甘肃
二级 (良好等级)	$X_a<11.0187,(X_b-X_a)<18.3144,ICLPE>0.62$ 或:$X_a<11.0187,(X_b-X_a)>18.3144,ICLPE<0.62$ 或:$X_a>11.0187,(X_b-X_a)>18.3144,ICLPE>0.62$	河北 江苏 浙江 安徽 河南 广东 海南 新疆
三级 (中等等级)	$X_a<11.0187,(X_b-X_a)>18.3144,ICLPE<0.62$ 或:$X_a>11.0187,(X_b-X_a)<18.3144,ICLPE>0.62$ 或:$X_a>11.0187,(X_b-X_a)>18.3144,ICLPE<0.62$	天津 辽宁 吉林 上海 江西 四川 贵州 云南 青海
四级 (一般等级)	$X_a>11.0187,(X_b-X_a)<18.3144,ICLPE<0.62$	北京 山西 福建 山东 宁夏

第四节　耕地保护绩效的潜力空间分析

依据表 5—13,分析 1998～2004 年单位基本建设投资引致的建设占用耕地水平,可以发现各省份 X_a 值差别很大。全国平均值为 11.018 7 公顷/亿元,最大为江苏(16.011 2 公顷/亿元),最小为西藏(2.885 5 公顷/亿元)。若以西藏 1998～2004 年的平均单位基本建设投资引致的建设占用耕地为基准($X_{a0}=2.8855$ 公顷/亿元),以各省份的 X_a 值与 X_{a0} 之差(X_a-X_{a0})为指标,度量各省份的土地用途管制制度耕地保护绩效的可提升空间,结果见表 5—15 和图 5—5。

云南、浙江、山东、安徽、江苏、贵州六省份土地用途管制耕地保护绩效的潜力空间最大,都在 10 公顷/亿元以上,为第一潜力方阵。浙江、山东、江苏是经济非常发达的省份,项目多,落地快,基本建设投资大,增长速度迅速,今后应进一步强化节约集约用地意识,提高耕地保护绩效;北京、福建、河北、河南、宁夏、山西、四川(含重庆)为第二潜力方阵，耕地保护绩效潜力都在全国平均水平(8.133 2 公顷/亿元)之上。北京、福建需要继续提升建设用地集约度，河北、河南、四川三个农业大省需要继续加强对耕地的保护；辽宁、天津、陕西、广西、黑龙江、江西六个省份为第三潜力方阵，耕地保护绩效潜力也相当可观，都在 5.0 公顷/亿元之上；西藏、海南、青海、广东、新疆、吉林、湖北、甘肃、湖南九个省份为第四潜力方阵，耕地保护绩效较好，有潜力，但不大。

表 5—15　各省份耕地保护绩效比较可提升空间(公顷/亿元)

省份	可提升空间	省份	可提升空间	省份	可提升空间	省份	可提升空间
西藏	0	湖南	4.402 2	江西	7.822 8	四川	9.937 6
海南	0.174 7	内蒙古	5.523 6	全国平均	8.133 2	重庆市	9.937 6
青海	1.791 2	上海	5.791 6	北京	8.689 1	云南	11.685 8
广东	2.494 9	辽宁	6.896	福建	8.696 3	浙江	11.752 2
新疆	3.046 5	天津	7.317 2	河北	8.824 9	山东	12.494 1
吉林	3.061 5	陕西	7.338 9	河南	9.033 1	安徽	12.845 7
湖北	3.923 7	广西	7.528 7	宁夏	9.483 3	江苏	13.125 7
甘肃	3.935 7	黑龙江	7.813 4	山西	9.826 2	贵州	13.175 3

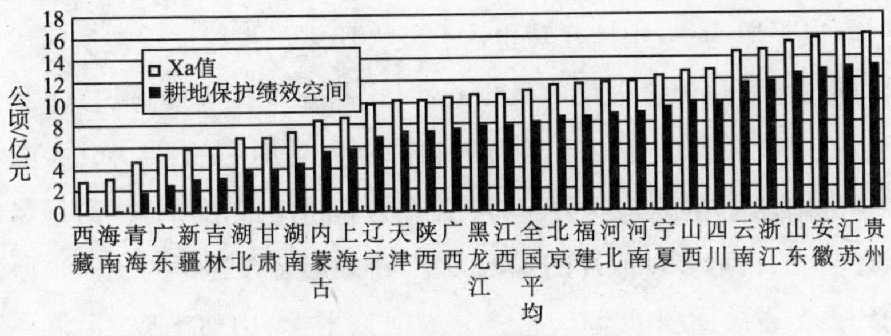

图 5—5　各省份耕地保护绩效比较可提升空间

第五节 山东省耕地保护绩效研究

山东省是经济强省、农业大省和全国重要的粮、棉、油、蔬菜、水果生产基地。其耕地保护事业不仅关系到本省的农村稳定、农业发展、农民增收问题，而且会严重影响全国的粮食安全。前面的分析可以初步看出，土地用途管制制度在山东省的耕地保护中已经产生成效，但潜力空间也比较可观。

一、自然与社会经济条件分析

（一）自然状况

山东省地处黄河下游，北濒渤海，东临黄海，北、西、南三面与冀、豫、皖、苏四省接壤，是中国沿海 12 个省（市）之一。地理范围介于北纬 34°22.9′～38°24.0′、东经 114°47.5′～112°42.3′之间。全省陆地面积约 15.7 万平方千米，占全国土地总面积的 1.6%。

山东省位于中国地势第三级阶梯上，地势中高周低。地貌类型多样，以平原为主，山地丘陵也占有较大比重。根据地貌类型区域组合，全省可划分为鲁中南中低山丘陵区、鲁东低山丘陵区、鲁西北平原区三大地貌类型区。丘陵面积约占全省总面积的 24.06%，围绕鲁中南山地呈 V 型带状分布，切割密度小，切割深度不大，沟谷宽而浅，其中的耕地多以成片的旱地为主，耕地形态以梯田为主。平原面积约占全省总面积的 64.64%，分为河谷平原、山前平原、湖沼平原和黄泛平原四类。河谷平原多呈带状分布于山丘地区的大小河流沿岸，土层深厚，肥力较高，水资源丰富，排灌条件良好，灌溉水田、水浇地和高产旱地大多分布于此，是耕地的主要类型。山前平原地表平坦，土层深厚，土质肥沃，地下水埋藏浅，水量丰富，排灌条件好，是水浇地和灌溉水田的另一种主要分布类型，菜地尤其是温室菜地的分布也相对集中。湖沼平原地势低洼，土质黏重，排水不畅，耕地类型以旱地为主，在水源有保证的地方，也分布着水浇地和灌溉水田，其中灌溉水田以稻田为主。山东黄河冲积平原是黄河下游冲积大平原的一部分，主要分布在鲁西北地区。黄河冲积平原的地貌类型复杂，地势低洼，涝、碱威胁大。微地貌差异较大，耕地的分布相对集中在河滩高地、浅平洼地和缓平坡地等地貌类型区。耕地坡度均小于或等于 2 度，耕地类型以中低产旱地为主。

山东省属于暖温带季风气候区，气候温和，雨量集中，四季分明。冬季受大陆性季风控制，寒冷晴燥；夏季气流源自低纬太平洋，盛行偏南风，气候温热，降水集中，冬夏风向转换非常明显。受地形及海陆分布差异等地理环境因素的影响，山东的气候地域差异明显，可分为鲁南、鲁西南、鲁中、鲁北、鲁东五大气候区。在耕地的形成演变过程中，也因气候的这种差异，导致了耕地在分布和类型上的地域差异。

（二）社会经济状况

山东省是人口大省，2004 年末总人口为 9 180 万人，占全国总人口（129 988 万人）的 7.06%，仅次于河南省，居全国第二位。其中乡村人口为 7 042.5 万人，占总人口的 76.72%。

山东省是经济强省。改革开放以来，山东省的经济一直持续、快速、健康地发展，产业结构日趋合理，经济效益不断提高，国内生产总值以年均 10%以上的速度递增。2004 年 GDP 总值为 15 490.73 亿元，占全国的11.32%，仅次于广东省。人均GDP为16 925元，居全国第五位。产业层次较高，三次产业之比为11.5∶56.3∶32.2。

山东省是农业大省，农业总产值居全国首位，是全国重要的粮食产区、全国最大的"菜篮子"基地和著名的温带水果之乡。2004年粮食总产量为3 516.7万吨，占全国粮食总产量的7.49%，次于河南省，居全国第二位；2004年粮食播种面积为617.63万公顷，占全国的6.08%，居第四位；棉花播种面积为105.92万公顷，占全国的18.59%，居第一位；蔬菜种植面积为1 970.1千公顷，占全国的11.22%，居第一位。

二、土地利用现状分析

（一）土地利用结构

土地利用结构是指一个地区的土地资源配置情况。土地利用结构的形成主要受自然条件的制约，同时又受到社会经济发展的影响，经济发展水平越高，土地配置越合理，土地利用越充分。

表5—16 2004年山东省土地利用结构（公顷、%）

耕地		园地		林地		牧草地		其他农用地	
面积	比重	面积	比重	面积	比重	面积	比重	面积	比重
7 540 090.61	50.37	1 031 917.41	6.89	1 347 918.07	9.00	36 842.78	0.25	1 646 006.46	10.99
居民点及工矿用地		交通用地		水利工程用地		未利用地		总面积	
面积	比重	面积	比重	面积	比重	面积	比重	15 705 368.47	
1 978 045.21	13.21	155 383.49	1.04	250 149.17	1.67	984 275.34	6.57		

表5—16表示山东省土地利用现状类型结构，据此表以各地类面积所占土地总面积的比重大小排序，依次是耕地、居民点及工矿用

地、其他农用地、林地、园地、未利用地、水利用地、交通用地、牧草地。耕地所占比重最大，这与农业大省的地位相符合；居民点及工矿用地所占比重偏高，预示村庄整理任务重，潜力大。未利用地所占比重亦较大，应加强对其合理开发以及保护的研究。

（二）土地利用程度

土地利用程度系指人类对土地利用的广度和深度，表征指标主要有土地利用率、土地垦殖率、耕地复种指数、林木覆盖率等。

(1) 土地利用率。指已利用土地占土地总面积的比重，是从总体上概括说明土地利用广度的指标。土地利用率越高，说明土地利用越充分。山东省已利用土地面积 13 986 353 公顷(2004 年)，占土地总面积的 89.05%，高于全国 72.43%的平均水平。土地利用率最高的菏泽市为 95.14%，最低的莱芜市为 84.01%，反映了由平原到山区逐渐递减的特点。平原区土地平坦，土层肥厚，水源条件好，为土地的广泛利用提供了有利条件，而山区坡度大，土层瘠薄，土地条件差，土地利用受到一定限制。

(2) 土地垦殖率。指土地垦殖面积(耕地)占土地总面积的百分比，也称垦殖系数。土地垦殖率反映一个地区种植业的发达程度，同时反映种植业在土地利用中所占的比重。2004 年全省耕地面积 7 540 091 公顷，占土地总面积的 50.37%，土地垦殖率远高于全国 12.88%的平均水平。土地垦殖率由山区向平原逐渐递增，平原区因地形平坦、土层深厚，易于开垦为耕地，土地垦殖率高；山区因土层浅、坡度大，难以利用，因而土地垦殖率低。东营市为平原地区，位于黄河三角洲，由于黄河泥沙的填海淤积，每年都有新生陆地出现，未利用地较多，所以垦殖率很低，是一个例外。全省 17 市的垦殖率，由高到低依次为菏泽(68.30%)、德州(64.83%)、滨州(59.73%)、济宁(53.79%)、枣庄(52.84%)、聊城(49.24%)、潍坊(48.93%)、临沂(48.97%)、青岛(47.05%)、济南(45.98%)、泰安(45.00%)、日照(43.15%)、淄博(35.58%)、威海(33.69%)、烟台(32.44%)、莱芜(31.64%)、东营(27.61%)。

(3) 农作物复种指数。复种指数指一年内农作物总播种面积与总耕地面积之比,是反映耕地利用程度的重要指标。建国后,山东省的农作物复种指数总体呈提升趋势,但有些年份有涨落现象。2004年全省平均农作物复种指数为138.36%,略高于全国平均水平(118.02%),但各地参差不齐,不少地方具有很大的提高潜力。这种差异不仅源于自然因素,而且很大程度上与农业政策、农业生产资料价格、农地使用制度等人为因素关系密切。山东省人口多,耕地相对少,因地制宜地提高一些地区的复种指数,可以有效地利用耕地和各种农业设施,是提高农作物单产和总产的重要途径。

三、耕地变化趋势

(一) 耕地变化的总体态势

从1957年开始,山东省的耕地面积开始减少。1957~1998年平均每年净减少6.10万公顷,1985年达到顶峰,当年净减少了12.48万公顷。1997年尽管国家"冻结"了非农业建设占用耕地,但全省却净减少耕地1.7万公顷。1998年国家继续实行"冻结"政策,全省仍净减少耕地1.16万公顷。图5—6为1992~2004年山东省耕地数量状况,总体呈下降趋势,1994~1996年开发区建设高潮时期,耕地减少非常迅速。2001年之后,耕地减少又有增速的趋势。

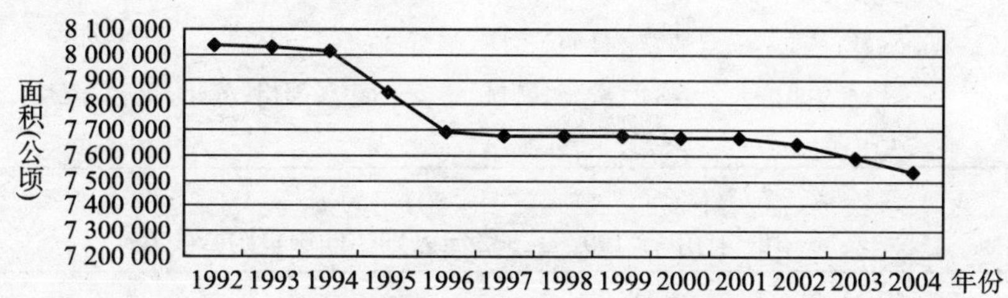

图 5—6　山东省耕地变化趋势

耕地数量减少引起的质量损失也十分惊人。因为建设占用大多是城镇周围和交通沿线的质量高、长期投入积累多的良田，而开发复垦增加的耕地尤其是新开荒地，质量较低，往往是 3 亩以上才能弥补占用 1 亩良田的损失。耕地急速流失使山东省的人地矛盾日益突出。2004 年山东省耕地面积为 768.93 万公顷，以占全国 5.91％的耕地养活了全国 7.06％的人口，还承担着繁重的粮食外调任务，成绩和贡献巨大，也预示着巨大的耕地压力。

（二）耕地变化的区域差异

由于各区域间自然条件差异显著，经济发展与人口增长的速度不同，再加上历史的原因，山东省内各地区的耕地数量变化也表现出了很大的差异性。根据 1997～2004 年各地区耕地面积和人均耕地数量的变化情况，选取耕地年平均变化率 P_1 和人均耕地年平均变化率 P_2 两个指标对各地区耕地资源变化进行分析[4]，结果见表 5—17 和表 5—18。

表 5—17　山东省 1997～2002 年耕地面积年平均变化率

$P_1>1$	淄博
$0.5<P_1<1$	青岛、日照、枣庄、临沂
$0<P_1<0.5$	菏泽、济宁、聊城、泰安、济南、德州、滨州、烟台、潍坊
$P_1<0$	莱芜、东营、威海

表 5—18　山东省 1997～2002 年人均耕地年平均变化率

$P_2>1.5$	淄博
$1<P_2<1.5$	青岛、日照、枣庄、临沂
$0.5<P_2<1$	菏泽、济宁、泰安、济南、德州、滨州、烟台、潍坊、东营
$0<P_2<0.5$	莱芜、聊城、威海

（1）鲁中和山东半岛地区耕地资源显著减少。位于山东中部的淄博和山东半岛的青岛两市，由于其经济发展水平较高，城镇规模较大，占用了大量耕地，耕地资源减少较显著。据统计，1997～2002 年耕地总减少量达 3.01 万公顷，占全省耕地总减少量的 30%；仅淄博市同期耕地就减少 1.28 万公顷，占全省耕地总减少量的 12.76%。特别是淄博市的耕地年平均变化率高达 1.63%，为全省平均值 0.38%的 4.3 倍。同期两市人均耕地年平均变化率均较高，其中青岛市为 1.46%，而淄博市则高达 2.06%。青岛和淄博两市是此时期内山东省耕地面积减少最剧烈的两个市。

（2）鲁西北地区和鲁中部分地区耕地资源变化缓慢。位于山东中部的济南、泰安和鲁西北地区的德州、聊城、滨州、菏泽六市，在 1997～2002 年间耕地面积年平均变化率均小于全省平均值的 0.38%。鲁西北四地市（德州、聊城、滨州、菏泽），由于地区经济发展水平总体不高，耕地面积年平均变化率均在 0.3%以下。尤其是德州、菏泽两市则更低，均低于 0.05%；聊城市的人均耕地年平均变化率也在0.5%以下，低于全省平均值的0.67%。

（3）莱芜、威海两市耕地资源总量趋于增加。位于山东中部的莱芜和山东半岛的威海两市，耕地资源总量在1997～2002年间趋于增加，耕地年平均变化率 $P_2<0$。特别是位于鲁中的莱芜市，由于其“村庄上山，占一补三”等耕地维护政策，因此虽然近年城镇建设、经济发展占用部分耕地，但其减少量仍低于其开垦造田总量，耕地数量在1997～2002年间波动较大，2002年耕地总量比1997年底反而有所增加。

山东省总的耕地资源变化的空间规律可概括为：经济发达地区比经济欠发达地区流失严重，鲁中和半岛地区比鲁西地区变化明显。

四、土地用途管制的耕地保护绩效分析

以建设占用耕地为因变量，以固定资产投资为解释变量，将土地用途管制制度设定为虚拟变量D，以加法乘法方式引入，建立虚拟变量模型，依据表5—19中的数据，利用Eviews软件进行求解，结果见表5—20。

表5—19　山东省1987～2004年建设占用耕地和基本建设投资数据

年份	建设占用耕地（公顷）	基本建设投资（万元）	虚拟变量D	DX
1987	20 734.40	779 300	0	0
1988	11 993.47	984 500	0	0
1989	6 159.00	856 200	0	0
1990	6 056.73	943 500	0	0
1991	6 973.20	1 115 100	0	0
1992	11 380.53	1 742 800	0	0
1993	5 763.00	2 389 600	0	0
1994	7 802.07	3 159 000	0	0
1995	7 257.40	3 700 000	0	0

续表

年份	建设占用耕地(公顷)	基本建设投资(万元)	虚拟变量 D	DX
1996	23 146.67	4 516 200	0	0
1997	24 949.80	5 135 700	0	0
1998	14 271.20	6 410 300	1	6 410 300
1999	13 970.88	7 130 000	1	7 130 000
2000	16 887.22	7 622 300	1	7 622 300
2001	20 452.08	8 384 000	1	8 384 000
2002	26 136.59	11 699 800	1	11 699 800
2003	33 533.35	40 696 297	1	40 696 297
2004	33 945.63	53 209 094	1	53 209 094

资料来源:建设占用耕地据山东省土地局《土地综合统计年报》(1989～1997)和山东省国土资源厅《国土资源综合统计年报》(1998～2004);基本建设投资数据据《中国统计年鉴》(1997～2005)整理;新《土地管理法》1991 年 1 月 1 日实施,但 1998 年国家即对耕地进行控制管理,故 D 值取 1。

表 5—20　Eviews 模型求解结果

变量	变量系数	标准差	t 检验	伴随概率
b_0	3 099.560	3 285.087	0.943 5	0.362 6
D	12 384.60	4 560.452	2.715 7	0.017 7
X	0.003 28	11.401 04	2.876 5	0.013 0
DX	−0.002 79	11.515 71	−2.422 6	0.030 8
F-statistic:12.027 7	R^2:0.735 1	Adjusted R^2:0.674 0		0.000 474

据表 5—20 得回归模型:

$$\hat{Y}=3\,099.56+12\,384.60D+0.003\,28X-0.002\,79DX \quad \cdots \quad (5—12)$$

给定显著水平 $\alpha=0.05$,$t_D=2.715\,6>t_{\alpha/2}=2.131$,$t_X=2.876\,5>t_{\alpha/2}=2.131$,$|t_{DX}|=2.422\,6>t_{\alpha/2}=2.131$,表明主要变量参数均通过显著性检验;$F=12.027\,7>F_{0.01(2,15)}=5.42$,表明回归总体线性显著;$R^2=0.735\,1$,拟合优度较好,模型能以 73.51%的比例解释建设

占用耕地的变动对基本建设投资的依赖程度。5—12 式表明，1987～1997 年未实施土地用途管制期间，每增加 1 万元基本建设投资，导致 0.003 28 公顷耕地的增量占用；1998 年对耕地实施管制后，较之用途管制前，每 1 万元基本建设投资可节约建设占用耕地 0.002 79 公顷，表明土地用途管制在山东省的耕地保护绩效显著。

五、人地矛盾分析

利用山东省 1996～2004 年基本建设投资数据，构建出灰预测 GM(1,1)模型：

$$X_{(i+1)}^{(1)}=3\ 113.044\ 4e^{0.151\ 4i}-2\ 661.424\ 4 \quad (5—13)$$

$$X_{(i+1)}^{0}=X_{(i+1)}^{(1)}-X_{(i)}^{(1)} \quad (5—14)$$

依据模型 5—13 和 5—14 对 2005～2010 年山东省各年基本建设投资进行预测，并利用模型 5—14 测算需占用耕地的数量，结果见表 5—21。表 5—21 显示，2005～2010 年，山东省仅建设占用耕地将约为 16.88 万公顷。2004 年末山东省耕地总量为 754.01 万公顷，未利用地 98.43 万公顷。耕地中大于 25 度的坡耕地约 33.33 万公顷，水土流失严重，需生态退耕；按现有技术和经济条件，未利用地可开发耕地为 35.53 万公顷，质量较好的约有 16.67 万公顷。由此可见，到 2010 年，山东省虽然可以实现其 680 万公顷的耕地规划保护目标，但实现耕地占补平衡将相当困难，况且建设占用大多是城镇周围和交通沿线质量高、长期投入积累多的优质良田，而开发复垦的耕地尤其是新开荒地质量较差，耕地生产力平衡将更加困难。因此，需要进一步提高耕地保护绩效。[5]

表 5—21　山东省基本建设投资及建设占用耕地预测值

年份	基建投资预测值(万元)	建设占用耕地预测值(公顷)
2005	17 090 600	23 858.55
2006	19 884 700	25 227.66
2007	23 135 600	26 820.60
2008	26 918 000	28 673.98
2009	31 318 700	30 830.32
2010	36 438 900	33 339.22
Σ	154 786 500	168 750.35

参考文献

[1] Gujarati, D. N:《经济计量学精要》,机械工业出版社,2000 年,第 176～192 页。

[2] 李长风:《经济计量学》,上海财经大学出版社,1996 年,第 151～160 页。

[3] Pond B. Rural/Urban Land Conversion I. 1993. Estimating the Direct and Indirect Impacts[J]. *Urban geography*. 14(4).

[4] 刘兆德、李世泰、李玉增:"山东省耕地资源变化的地域类型研究",《地域研究与开发》,2001 年第 3 期。

[5] 张全景、欧名豪:"我国土地用途管制制度的耕地保护绩效研究——以山东省为例",《中国人口・资源与环境》,2004 年第 4 期。

第六章
影响耕地保护绩效的障碍因素分析

第一节　耕地保护的准公共物品性质

根据效用、消费和受益等经济特性，一般把物品分为公共物品(Public Goods)和私人物品(Private Goods)两类。公共物品有三个特性。①效用的不可分割性。即效用为整个社会成员所共享而不能将它分割为若干部分分别归属于某些个人独享。②消费的非竞争性。即某些个人对它的享用并不能排斥其他人同时对它享用，也不会因此而减少其他人享用它的数量。③受益的非排他性。即在技术上无法将拒绝为之付款的人排除在受益的范围外。能同时满足这三个条件的物品称为纯公共物品，同时不满足这三个条件的物品则是私人物品，介于这二者之间的为准公共物品。具有公共物品性质的自然资源为公共资源。一般地说，公共资源都属于准公共物品范畴，它的效用是不可分割的，但它在消费上具有竞争性，或者在受益上具有排他性。由于公共资源具有这样的一些特性，它在配置时便会产生正的外部性，所以公共资源的所有权一般都是属于一个独立集体或国家，由集体来配置该资源，才能使外部性内部化。[1]

耕地保护是准公共物品。耕地的效用不仅仅在于每一块耕地上生产了多少粮食或将其改作他用后获得了多少效益，更重要的是所有耕地作为一个整体所能提供给一个国家的食物安全保障，其效用具有整体性，且每个公民都可受益。不过耕地的消费具有一定的竞争性，当消费的人数增多时，所需的粮食就增多，在其他条件一定的情况下，耕地的数量必然也要求有相应的增加。虽然耕地在提供食物安全保障的效用上是不可分的，受益也是非排他的，但是人们在生产或购买粮食时，仍是要付出成本的。即耕地在提供另外一些效用，如作为一种生产要素时，其效用是可分割的，其消费是竞争性的，其受益也是排他的。可见，耕地是一种比较特殊的公共资源。

由于耕地保护的准公共物品性质，使得很难通过市场行为优化耕地保护事业。假设把耕地保护的主体分为农民集团(i)和非农民集团(j)两个利益集团，他们可以以不变的边际成本 MC 对耕地进行保护。如图 6—1，用 D_i 和 D_j 分别表示农民集团和非农民集团对耕地的需求曲线，将 i 和 j 的需求相加便得到了总需求曲线 D_{i+j}，MC 表示耕地的供给曲线，其对应的价格(保护成本)为 P_0。在此成本水平上，农民集团 i 愿意保护的耕地面积为 Q_i，其消费者剩余为 abP_0 的面积；非农集团 j 则不愿意保护，但由于 i 的保护具有溢出效益(即耕地保护的正外部性)，j 由此也得到了效用，表现为 efQ_iO 的面积。而最优的有效保护量应该是 Q，但很显然，在没有有效补偿以增加保护成本的情况下，农民集团 i 和非农集团 j 都没有保护此数量的激励。可以看出，只要 j 愿意弥补 i 因增加保护量而增加的保护成本，i 愿意增加对耕地的保护量 Q_iQ，但这需要通过谈判完成，无法避免协商成本，而且非农集团是众多利益单元的集合，协商成本会非常高昂。协商成本的存在虽然不一定会导致市场提供耕地保护的失败，但起码可以推断，即使通过协商市场最终达成了合作共同提供耕地保护的结局，其最终供给的耕地数量也不会出现在符合帕累托效率条件的最优水平之上。

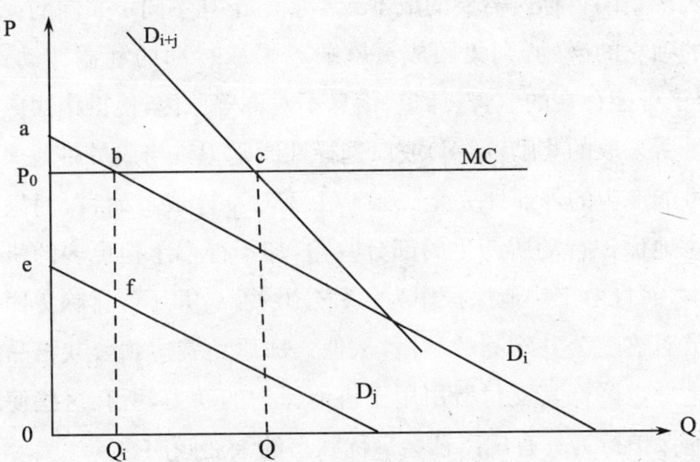

MC——耕地保护的边际成本； D_i——农民集团对耕地的需求曲线；
D_j——非农民集团对耕地的需求曲线； D_{i+j}——耕地总需求曲线

图 6—1 耕地保护的外部性

由于耕地保护能产生正的外部性，使得耕地保护成为一个典型意义上的奥尔森式的集体性行动[2]。在耕地保护行动中，若干个具有共同利益的单位组成了利益集团。在这一利益集团内，一方面，耕地保护事关国民经济发展的全局，具有集团的整体利益，而且这种集团收益具有公共性，这使得耕地保护行动集团中的每个成员都能共同且均等地分享耕地保护行动的整体收益，而不管其是否付出了成本或付出的成本大小。另一方面，耕地保护行动中的若干集团成员，如中央政府、地方政府、非农企业、农民等，又具有完全不同于集团收益的纯粹的个人利益。由于存在着这样的一种可能：如果某个个人的行动使集团的状况得以改善，而集团状况改善后个人所分享的收益与改善集团状况所付出的成本相比微不足道，集团成员又不同意分担实现集团目标所需要的成本或不能给予其不同于共同的或集团利益的独立的激励，则集团成员就缺乏采取行动的利益冲动。[3]况且，由于可能存在的监督、计量、信息不对称等原因，使得集团或政府对成员所采取的奖励（惩罚）或曰选择性激励很难与成员耕地保护行动所可能产生的外部性完全一致。由于对个体成员而言，他只能获得其耕地保护行动所产生的部分收益，却不得不承担更多的耕地保护成本，而且由于耕地保护作为一种公共物品，并不能排除集团内任何成员对这一公共物品的享用，从他人那里免费得到公共物品的激励将进一步降低其支付费用用于耕地保护的动力，所有这些使成员的耕地保护行为具有偏离社会最优状态的天然倾向。

第二节　土地收益分配机制的缺陷

土地收益分配体系是市场经济条件下国家调节资源配置的重要杠杆，对促进资源高效利用和保障国民经济健康有序发展具有重要意义。1988 年以后，中国逐步形成了以土地价格体系、土地税制体系、征地补偿分配体系为主要内容的土地收益分配体系，对合理利用土地资源、提高土地利用效率起到了一定的推动作用。但当前的土地收益分配体系仍不够完善，使得国家对土地资源的宏观调控能力受到限制，尤其是现行的一些土地收益分配机制往往成为耕地（农地）流失的经济诱因。

一、政府在土地征用中有较大盈利空间

土地征用是指国家为公共利益的需要，依法将集体土地转变为国有土地的行为。中国《宪法》第十条第2款规定："国家为了公共利益的需要，可以依照法律规定对土地实行征用。"中国《土地管理法》第二条第4款规定："国家为公共利益的需要，可以依法对集体所有的土地实行征用。"但究竟什么是"公共利益"，法律上没有明文规定。这使得实际中所征土地不仅可以用于基础设施等公共利益的需要，还可用于商业开发项目的需要。同时，现行土地制度允许地方政府以低价征用农民集体所有的土地（所谓的"土地批发"），然后以较高的价格有偿出让使用权（所谓的"零售"）。因此，农村用地转化为城市用地可释放巨大的经济效益，使得一些急于发展经济，苦于没有资金的地方政府找到了生财之道，多征地，低进高出，以地生财，从而导致了耕地的大量流失。

1998年10月30日以前，中国基本上是"协议征地"，即由用地者与所在村组直接见面，双方协商确定土地出让价格，国土部门在其中只起一个中介作用；1999年新《土地管理法》颁布以后，为了加强耕地保护，将土地审批权收归国务院和省两级政府，"协议征地"原则上变成了"公告征地"。其一，由国土部门代表政府直接去征地，从此用地单位和农民不再见面。其二，政府和被征地农民集体之间也没有什么可协商的，政府就是把要征的耕地面积以及应该给予农民集体的补偿告知他们而已。其三，政府从农民手中征得土地后，与用地单位签订供地协议。从此，征地的过程就变为政府根据用地的需求，以《土地管理法》为依据，从农民那里获得土地，以满足建设用地需求。

征地补偿价格与出让价格差别巨大，土地级差收益已成为一些地方政府预算外收入的主要来源。据有关方面调查研究，在土地的“农转非”中，若以土地成本价为100，则农民只得到5%～10%，村一级得20%～30%，政府及其各部门得60%～70%。成本价仅是土地增值收益的一部分，若将土地高价转让的收入考虑进来，则政府所得比例更高，农民所得比例更低[4]。以浦东开发为例，从按规划图征占土地开始，浦东开发区管委会以大约粮田一亩2.3万元、菜田一亩2.8万元的补偿费从农民手中征得土地。简单进行通平改造以后，以30万元左右的价格出让土地使用权。开发区一共500平方千米土地，除去原有市政建设用地，以300平方千米计算，如1亩地只赚10万元，仅出让土地一项即可获得400～500亿元的资金。

二、土地价格“新低旧高”

目前，中国土地供给采用有偿出让为主、行政划拨为辅的“双轨”流转格局。其中，出让土地使用权有协议价格、招标价格、拍卖价格、挂牌价格四种方式，价格是收取土地使用权出让金的标准。同时，建立了基准地价的定期更新和公布制度、标定地价的评估制度为基本内容的地价制度体系。

比较而言，中国新征建设用地价格低，而城镇存量土地价格高。在中小城镇，新征用地和存量土地的价格差一般为2～3倍，而在特大城市，两者价格差达到十几倍甚至几十倍。况且使用存量土地还要遇到拆迁、还建、讨价还价等问题，因此土地使用者必然趋向于使用新征土地。对一些农民来讲，在眼前的巨额补偿诱惑下，很难有较强的抵抗力。这种状况常导致建设用地总量失控和大量耕地流失。[5]

三、土地税费的不尽合理助推了耕地流失

中国土地税种可以在土地使用权流转过程中分三个环节来划分。①在土地取得环节，有耕地占用税、新增建设用地有偿使用费、造地费和契税。其中，耕地占用税是以占用耕地和其他农用地进行非农业建设的行为为课税对象，是控制农地转为建设用地的辅助经济手段；新增建设用地有偿使用费是新土地管理法实施后设定的，是针对农用地转用征收的农地补偿费，目的是保护耕地，强化土地经济调控手段，控制固定资产投资过快增长，促进节约集约用地。②在土地保有环节，有城镇土地使用税、房地产税、固定资产投资方向调节税、农业税等。农业税实际上是农业土地使用税的替代。③在土地交易环节，有土地增值税、印花税、营业税、城市建设维护税、教育费附加。

中国现行土地税费体系存在的以下问题，在某种程度上助推了耕地的流失。①课税范围狭窄。以城镇土地使用税为例，该税的课税对象是城镇、工矿区使用的土地，而不包括大量位于农村的非农业用地，无意中助长了农村乡镇企业对非农业用地乱占滥用之风。②重流转税轻保有税，主要税种设置结构不合理。设置土地增值税的初衷是防止土地投机，税率为30%～60%，为超率累进税率，税率过高。而城镇土地使用税为1～10元/平方米的定额税率，税率过低。这两个税种的设置，一定程度上导致土地保有成本过低，交易成本偏大，不利于城镇土地使用权的流转和置换使用。③主要税种的税率畸高畸低。耕地占用税税率仅为1～15元/平方米，与城镇土地使用税一样，税率过低，相对于高额的土地开发费而言微乎其微，起不到保护耕地和限制多占土地的作用。而土地增值税的高税率，可

能导致土地经营者获利很少，甚至无利可图，限制了大量划拨土地的入世。综合比较上述三个税种的税率设置，在某种程度上起到了诱导土地使用者和经营者多占土地少流转的负面作用。④新增建设用地有偿使用费的征收标准是1999年财政部、国土资源部根据当时全国城镇土地分等和城镇土地级别、基准地价水平、各地人均耕地状况和社会经济发展水平制定的。从2005年的实际收缴情况看，中央和地方实际收缴的新增建设用地土地有偿使用费不到全国新增建设用地出让纯收益的1/3。现行的新增建设用地有偿使用费缴纳标准，明显低于新增建设用地纯收益的实际水平，无法有效遏制建设用地扩张。而且，该项费用仅面向依法审批的新增建设用地，对于那些因违法批地、违法占用而实际发生的新增建设用地无法征收该项费用。

第三节 产权不明的农地制度安排

产权是一组权利束的组合，是以所有权为基础，以合法占有为标志，以登记公示为要件的一项独立的财产权，具有法律保护功能、利益获取功能、激励功能和约束功能[6]。农地产权安排或产权结构直接形成耕地资源配置状况或驱动耕地资源配置状况的改变，决定耕地资源的内在调节机制和外在调节机制及两者的结合。农地产权制度的合理与否是决定耕地能否得到有效保护的关键[7]。现代产权理论认为，一个能提高稀缺耕地资源利用效率的高效产权体系应具备排他性、转让性和继承性三个特性。自1978年以来，中国农地产权制度建设取得了一定成就，但仍然存在很多缺陷和不足，目前耕地资源快速非农化的现象，一定程度上是中国农地产权制度不完善的表象之一。

一、产权主体缺位

20世纪80年代初期实行的农村家庭联产承包责任制，在坚持土地集体所有制的前提下把土地均分到户，形成了所有权与使用权的“两权分离”格局，这就是中国现行的农地制度。实践证明，现行的农地制度存在着产权不明或缺位的制度性缺陷。中国农村的土地归集体所有，这在《宪法》、《土地管理法》等重要法律中，都有明确的规定，但集体是指哪一级，法律规定较为含糊。因为现行制度有乡、村、村民小组三级集体组织，土地到底属于哪一级所有，即土地产权的主体是不明确的。不仅如此，更为重要的是产权主体缺位。农业部固定观察点的调查表明，现行土地以村民小组一级集体所有的为多，约占50%以上，但村民小组不是一级独立的组织，因而没有独立的法律地位。所以，目前由村民小组来充当农村土地产权主体，只能是形同虚设，造成事实上的农地产权主体缺位。这样，现阶段的农民产权归属，在法律上出现“一权多主”，在事实上又出现“产权无主”的状况[8]，这是当前农村耕地无人保护，耕地被大量占用、农民的土地财产权无法保障、收益无法实现的最深层原因。

二、所有权的虚化

1998年修订的《土地管理法》第八条规定：农村和城市郊区的土地，除由法律规定属于国家所有的以外，属于农民集体所有。有关统计数据表明，属于集体所有的耕地占中国耕地总面积的90%以上，也就是说，中国绝大部分耕地依法是属于农民集体所有的。从产权完整的角度讲，农民集体对所属耕地应享有占有、使用、处分、收益等权能。然而，实际运作中并非如此。表面上看，农民集体确实占有耕地,且作为集体一分子的农民可以以家庭为单位,向集体承包耕地,在承包期内享有耕地的使用权和收益权;在国家需要使用集体土地时,国家还得以有偿征用的方式向农民集体收购,这些都体现农民集体对所属耕地拥有所有权。但是,除了以上权利外,农民集体却缺少产权中最重要的一项权能——处分权。农民对于承包到的土地,在把地用来种植什么的使用权上受到国家的严格控制,集体要改变部分所属耕地的用途必须征得国家有关部门的批准。另外,集体土地必须先由国家征用为国有土地后才能进入市场,国家在为公益事业征地时拥有强制权,征地补偿的费用往往很低,不足以弥补农民的损失。这样,国家实际掌握着对耕地的处分、转让权。面对这种虚化的耕地所有权,农民难于产生归属感,对自己产权主体的身份很不确定。产权的不明确迟早要导致外部性产生,也就是说,农民在不能完全自主经营的情况下,便出现了掠夺性经营。加之种植粮食的耕地相对经济效益很低,改种经济作物、挖塘养鱼等破坏耕地原状的现象便屡屡发生。而由于缺乏主体身份认同感,其他集体成员也很少对破坏耕地行为进行制止。可以说,产权的不完整、不明确使得农民对耕地保护缺乏动力,不能调动起实际使用着耕地的农民对耕地的保护意识。这对耕地保护来说无疑是一大缺憾。[1]

三、承包经营权的不明确和不稳定

承包和经营实属两种不同的经济行为,在生产组织和经营方式上非属于同一层次,享有的土地权能也不同,笼统不加分割难以形成明晰的土地产权。严格地说,目前的土地承包经营权仅是一种在土地上耕作的权利,并非真正意义的地权,除了承包土地的行为权利明确属农民外,有关转包、租赁、抵押、转让等其他土地权利均未进行设定，土地的使用权、收益权、处置权的行为主体是农民还是集体也不明确。

土地承包获得的土地具有物权的特征，但目前却以债权的形式呈现，未能按土地物权的属性给予保障。土地权利隐含或附属于经济承包关系中，以承包合同的形式固定，当社会经济条件变化引起承包关系变化时，土地的承包关系也随之改变。同时，合同是双方当事人订立的一种契约关系，隐含于承包关系中的土地权益就与第三方无关，所以无论怎么强调承包稳定、关系不变，只要合同不复存在或出现问题，承包关系、土地权益也将不复存在，剩下的只是合同双方当事人自己内部的债务纠纷。从法律属性上说，这样的土地关系是难以稳定的，对土地权益的保障也是不可靠的。调查显示，1978年以来，中国几乎所有的农村集体都对承包土地尤其是耕地进行了调整，20 世纪 90 年代中期以后政府关于将土地承包期在原先 15 年的基础上再顺延 30 年的政策，也只是在极少一部分地方得到了执行。

耕地承包经营权的含糊和不稳定，难以让农民从内心里产生对所承包耕地的认同感，对耕地的保护缺乏热情。

四、农地发展权的政府所有化

农地发展权(Land Development Rights)亦称农地开发权，就是变更农地使用性质之权，即将农地转为建设用地进行开发利用的权利，是一种可与土地所有权分割而单独处分的财产权。农地发展权是西方国家为保护农地、保护自然资源、保护湿地和环境敏感区、保护公共利益而设定的一种权利，是近代随着土地利用方式的多样性及相应土地收益的巨大差异而出现的。20 世纪 40 年代英国率先创设土地发展权，法国于 20 世纪 70 年代制定了类似发展权的设置，20 世纪 70 年代末美国随着空中权的形成与发展，亦设定与空中权相区别的土地发展权。在美国，土地发展权是土地所有权的一部分，但可与之分离，为了保护耕地，防止城市对郊区的蚕食，美国政府采取向耕地所有者购买发展权的办法。

设立农地发展权的关键是如何处置农地发展权，对此当今世界有两种不同的认识和处理方式：一种是主张农地发展权同地上权、抵押权一样，首先自动归属原土地所有人，农地发展权可以自由买卖，但政府有优先购买权，以保护耕地；另一种主张认为农地发展权归国家所有，如果土地所有者要改变土地用途或增加土地集约度，必须首先向政府购买发展权。

中国的物权体系中目前还没有设定开发权，但该权是客观存在的，既不归属于农民集体经济组织，也不归属于国家，客观上被地方政府占有，而且是无偿的。在计划经济时代，中国集体土地的发展权实际上一直掌握在农民集体经济组织手中。1987 年《土地管理法》实施后，尤其是 1999 年新《土地管理》法实施后，通过土地利用总体规划规定土地用途和使用条件，无偿剥夺了农村集体经济组织对其所有农地的发展权，即变更农地用途的权利。表面上看是农地发展权的国有化，实际上是地方政府（主要是地市和县市政府）占有了农地发展权。地方政府可以依据土地利用总体规划或通过修改土地利用总体规划，通过征用合法地将集体所有的土地转变为国有土地，将农地（耕地）变更为建设用地。政府取得农地的费用（即征地价格）为土地补偿费、安置补助费、地上物及青苗补偿费，政府出让该土地的价格却远远高于征地价格，两者的差额即为农地发展权价格，该价格绝大部分成为地方政府的计划外财政收入，所以客观上讲中国农地发展权归属于地方政府。

农地发展权的政府所有化不利于耕地保护。①征地成本太低，征地和出让之间存在巨大的级差收益，刺激地方政府征地。②政府通过土地利用总体规划剥夺了农民的农地发展权，使得保护耕地、保护基本农田成了农村集体经济组织和农民对国家的一种无偿义务，由于缺少经济激励机制，耕地保护客观上变成了一种无动力志愿者行动，保护效果大打折扣。③农民不能拥有可转移的农地发展权，造成经济发达地区与经济欠发达地区在耕地保护中呈现非合作博弈现象。在经济发达地区，以建设用地需求强劲为理由，大量转用农用地，逃避粮食安全责任和义务；经济欠发达地区，承担了更多更重的粮食安全责任和义务，却没有得到应得的回报和收益。这种现象，必然造成经济欠发达地区的心理失衡，产生"保护耕地就是保护落后"的非理性认识。

因此，必须通过法律设立农地发展权，并使之归属于土地所有者，通过合理管理农地发展权流转，调控全国范围内的经济发展与耕地保护之间的利益关系——经济发达地区多占耕地，就必须缴纳农地发展权变更的相关税费。在经济欠发达地区，因其承担了全国粮食安全义务而得到相应的补偿和回报。政府或政府某个部门可以购买发展权，农民从政府支付的价金中得到补偿，农民对土地仍然拥有除发展权以外的一切权利，可以继续耕种其土地，保证耕地的农业用途；同时，农民可利用出卖发展权获得的资金改良土壤，改善农业生产条件，提高耕地质量，增加耕地产量。

第四节 沉重的耕地保护成本

一、直接成本

直接成本是指在耕地保护中直接消耗的成本。耕地保护涉及的成员或单位主要有中央政府、地方政府、非农企业和农民，由于各自所处社会经济地位的差异，耕地保护的直接支出也必然有所不同[2]。①中央政府保护耕地的直接成本包括中央政府采取耕地保护行动如划定基本农田保护区、进行农地规划、实行土地用途管制、制定耕地保护法规、执行耕地保护政策等直接支付于耕地保护行动的费用。有限的耕地资源与不断增长的耕地需求之间的矛盾使中央政府面临着极大的耕地保护压力，耕地保护成本变得越来越大。②地方政府保护耕地的直接成本包括执行国家耕地保护政策、采取耕地保护行动所花费的费用。与中央政府相比，地方政府从事着更为具体的耕地保护工作，工作难度更大。由于耕地保护成本的大小随着耕地保护力度、难度的加大呈现边际递增趋势，耕地保护成本的提升意味着需要占用更多的地方人财物资源，这会使本来就较为紧张的地方财政更加紧张。出于地方财政的考虑，地方政府对耕地的保护可能会难以达到中央政府对其耕地保护的要求。③农民和非农企业耕地保护的直接成本主要是保护耕地的行动成本。由于农民的耕地保护行动已经落实到具体地块上，在实行家庭承包制、签订承包合同的同时就已经明确了耕地保护的内容，成本相对较低。

二、机会成本

耕地保护的机会成本也可称为间接成本，主要是实行耕地保护政策使耕地非农化受限制所引发的土地收益损失。①土地出让受益损失以及可能引发的非农产业增长速度减慢、中央政府和地方政府财政收入下降等。②企业生产经营规模扩张、发展速度提升等受耕地非农化限制影响所导致的机会损失，也包括企业因耕地保护不得不依靠内涵扩大再生产所增加的成本支出。③农民受耕地非农化限制所引起的机会损失，这种损失要比其直接成本大得多。

耕地保护带来的机会成本不能合理分摊，造成社会不公，客观上影响着耕地保护工作的顺利开展。以基本农田保护为例对此进行阐述。基本农田保护是为了全社会的长远利益，将优质耕地作为准公共物品限制其利用方向，只允许进行粮、棉、油、蔬菜等社会需要的农产品的生产，而不允许进行非农利用。实质上是国家控制了基本农田的发展权，而没有给予适当的补偿，导致基本农田的所有者、使用者承担了绝大部分保护成本，以及其他利益相关者承担了保护基本农田的社会成本，全社会无偿分享了基本农田保护的外部性，造成社会的不公正，客观上直接影响基本农田保护工作的开展。基本农田保护提升了土地开发成本，除此之外，因基本农田的所有者、使用者不能将其土地根据市场规律开发为非农用地，在可预见的未来地租增值所带来的价值将得不到实现。基本农田保护，一方面使一部分非基本农田土地使用权的拥有者能够利用城市高速发展的机会，从土地开发中获取较大利益；另一方面，使另一部分土地（基本农田）使用权的拥有者不能够利用城市高速发展的机会，与在城市开发中潜在的、巨大的土地开发利益无缘。这无疑是响应国家号召的农民的利益间接地受损，且损失会很大，必将打击基本农田区农民执行国家政策的积极性。机会的不平等，土地收益的巨大差别，也会使一些人铤而走险，利用和创造各种机会从事土地开发，以获取高额土地发展利益。[9]

三、代理成本

土地是属地管理，国有土地的产权由国务院代表国家行使，各级政府属于分级代理。在履行土地管理职能时，中央政府正是通过委托的方式把土地管理权限和耕地保护责任下放到省一级地方政府手里，省一级地方政府又通过层层委托、分级代理的形式把权限再逐级下放，直至县、乡各层级。这样，由上而下的分级委托代理即形成了一条长长的委托代理链。国家对耕地的管理正是通过这种委托代理机制来实现的，这种委托代理机制的建立又使耕地保护面临着过高的代理成本，进而严重阻碍耕地保护的有效实施。

委托人与代理人都是具有独立人格的经济人，都有利己的动机。面对耕地非农化所能带来的巨大经济利益，一些地方政府必然会站在自己的立场追求自身利益的最大化。代理成本的产生，正是源于他们各自利益的不相一致。耕地保护的委托代理链越长，相对委托人、代理人就越多，他们之间存在的利益冲突、分歧也就越大。于是，耕地保护的职责和目标在各代理人竞相追逐自身利益的过程中被一次次地扭曲变形。地方政府与中央政府因利益因素而进行博弈，并由此产生了大量的成本，不仅包括经济方面也包括因为中央政策无法顺利执行而产生的各种其他方面的损失。

过高的代理成本主要源于委托人与代理人之间存在信息不对称。耕地保护的委托代理链不仅过长，而且从首端到末端呈树状发散而非纵向一维。这样，越靠近首端，信息损失越多，失真越严重；越靠近末端，信息则越充分、越准确。可见，中央政府作为链首的委托人面对的信息不对称最为严重，其承受的代理成本也最大。

耕地保护的委托代理关系是基于上下级政府之间的行政隶属关系而建立起来的，是一种强制委托代理关系。换句话说，在耕地保护委托代理链中，根本不存在也无法设置“退出”装置，委托人对代理人的违约行为无法行使“退出权”以解除委托代理关系。这个机制缺陷使得委托人难于就代理人对自己作出的“不利选择”进行有效的制裁和约束，从而加大了其代理成本。

第五节 强劲的地方政府供给驱动

严格的耕地保护政策出自政府，耕地最终供给权也掌握在政府手里，从逻辑上讲政府应该能够控制耕地非农化的速度，然而实际并非总是如此。中央政府为国家基础建设项目进行征地，各级地方政府则在发展地方经济旗号下，以各种名目征用农村集体土地，从中获取经济所得、吸引投资项目进而扩大政府政绩，所以从某种意义上讲地方政府是耕地非农化的主要供给者。决定地方政府土地供给的驱动主要来自两个方面：一是经济驱动，即用耕地换资金；二是权力驱动，即用耕地换政绩[4]。此外，利益集团的权力寻租助推了地方政府的耕地供给数量和速度。

一、经济驱动

20世纪50年代中期以来，中国开始形成城乡区别的二元管理体制，人为地从政治、经济和文化等方面把城市与农村截然分开，形成“城乡二元结构”分治格局，主要表现在户籍管理、行政管理、规划和市政设施管理、社会保障以及教育、环卫、计划生育等方面的显著差异。20世纪80年代中后期以来，国家为了维持就业市场的稳定与农产品消费的安全，对农用地与建设用地实行了二元管制体制，从而形成了分割的二元土地市场。由于两类土地之间在产出、社会功能负担和税费负担上的不同，使得耕地征用价格与出让价格之间产生巨大级差，导致了农用地对建设用地转换的极大经济利益空间。参与耕地非农化收益分配的主体包括中央、省、市、县、乡（镇）、农村集体以及农民。但由于各利益主体实力不同，在参与土地收益分配时，所获得的收益大小也就存在差异。耕地非农化，对一些地方政府而言可谓一举两得，一方面以耕地换来了项目，积累了政绩，另一方面则从中获得可观的经济效益。因此，地方政府在耕地非农化中具有最直接的供给冲动，这是耕地非农化供给的经济驱动。

据蒋省三、刘守英等人在2004年的调查结果，在2004年土地严管之前的两三年，东部一些县市土地出让金收入少则十多亿元，多则近20亿元，土地出让金收入占预算外收入的比重高达60%以上。在2003年，东部某县土地出让收益19.2亿元，占预算外收入的69.3%；另一个地级市的土地出让金收入为20亿元，占预算外收入的58%；一个以小商品集散地闻名的县级市的土地出让收入15亿元，占预算外收入的60%。在中西部地区，预算外收入的增长也主要来自于土地出让收入和与土地相关收费的增长。如西部某省，省、市、县政府从土地收益的增长中获益，1998～2004年11月，全省土地出让金收入总额为32.587 55亿元。

二、权力驱动

一些地方政府在发展地方经济名义下，以耕地换项目，通过积累政绩，进而获得“行政升级”，是耕地非农化供给的权力驱动。

由于中国大部分地方政府财力有限，又要吸引投资，所以往往用廉价折抵的方式把土地资源卖出或者作为股份投入，即在土地资源与作为非土地资源的资金、物资、劳动等之间，选择了投入土地资源来提高产出，这种外延发展模式见效很快，很受欢迎。一般的做法是，地方政府运用规划、审批、征用等行政权力决定土地的供给，将大量耕地用于所谓的吸引外资、创办开发区、发展乡镇企业等方面。政府行为在某种程度上是行政长官行为，而行政长官行为必然受"政绩"驱动，一些地方政府通过以耕地换来的各种项目，从而扩大政绩作为"行政级别升级"等的砝码。

所以，一些地方政府为了权力效用最大化，不惜以耕地换项目进而扩大政绩，成为促进耕地非农化供给的不可忽视的因素。反映在基本农田保护上，有些地方政府往往是难以接受上级指标，常是凑足面积，划劣不划优，划远不划近，使基本农田保护流于形式。交通沿线、城镇和村庄周边质量好、农业基础设施完善的耕地不划入基本农田，而是将区位较差、质量较差、远离建设需求区域的耕地，甚至优先把苇塘等荒地划入基本农田保护区内。

三、寻租驱动

由于有关政府管制法律、法规和规章的表述并非完全严谨、细致，所以管制机构往往拥有一定程度的解释权。同时，在政府管制的具体操作过程中，也存在着法律、法规和规章难以明确表达清楚的地方。政府管制的过程就是政治权力因素直接介入的过程，这就为经济利益主体运用权钱交换和借助政府权力因素谋求利润，实现其最大利益目标提供了条件。经济利益主体通过各种合法或非法活动，促使管制机构采取对自己有利的解释与操作标准，以获取超额利润，这种活动就是寻租活动或称政治寻租活动（rent seeking activities）[10]。经济利益主体为获得此额外利益所付出的时间、金钱等为“寻租成本”。但从管制机构或管制者的角度来讲，“寻租成本”就是他们的“无偿收益”。这种收益一般是与其给予利益集团的“优惠”呈正相关的。所以，政治寻租往往使得国家利益或公共利益受损。

就土地寻租来讲，有些用地者为了多用地、用好地（一般是城市周边、交通沿线的优质高产耕地）、低价得到土地、突破规划得到土地，往往向那些意志薄弱、法律意识淡薄的官员行贿，这在协议出让土地中表现得尤为明显。那些政府官员受贿后，必然为行贿者提供方便。用地者行贿越多，那些政府官员违法批地、违法供地的数量就会越大。2002 年和 2003 年，中国仅立案查处的违法批地和低价出让土地的案件就分别达到 531 件和 485 件，涉及耕地分别为 37.38 公顷和 133.55 公顷。虽然党和政府对土地违法的查处力度越来越大，但是由于种种原因，大量的违法批地和低价出让土地的案件还没有暴露出来。所以利益集团的政治寻租活动，助推了耕地非农化的数量和速度。

第六节 土地利用规划的缺陷

土地利用规划是土地管理的龙头，是土地用途管制的依据，是耕地保护的根本。中国的土地利用规划经过近 20 年的发展，通过两轮规划实践，尤其是 1997 年以来积极而富有成效的探索，在理论和方法上都有了很大进步，法律地位和社会地位不断提高。但由于中国土地利用规划研究与实践的时间较短，仍处于探索和完善的发展阶段,不可避免地存在一些缺陷与不足,客观上制约了土地用途管制的耕地保护绩效。

一、规划理念需要更新

规划的理念是指对规划的认识和编制规划的指导思想。土地利用规划要解决的主要矛盾或核心内容是解决土地面积的有限性与土地需求的增长性之间的矛盾,即协调土地供给与需求之间的矛盾。为了解决这一对矛盾,中国的土地利用规划实践了两种模式。

(1) 第一轮规划采用"以需求决定供给"的思路。首先预测各业、各部门的用地需求量,然后依据需求分配供给。但由于不同用途的土地利用效益不同,在比较利益驱动下,导致建设用地需求失控,耕地保护政策难以实现。

(2) 第二轮规划吸取前次规划的教训,采用"以供给决定、引导需求"的思路。设定三项指标:建设占用耕地指标、补充耕地指标、开发复垦整理耕地指标。此三项指标是刚性的,由上至下层层分解下达,各级政府以此作为编制本行政区土地利用总体规划的依据加以具体落实。指标分配带有明显的计划经济色彩,况且由于信息不对称,使得指标分配依据不充分,造成下达指标与实际情况有很大出入。"一刀切"的做法使得一些省份之间以及省内各地区之间指标盈亏不均的矛盾十分突出,出现了省内指标交易、异地开发等现象,但大量的交易是无序的,耕地开发多是低质量的甚至只是纸上谈兵,导致土地管理混乱,使得耕地保护无法真正落到实处。

从以上分析可以看出,中国前两轮的土地利用总体规划仅仅是单纯的"分蛋糕"思路,是一种 1+1=2 的线性思维,对如何"做蛋糕"以及如何把蛋糕做大、做厚缺少研究。规划就是公共政策,从公共政策的角度考虑，就是先要有效增进公共利益，然后再考虑合理分配。今后，土地利用规划不能把眼睛全盯在有形规划上，即空间设计、“硬规划”中，而要拿出相当篇幅关注无形规划，即政策设计、“软规划”。通过政策设计，优化土地利用结构，提高利用效益，以增加土地的经济供给。耕地保护是一个系统工程，第二轮规划虽然强调了耕地总量动态平衡、基本农田保护和建设用地规模控制，但忽略了推进节约集约利用、提高土地利用效益的政策设计，使得近几年土地利用粗放型方式未能有根本改变，耕地保护效果大打折扣。

二、规划体系不尽完善

完整的土地利用规划体系应包括土地利用的区域规划、土地利用总体规划、土地利用专项规划和土地利用详细规划，但目前中国土地利用规划主要进行的是土地利用总体规划，而对其他的土地利用规划关注较少。

（1）对跨行政区域的土地利用规划研究不够。从目前的规划实践来看，各地普遍开展的是各级行政区域的土地利用总体规划，而较少编制跨行政区的自然区和经济区的土地利用总体规划。从土地利用的实际状况来看，各地区的土地利用在很大程度上是受土地的自然特征和社会经济特征在广泛的区域联系与相互影响所制约的，这种联系和影响往往与行政区划不相吻合，因而单纯建立在行政区划基础上编制的土地利用总体规划难免会与土地利用的实际情况不相符合。

（2）“总规”与“城规”缺乏协调。当前，中国的土地利用总体规划和城市规划，由不同的部门负责和分开编制。尽管《城市规划法》和《土地管理法》都规定了两个规划应相互协调，并规定两个规划都应由各级人民政府组织编制，但由于两个规划负责的部门不同、规划的目的不同、编制规划的时间以及所依据的技术标准等不同，两者的矛盾仍然很多。耕地减少的一个主要原因是城市扩张占用，如果土地利用总体规划无法控制城市规划，土地利用总体规划的耕地保护目标则难以实现。

(3) 缺少乡级土地利用详细规划。当前的五级土地利用总体规划，在目标、内容、结构、实施保障等方面几乎“上下一般粗”，宏观太细，微观太糙，增加了规划的实施难度。乡级是土地利用和土地管理中的最基层单位，土地利用行为和土地管理活动频繁发生，编制比例尺大于1∶2 000的乡级土地利用详细规划，明确每一块土地的用途，有利于土地用途管制的实施，有利于耕地保护目标的实现。

三、公众参与程度不够

公众参与的本质是通过一定的方式和程序让更多的公众参加到那些与他们息息相关的政策与规范的决策制定与过程中去。规划的公众参与不仅包括了参与范围、参与人员、互动过程及参与结果，更重要的它不是一种事后的参与，而是贯穿在整个规划编制和实施中，其最终是让具有法律效率的规划文件成为社会各阶层在谋求自身利益时必须遵守的共同“契约”。在国外，公众参与规划已经具有漫长的历史，并且形成了较为成熟的理论与方法体系。近年来，在中国，公众参与土地利用决策或规划也日益受到重视，但目前社会参与度和公开性仍然不够，大部分规划的参与属于事后或被动地参与，这主要是由于长期以来中国的规划是由政府和专家一手包办，规划机关对公众提出的建议不够重视，公众没有能力影响最终的规划决策，以及公众无法从参与过程中感受到自身福利的提高所致。

规划的目的是创造更好的人地关系，其内容和方式也是规划期内社会经济普遍性需求和愿望的体现，因此规划决策和实施需考虑多种因素，协调各种关系，仅靠政府和规划编制者的智慧、经验是远远不够的。规划实质上是不同利益冲撞、融合、协调的过程，是政府各部门相互协作的过程，是公众了解、认知、拥护、贯彻规划的过程。今后要进一步强化开放式规划的理念，开门做规划。第一，吸引社会各界专家、学者、各部门参与规划编制，借鉴国内外、不同地区的规划经验教训，通过各种渠道、各种手段听取各方意见，确立规划目标。第二，尊重老百姓的话语权。规划地区的公民不仅对规划地区的情况了如指掌，而且对自己生活的地区未来的发展设想最具有发言权，规划师要做的是通过公众参与将他们的愿望和理想变成切实可行的方案。公众参与既可以对规划人员收集的资料予以及时修订，又可以将规划的目标和设想及时与公众进行交流，以提高决策方案的可行性和满意度。同时，由于规划的思想和理念在规划编制过程中深入人心，规划实施的难度将降低，公众也可及时调整其行为，自觉按照规划的要求调整用地方式和投资方式。

四、土地用途分区中存在较多问题

与一些国家相比，中国开展土地用途分区的研究和实践历史较短，最早是 1987 年在河北省辛集县土地利用总体规划试点时进行土地利用规划的土地利用分区。县、乡两级土地利用总体规划的核心是搞好土地用途分区，为土地用途管制提供直接依据。第二轮土地利用总体规划中，土地用途分区的种类和划区方法能大体从宏观上反映县域土地的基本用途，但仍然存在很多问题[11]。①在县、乡两级规划中，由于大多数编制规划人员不完全理解“用途分区”的概念，其土地利用分区仅仅是土地利用类型区，即以一种类型区为主的类型区组合，分区种类与土地利用现状分类成对应关系，用地区的面积就是其用地类型的面积。这种分类只是对土地利用现状进行划分，并不适合土地利用规划的用途分类。②在部分县、乡两级规划的土地利用分区中，由于分区不完全合理，造成分区结果普遍过于零碎。有些用地类型面积比较小，其用地区在土地利用总体规划图上表示不出来。因此，规划的灵活性较差，分区缺乏弹性。③分区管制内容及管制规则不够完善，制定的原则性土地利用分区管制措施过于笼统，为规划的实施管理增加了难度。此外，中国的土地用途管制规则只对土地的用途进行限制，而对其开发环境却少有具体的要求，开发项目只要符合土地利用总体规划，就可以申请立项，由于缺乏对开发环境方面的管制，土地利用中存在的问题很多。④由于不同研究者在土地利用分区的类型划分上，对其目的、内容、要求理解不同，导致对土地利用分区最小单元的规模划分和属性用途的规定有所差别，因此目前尚没有能为人们广泛接受的类型划分体系。⑤乡级分区图的比例尺太小，一般为 1∶10 000，分区界限含糊，起不到警戒作用。

五、一些地方政府“重城规，轻总规”

与城市规划相比，地方政府对土地利用总体规划的重视程度不够。一个原因是城市规划历史悠久，在规划的方法和技术上，比土地利用总体规划更加成熟。但最关键的是城市规划体现了地方政府的目标，地方政府借助城市规划可以预留储备较多的建设用地，所以大部分城市规划是地方政府主动要做的。而土地利用总体规划更多地体现了国家目标，而中央的目标与地方的目标有时是不完全一致的，所以有些地方的土地利用规划往往是被上级部门要求编制的。这种差别导致以下四个后果。一是客观上城市规划的地位高于土地利用总体规划。城市规划一般是市长项目,而土地利用总体规划一般是副市长项目,使得土地利用总体规划难以有效地约束作为部门规划的城市规划,使土地利用规划失去严肃性。二是土地利用总体规划得不到足够的资金、技术支持,土地规划的费用一般不到城市规划的1/10,这是基础数据不详、专题研究不够深入的一个重要原因。三是土地利用总体规划的稳定性差,一些地方政府可能受到政治利益或经济利益的驱动而合法地改变规划,这种情况在政府换届时经常发生。四是规划管理不到位。“三分规划,七分管理”,在土地利用总体规划管理中,编制是基础,审批是保证,实施是最终目的。总结评价第二轮土地利用总体规划,存在编制审批程序不尽科学、规划实施监督乏力、重视对规划结果的控制而忽视对过程的控制等问题。由于对土地利用过程控制不力,最终没能实现对结果的控制。

参考文献

[1] 王玉琼:“耕地保护与政府职能的相关性分析”,《农业经济问题》,2004 年第 4 期。

[2] 钱忠好:“耕地保护的行动逻辑及其经济分析”,《扬州大学学报》(人文社会科学版),2002 年第 6 期。

[3] 曼瑟尔·奥尔森:《集体行动的逻辑》,上海三联书店、上海人民出版社,1995 年,第 5~63 页。

[4] 蔡运龙、霍雅勤:“耕地非农化的政府驱动”,《中国土地》,2002 年第 7 期。

[5] 中国土地勘测规划院:“我国耕地变化态势及影响机制”,2004 年。

[6] 王克强、刘红梅:《中国农村地产研究》,上海财经大学出版社,2003 年。

[7] 杨瑞珍:“我国耕地资源流失原因的深层剖析与政策建议”,《中国人口·资源与环境》,2005 年第 3 期。

[8] 姜国祥:"农民收入增幅持续下降的制度性原因分析",《农业经济导刊》,2004 年第 7 期。
[9] 中国土地勘测规划院:"基本农田保护的制度与政策研究",2004 年。
[10] 刘小兵:《政府管制的经济分析》,上海财经大学出版社,2004 年。
[11] 叶艳姝、吴次芳:"有效管制耕地的土地利用分区规划问题探讨",载《土地用途管制与耕地保护》,北京大学出版社,1997 年。

第七章
提高耕地保护绩效的对策探讨

耕地保护是一个系统工程，涉及多种因素。因此，提高土地用途管制制度之耕地保护绩效的对策，涵盖面也比较宽泛，既有直接对策，也有间接对策。前者主要是指土地利用总体规划的可操作性，包括基础数据的真实性、规划技术方法的先进性、控制指标预测与分配的科学性、用途分区的合理性、实施策略的针对性和有效性，等等。后者主要是指农地制度、土地收益分配政策、城市发展政策、公共财政政策等配套机制，如通过财政激励机制以控制耕地的建设占用，通过城市发展政策挖掘存量土地，降低对增量土地的需求，这些措施从整体上可以缓解耕地保护的压力，提高土地用途管制制度的耕地保护绩效。

第一节　优化农地产权制度

农地产权的完整性是土地用途管制制度能够有效保护耕地的基础。完整的产权必须满足以下条件：产权必须是完全界定的，产权必须是排外的，产权必须是可以流动的，对财产权必须加以有效控制。完整的、可流动的、可继承的产权可以激励农民尽心保护耕地，珍惜耕地，合理利用耕地，提高耕地资源的配置效率，减少耕地资源的撂荒闲置。

一、构建新型的农地产权体系

以产权明晰、长期有效、市场化流转为目标，完善农地产权制度，构建新型的农地产权体系。具体讲，就是明确农地产权主体，使其边界清晰，科学界定农地产权的各项权能，赋予农地承包权的物权性质。当前应构建“三权分离式”的新型农用土地产权体系，体系中应设定出“集体土地所有权”、“承包土地使用权”和“土地耕作经营权”等三种主要产权形态，并赋予清晰而具体的权利和义务。

（一）集体土地所有权的界定

集体土地所有权为农用土地产权体系中最高层次的产权形态，其上可设置承包土地使用权等其他土地权利。集体土地为村集体所有，村民委员会为所有权主体代表。土地所有权益随集体经济组织成员的身份而取得，每个成员都有均等而不可分割的权益。该权是土地的一项最主要物权，所有权主体和每个集体成员平时都享有土地带来的所有权收益，征地时可适当分割土地补偿。土地的处置权由所有权主体行使，可用于开展农业生产、发包、出让、入股、出租等经营活动，并可获取土地所有权收益。集体土地所有权不得买卖，除土地交换、集体经济组织合并分拆、国家征购土地时才能发生所有权转移外，任何单位和个人不得随意改变集体土地所有权性质[1]。

（二）农地承包使用权的界定

承包土地使用权是集体土地所有权下的一个完整、独立的土地产权形态。土地使用年期为30年或更长，本集体经济组织内的农民有获得该权利的优先权，使用权人也以本集体经济组织内的农民为主。一般以承包或“四荒”拍卖或租赁方式取得承包土地使用权。集体经济组织内部可按户均分承包的方式获得使用权，已在第一、二轮承包或延包中承包了土地的农民则应直接界定为取得承包土地使用权。在土地使用年期内，承包土地使用权之上可附设土地经营权等他项权利，土地可由使用权人自己使用，也可以转让、入股、出租于他人经营。经土地所有者同意，还可以用于抵押融资。承包土地使用权按不动产的特性给予法律保障，一经取得并通过政府土地登记，使用权人和土地权利义务不能再随意改变，必须改变的，当事人要按市场价格向使用权人支付土地财产损失的补偿。承包土地使用权是土地的一项基本物权，取得使用权需支付相应的土地费用或地价、地租，使用权人平时享有利用或经营土地使用权带来的收益，在国家征用土地时还可获得丧失土地使用权的补偿。[1]

（三）农地耕作经营权的界定

土地耕作经营权是在承包土地使用权上附设的一种他项权利。承包土地使用权人可将其土地耕作经营权单独以转让、转包、分包、出租等方式流转经营，经营期可根据经营的需要由承包或租赁双方自行商定。对土地转让、转包、分包、出租等经营活动，本集体经济组织内的其他农民具有优先权，经本集体经济组织2/3成员同意后，土地可对外转让、转包、分包、出租。在不超越承包土地使用权的范围内，土地耕作经营所涉及的经营费用、经营方式、经营时间、生产任务和责任等均由合同约定，并可随合同改变而改变。土地耕作经营权具有一定的债权属性，取得经营权虽也需支付相应的土地费用或地租，但经营者主要收益来自于农业耕作和生产而非土地。经营期内如国家征用土地，经营者有权获得青苗补偿及经营损失补偿。[1]

二、培育农地使用权市场

农地市场建设的基本目标是“稳制活田”，具体讲就是“一稳定，两不变，三分离”。即稳定家庭承包制；坚持农地集体所有不变，耕地用途不变；将集体土地所有权、承包权、经营使用权三权分离，承包权依附于农户，经营使用权作为一种商品，根据农户自愿，可实行依法有偿转让，亦即建立两级农地使用权市场体系[2]（图 7—1）。

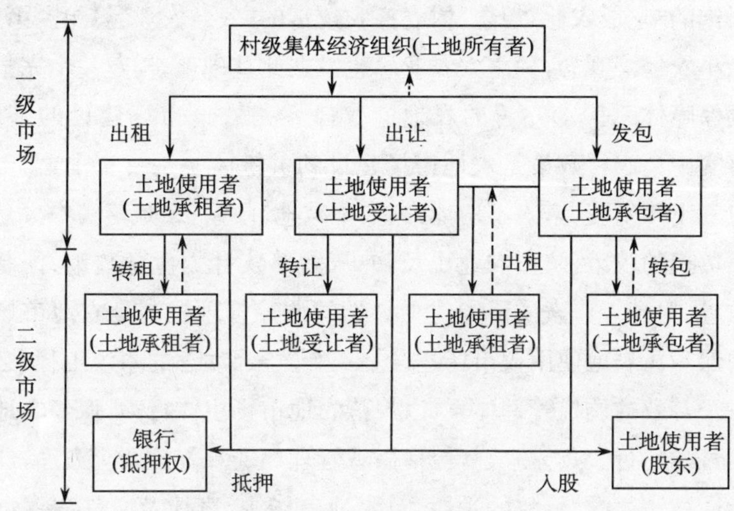

图 7—1　中国农地使用权市场目标模式

资料来源：于静波(1996)。

农地市场目标模式中，一级市场是垄断市场，有承包、出让、租赁等形式，出让主体是农村集体经济组织，是唯一的。二级市场是竞争市场，包括转包、转让、出租、抵押、交换、入股联营等形式，转让和受让主体是多元的。两级市场相互联系、相互作用，一级市场是二级市场的前提条件，是整个市场体系的关键部分，二级市场是一级市场的进一步深化，是整个市场体系的最活跃部分。通过二级市场的运行，使初始的短期、静态的农村土地经营模式转型为长期稳定、动态流转的农地经营模式，这种模式体现了公平优先、兼顾效益的原则，这就是新形势下家庭承包责任制的科学内涵。

农地使用权市场的健康发育与运行，必须有科学的保障体系。首先，应更新农民、农村干部的思想理念，使他们摒弃自产自销的传统农业观念，树立商品农业思想。其次，破除农业不能致富，只能解决温饱的“吃饭农业”观念，树立务农致富的“效益农业”思想。第三，破除小农经济观念，树立大农业思想。在此基础上，构建一个完整的协调保障体系。①完善的农地产权体系是农地市场建设的基础。②落实中央农村政策是农地市场建设的关键。一是落实中央“土地承包三十年不变，增人不增地，减人不减地”政策；二是落实中央减轻农民负担的政策，防止农业税反弹；三是落实计划生育政策，控制人口数量，提高人口素质。③建立科学的调控管理机制是农地市场建设的保障。农地使用权市场建设是一个复杂、动态的系统工程，必须有一个有效的调控管理体系，以规范农地市场主体行为，保障农地市场的科学运行。具体来说，包括微观管理和宏观管理两个方面，前者是指通过法律的、行政的手段，对农地市场主、客体及交易程序进行规范，以保证公平交易，平等竞争；后者主要是运用经济手段对农地市场进行干预和调控，为农地市场的培育和发展创造外部条件。

④创设农村剩余劳动力转移的外部环境是农地市场建设的助推器。非农产业不断提供新的就业机会,使农村剩余劳动力逐步从农业中转移出来,借以缓解农村人地矛盾,能够促进农地流转,推动农地市场的快速发育。

三、重视农地产权登记和合同管理

土地登记是指土地登记机关依照权利人的申请,按照一定的程序,将土地及其附着物的坐落、面积、四至、用途、价值、所有权、使用权和他项权利及其转移情况,详细登记在政府特制的簿册上的政府行为,借以加强地籍管理,确定产权,维护土地交易秩序。土地登记是解决土地纠纷的重要依据,可使土地流转更加可靠并降低成本,能促进土地市场发育。1995 年新的《土地登记规则》提倡对农用地使用权进行登记,但至今大部分地区基本没有开展这项工作,有的地方虽然进行了农地使用权登记,但形式和要求各不相同,这是造成很多土地纠纷和滥用职权的原因之一。因此,应当建立简单、统一的农地登记制度。第一,在县级土地管理部门的具体指导下,在乡镇一级设立农地登记部门,行使农地登记职能,可设在乡镇土管所。第二,在省域范围内制定简单、统一的农地基本登记制度,制定统一的登记文本。第三,对农民自发的土地投入实行严格的土地登记制度,以此为基础,确认农户在土地使用权转让、征用、收回中的级差收益。

土地使用权证书和承包合同是农民依法享有土地权利和解决土地纠纷的基本依据。但调查表明,中国农地使用合同管理存在许多缺陷。为此提出以下建议。第一,在严格执行土地登记制度的基础上,在拥有土地所有权的村集体和农户之间必须按有关程序签订明确的土地使用合同。第二,合同除由农户、村集体保存之外,副本必须由农地登记机关保存一份。第三，应当制定一份普适的、合同基本要素齐全的标准合同范本。该范本应当反映关于农村土地的基本政策和法律规定，应当包含合同双方对土地的具体权利和义务，明确规定土地使用权的起止时间，允许农民转让、转包、出租土地使用权，不调整土地，征用土地要进行补偿，对违反合同条款行为进行惩罚，以及规定土地纠纷的解决方法等。合同应由双方代表签字方能生效。此外，土地合同还应附有政府机构颁发的、单独的土地使用证书。

第二节 改革土地征用制度

土地征用是各个国家或地区普遍存在的一种制度，是国家或政府为了公共目的而强制取得土地所有权或使用权的行为。新中国成立之初，中国政府即确立了国家建设征用土地制度，五十多年来一直没有间断，但不同历史阶段有不同特点。1997 年之前，中国基本实行的是“分级限额”征地审批制度，核心目的是保证建设用地的需求，突出了征地的强制性概念，规定了征地补偿范围和补偿标准。这一制度有效保证了建设用地需求，但无法控制建设用地总量，致使耕地锐减、人地矛盾加剧。为此，1999 年 1 月 1 日施行的新修订的《土地管理法》，在突出耕地保护的核心目标下，在征地制度上作出了重大调整，确立了依据土地利用总体规划、实行以用途管制为核心内容的农用地转用和土地征用审批制度，上收了征地审批权，严格规范了征地报批程序和报件，上调了各项补偿、安置标准，增加了征地透明度。该制度实施以来颇见成效，但实践中仍暴露了不少问题和缺陷，削弱了土地用途管制的耕地保护效果。

一、现行土地征用制度的缺陷

（一）征用目标泛化

征地集中体现了政府的行政权与公民财产权的冲突，即公权力与私权利的矛盾。征地本质上是政府公权力对私权利的限制，这体现于它的强制性，即不需要被征地人或单位的同意就能产生法律效力。为了防止公权力不当侵害私权，各国都通过专门法律将“公共利益目的”作为征地的唯一合法理由。中国新《土地管理法》规定：“国家为公共利益的需要，可以依法对集体所有土地实行征用。”由此可以看出，中国现行法律将征地限制在公益性范围内，国家行使土地征用权必须是为公共利益服务。但现行法律却未对公共利益作出详细的阐释，即宪法和法律授予了国家征地的权力却未对权力的行使作出具体的限制。况且新《土地管理法》第四十三条又规定：“任何单位和个人进行建设，需要使用土地，必须依法申请使用国有土地。”“所称依法申请使用的国有土地包括国家所有的土地和国家征用的原属于农民集体所有的土地。”据此，各级政府将征地范围从公共利益需要扩大到包括非公共福利亦需要的一切用地项目上。公共目的或公共利益限定的不足为政府滥用土地征用权创造了条件，导致国家土地征用行为缺乏规范，进而帮助了耕地非农化。

（二）补偿标准偏低

一是征地补偿范围偏窄，仅限于土地补偿费、安置补助费、地上附着物和青苗补偿费，而市场经济国家和地区的土地征收补偿除此四项外，一般还包括残余地和连接地的补偿、经营损失和租金损失补偿、迁移费补偿等。二是征地补偿费测算方法不科学。国外的征地补偿基本是以市场价格为标准确定的，而中国的征地补偿费是按照被征前三年平均年产值的若干倍计算，不考虑区位差异，且多年不进行调整，本质是政府决定征地补偿。由于土地利用方式、种植制度、市场情况等条件的不确定性，前三年平均年产值难以反映被征用土地的本质特性。三是现行土地征用按土地原用途对农民进行补偿，以农民生活在农村为补偿背景，这是要求被征地农民以农业收入生活于城镇之中，有失公平。四是公益项目征地普遍是政府硬性定价，强调重点项目是为了造福百姓，依靠行政手段以政府行文的方式强制形成征地补偿标准，实行征地包干，不仅远低于市场价，而且低于土地管理法确定的计算价格。

征地补偿实质上就是征地价格。根据土地供需规律，征地价格太低，必然刺激征地需求。在农民无权制约征地供给的情况下，征地补偿标准偏低，不仅侵害农民的土地经济利益，而且激励着耕地的快速非农化；过低的征地费标准与城镇建设用地拆迁改造费用相比存在巨额差距，致使一些建设单位宁愿通过征地占用大量耕地，而不愿高成本利用城市存量土地。

（三）产权经济关系没有理顺

征地是一个相当复杂的过程，牵涉四个主体——农村集体经济组织、农民、国家政府和土地使用者。相应则发生六重关系——农村集体经济组织与国家、农村集体经济组织与用地者、农村集体经济组织与农民、国家与土地使用者、国家与农民、农民与土地使用者。征地的结果是国家获得了土地所有权，集体经济组织失去了土地所有权，用地者通过出让、划拨或租赁等方式获得了土地使用权，农民失去了土地耕作权即生活保障权。合理的利益经济关系应该是国家向集体经济组织支付土地所有权价格,向农民支付生存保障费用,用地者向国家支付出让金或租金,集体经济组织把地价款服务于其成员——农民,用地者和集体经济组织和农民没有实质性利益与义务关系。但实际情况是,国家获得了土地所有权,却游离于义务之外,而且经过土地一级市场运作,却有较大赢利;用地者不但要支付出让金、租金,还要支付土地补偿费、安置补助费、地上物补偿费,负担很重;集体经济组织只是获得了较低的补偿,但迫于政权压力还必须替政府着想,通过土地开发整理、调整土地承包关系对农民进行安置。产权关系和经济关系不顺,导致很多问题:用地者负担过重,农民利益受损,集体经济组织两头受气,地方政府滥用征地权以寻租,这是耕地非农化的一个重要原因。[3]

二、完善征地范围的建议

按目前的规定,中国征地权的使用可以分为两类:一类是城市建设需要占用农民集体的土地,国家可以行使征地权;另一类是城市外能源、交通、水利、矿山、军事设施等项目占用农民集体的土地,国家可以行使征地权。和国外相比,征地权的范围太宽,已带来不少负面影响。一是城市用地规模过度膨胀,导致粗放使用,资源浪费;二是优质良田大量减少,人地矛盾加剧,生态环境质量下降;三是产生大量无地、少地农民,引发不少社会问题。当前越来越多的地方建立了城市土地收购储备制度,提出了"经营城市"方略,原宗旨是通过对城市存量土地进行开发整理,通过招标、拍卖、挂牌出让等有形土地市场,增加城市收入。但在强大的经济利益驱动下,"经营城市"已经演变为"城市政府"低价征地、高价出让,以地生财、以地聚财的行为,导致新一轮城市膨胀。

建议依据慎用征地权的原则，严格按照宪法、土地管理法规定的条件——“为公共利益需要”进行征地，其衡量标准有三个：用地项目具有不可分割性，受益的非排他性，不以营利为目的。应借鉴各国法律的规定，在《土地管理法》等实体法中通过列举方式对“社会公共利益”作出进一步的阐释，以防止政府征地权被滥用。对非公益性用地，应在符合土地利用总体规划的前提下，让非公益性用地直接进入市场，充分发挥市场配置土地资源的基础性作用，按市场价格通过购买方式取得土地，当然这需要相应的政策条例进行规范。

三、对征地补偿制度改革的理论思考

经济利益是征地过程中的核心问题。大量事实证明，补偿标准已经成为国家、农民、建设单位之间矛盾冲突的主要原因，也是耕地非农化的重要调节工具，因此必须公平合理地确定征地补偿标准。

（一）对两种观点的评价

1. 按征地目的实行分类补偿

根据用地单位使用土地是否以营利为目的，将征地分为两类：一是公益性非营利类征用，如行政机关、军事用地等；二是经营类征购，包括公益性经营用地和非公益性经营用地。对于前者，采用不完全补偿原则，征地费用由征用地价款、地上附着物和青苗的补偿费构成。征用地价款以农用地基准地价为标准测算，其价值内涵是“农地级差地租Ⅰ＋农地级差地租Ⅱ＋绝对地租(农用)”的资本化；地上附着物和青苗如实补偿。对于后者,采用相当补偿原则,征购土地费由征购地价款、地上附着物和青苗的补偿费构成。其中地上附着物和青苗如实补偿。征购地价款是在农地地价的基础上,参考集体农用地转为国有建设用地后的用途及其预期收益等因素确定,其价值内涵是“农地级差地租Ⅰ+农地级差地租Ⅱ+绝对地租(农用)+绝对地租(非农)”的资本化。这种补偿思路尊重了农民对土地享有的财产权,有一定合理性,但没有考虑农民的耕作权,而且前者的征地补偿费用会明显低于后者,此种差别农民不一定理解。公益性事业是公众受益的项目,让被征地农民承担相关的一些经济责任,把政府的负担转嫁到老百姓头上,存在明显不合理性。

2. 按区位条件实行级差补偿

根据建设用地距离城市中心的远近,分层次确定土地补偿费标准。补偿费用由城市中心向外依层次递减,层内呈一致性,层间呈显著差异性。其理论依据是西方城市利用的“圈层说与级差地租理论”。至于圈层的数量和范围的确定,南京市的做法是分三个层次。第一层次为主城区范围以内的区域,相当于土地利用总体规划确定的城镇建设用地范围,主要由市政府按照规划和计划实行分批次土地征用。第二层次为主城区范围以外、市区范围以内的区域,或称城市郊区、城市边缘区等,以单独选址项目征用土地居多。第三层次为城市外围区域,也称为郊县或城市远郊,征用土地主要为实施村镇规划。每一个层次还可以进一步细分出若干个小层次。此种补偿标准的确定方法考虑到了土地的区位差异,本质是首先对土地进行定级,然后按级施行征地补偿,其思路是科学的,但按圈层进行级别划分过于简单化和理想化。土地市场价格的实际水平并非严格由城市中心向城市外围呈现均匀递减趋势，因交通、基础设施水平、用途和环境等影响因素的差异，同一圈层中的地价水平会有很大不同。

（二）补偿结构体系的优化

一般地，征地补偿可以分为完全补偿、不完全补偿和相当补偿三种类型。就国际整体发展趋势看，对于国家合法行为所造成的损失，其补偿范围与标准呈日渐放宽之势，对被征用者所造成的损失给予更充分、更完全的补偿。当前中国征地的补偿范围仅限于与被征用客体直接相关的经济损失，而对与被征用客体间接关联以及因此延伸的其他附带损失未规定予以补偿，属于不完全补偿，且补偿范围和标准比世界其他国家偏低。应该将能够举证的具体损失和可以预见的利益损失列入补偿范围。土地征用带来的直接损失包括地上物损失、集体经济组织土地所有权损失、农民耕作权损失；间接的损失是残余地或连接地价值的减少、生态价值的损失等。依据当前的中央政策，农民承包的耕作权 30 年不变，可以转包、转让，具有物权性质，实质是农民的生存保障权。因此征地补偿费应包括土地所有权补偿、农民生存权补偿、地上物补偿、残余地补偿、农地生态环境效益补偿。

（三）征地补偿费的计算方法设计

（1）土地所有权补偿。按土地市场价全额补偿。对“圈内[①]”的土地，按城市土地基准地价经因子修正后全额补偿；对单独选址项目用地，按农用地基准地价经因子修正后全额补偿。

---

① “圈”指土地利用总体规划确定的城市建设用地范围。

（2）农民生存权的补偿。采用下列公式计算：

$$L=\frac{A}{R}\left[1-\frac{1}{(1+R)^n}\right]P$$

L——生存权补偿费（元）。R——还原利率，可以采用银行三年期存款利率。A——保证一个农民正常生存的年费用（元），具体确定可以地区而不同，可以选取城市居民年最低生活保障费，也可以根据地区平均正常消费水平而定。n——补偿年限，具体可依据地区人均寿命经修订而定。假如一个地区人均寿命为 72 岁，16 岁之前由父母养活，65 岁以后由农民集体或子女养活，因此，$n=72-16-(72-65)+1=50$。P——需补偿的人口数。《土地管理法》确定的计算方法是被征用耕地数（亩）除以被征前人均耕地占有数，此为封闭的计算方法，不够科学。人均耕地占有量地区差别很大，人均耕地占有量很低的地方，农民的生存保障并非完全依赖土地。因此建议采用联合国确定的人均耕地警戒线计算需补偿的人口数。具体办法为被征用耕地数（亩）除以 0.8 亩，如被征用耕地数为 80 亩，则需补偿人口数为 80（亩）÷0.8（亩）＝100 人。征用非耕地的补偿人口数比照此方法计算。

（3）地上物补偿。地上物包括建筑物、构筑物、青苗、树木以及农业生产服务设施等，依据实际价值进行补偿。

（4）残余地补偿。可以通过农地价格评估来确定。假如征前的剩余地评估价格为 A，征后的剩余地评估价格为 B，则（A－B）即为残余地补偿费。或者通过估计残余地需新建、增建或改进、修缮、整理等必需的费用来确定。

（5）生态环境效益补偿。农地的减少不仅是经济问题和社会问题，还包括生态问题。农地具有涵养水源、净化空气、调节小气候等生态功能，对农地的减少，通常的思路是通过增加绿地面积以还原生态效益。因此可以根据农地的减少与相应绿地面积增加的关系采用影子工程评价技术，评估农地生态效益损失。

（四）征地补偿制度改革保障体系建设

(1) 征用“圈内”的土地，国家需通过征收土地增值税以实现国家利益，抑制地价水平，防止农民卖地寻租。增值额以土地所有权补偿费减去农地基准地价来确定，可采用超率累进税率，但应低于现行增值税税率水平。对于单独选址项目，国家无须收取增值税。

(2) 对于“圈内”的农民集体所有土地，既要按城市建设用地标准纳入其定级体系，确定基准地价，建立因素、因子修正体系；又要依据农地定级标准，确定其农地基准地价，并建立农地因素、因子修正体系。对于“圈外”的土地，要尽快确定其农地基准地价，建立因素、因子修正体系。

(3) 征地时地价的评估工作应委托有资质的专业中介评估机构进行，不能由土地管理部门评估。法律、政策、条例面前人人平等，各级政府及其职能部门都要遵纪守法，不能带头违法。

第三节　构建与土地用途管制相配套的激励和约束机制

当前土地用途管制的实施主要依赖直接管制，但因缺少相应的政策激励和经济约束机制，致使管制成本过高，减弱了耕地保护效率。设计通过提高耕地比较利益、增加耕地占用成本、改革地方政府官员政绩考核体系等措施，激励农民、地方政府保护耕地的积极性，抑制地方政府、土地使用者占用耕地的冲动。

一、提高耕地比较利益

与城镇、工矿、交通等建设用地相比，耕地收益相对低下，在市场经济体制下，效益低下的耕地必然有向效益较高的其他用地转变的冲动。因此，只有提高耕地的比较利益，才能从根本上抑制这种冲动，建立起保护耕地的经济机制。

（一）增加投入，提高耕地产出水平

政府应不断拓宽融资渠道，加大对耕地的投入，以建设促保护。通过改良土壤、改善生产条件，提高耕地产出水平，以增加农民收入。当前，农业基础设施投入资金有下降趋势，使得耕地增产的潜力还没有充分发挥出来。建议国家制定相应的政策，设立耕地保护和开发建设基金，多渠道筹集资金，但国家投入应成为该基金的主要来源。一是政府可整合现有的农业综合开发资金、农田水利建设资金、中低产田改造资金和土地开发整理资金等多渠道的资金。二是将造地费、新增建设用地有偿使用费、耕地占用税、土地闲置费等全部打入该资金，并可考虑从土地出让金中分割出一定的比例用于基本农田的保护和开发建设。耕地保护和开发基金应集中使用、重点投入，主要用于耕地尤其是基本农田的保护和开发建设。主要投资方向应为：耕地和基本农田保护规划；农田整治，包括农地重划、整修沟渠、生态林（护坡林、护沟林、防风固沙林）营造、道路建设、障碍物清除等；农田基础设施建设，包括水利灌排设施、防洪设施等；农田地力建设，包括培肥地力、改造中低产田等。

（二）补偿农民的机会成本损失

耕地保护尤其是基本农田保护会使农民丧失一些发展机会，因此国家应实施一系列优惠政策，弥补当地农民的机会成本，调动当地农民保护耕地的内在经济动力，以便能够真正地将耕地（基本农田）长期保护起来。一是国家可以将政府贷款、资源保护工程、农业科技攻关项目等有助于农业发展的政策措施优先安排在耕地保护区。二是各级政府将农田水利建设、土地整理项目、农业综合开发项目等农业基础设施建设工程优先安排在耕地保护区。三是对投入保护区的生产资料税收实施部分或全额减免，确保农民的低成本投入。四是借鉴国外的经验，在基本农田上设立发展权，并初始归属于农民集体经济组织。政府或耕地保护组织出资购买发展权以使基本农田得以长期保护，并使农民的经济利益得到保障。

（三）完善农业补贴制度[4]

所谓农业补贴是指政府通过财政手段向某种农产品的生产、流通、贸易或某些居民提供的转移支付，是一种国家财政的导向性支出。从农民受益的程度看，农业补贴的措施可以分为两种，即直接补贴和间接补贴。直接补贴是指政府的农业补贴不经过中间环节，直接支付给特定的农民。间接补贴是政府通过间接的手段，使农民间接地受益。

在WTO《农业协议》框架下，农业补贴包含两层含义。一是广义的农业补贴，或“支持性农业补贴”，它们不会对农产品价格和贸易产生显著性的扭曲，称之为“绿箱”政策措施，任何国家均可免除削减义务。“绿箱”政策措施主要包括：一般农业服务（农业科研、农业基础设施建设，等等），粮食安全储备补贴，粮食援助补贴，与生产不挂钩的收入补贴，收入保险计划，自然灾害救济补贴，农业生产者退休或转业补贴，农业资源储备补贴，农业结构调整投资补贴，农业环境保护补贴，地区援助补贴。二是狭义的农业补贴，或“保护性农业补贴”，它们会对农产品价格和贸易产生明显扭曲，被称为“黄箱”政策，WTO 要求各国对这些措施作出削减和约束承诺。“黄箱”政策的措施包括政府对农产品的直接价格干预和补贴，种子、肥料、灌溉等农业投入品补贴，农产品营销贷款补贴，休耕补贴等。

中国目前的农业补贴，无论在支持数量上还是在政策措施上都有很大的选择空间。中国属于“绿箱”政策的农业补贴支出不仅很少，而且在“绿箱”补贴措施中，其他国家所采用的保险补贴、农业结构调整补贴等在中国还是空白。“黄箱”政策的农业补贴支出也只占农业生产总值的 1.23％ ，离中国入世承诺的“微量允许”的比例 8.5％还有很大的差距。因此，今后应进一步完善农业补贴制度，优化补贴结构，提高补贴数量，使耕地的农业利用达到理想的边际报酬水平，从而提高农民的收入。

二、提高耕地占用成本

当前的耕地征用补偿，只考虑耕地的生产功能，没有考虑耕地的环境保护功能和社会保障功能，耕地占用成本很低。解决此问题的关键在于全面认识耕地资源的经济、生态和社会价值，把耕地损失的外部成本“内化”，把耕地损失造成的社会、生态、机会成本以及对后代的代价纳入市场成本，重新建立耕地用途转移的成本核算体系，使占用耕地者付出足够的代价来补偿耕地的损失。当然，这种将“外部性”进行“内化”的过程，不能指望市场自发形成，只能通过政府的强制性干预才能实现。

扩大耕地占用税的征收范围和征收标准，耕地占用税的税率要随着社会经济的发展进行必要的调整，还要体现所占耕地的质量等级。严格造地费、新增建设用地有偿使用费、新菜地开发基金的征收标准，不得随意减免。建议征收基本农田占用税。

三、改革官员政绩考核办法

地方政府官员也是有限理性经济人，也有追求诸如奖励、表彰、职务晋升等个人利益最大化的倾向。当前，中国一方面要求严格保护耕地资源，但对实行严格耕地保护的地方，没有相应的激励政策或措施。相反，一些地方由于过多占用耕地发展经济，提高了 GDP 和社会就业水平，成就了一些“城市造美”工程，官员可能被提拔重用。因此，从实践奖励方式来看，对严格执行土地用途管制以保护耕地的官员实行的是负激励，而对未严格执行用途管制政策的官员实行的是正激励。因此，建议改革官员政绩考核方法，将耕地保护作为一个否决变量，纳入考评体系。每年的土地利用年度计划指标的使用和落实情况，要向各级人大会议如实报告，接受人大代表的监督审查。[5]

第四节　促进建设用地集约利用

城乡扩张与建设用地的粗放利用是造成耕地减少的重要直接原因之一。建设用地集约利用，可以增加建设用地的有效经济供给，降低建设对农地尤其是耕地的需求，减少耕地非农化的速度和数量，对于提高土地用途管制的耕地保护效率具有重大意义。实行区域建设用地整体控制，统筹安排城乡建设用地，严格执行城乡建设人均用地标准，严格按照项目用地标准对建设项目进行预审和审批，对于建设用地的节约集约利用意义重大，并应成为日常土地管理工作的重要内容。今后，应对区域土地集约利用水平及潜力空间、城市存量土地盘活、农村居民点整理改造等领域进行重点研究。

一、加强区域建设用地集约利用研究

区域建设用地集约利用研究是区域建设用地集约利用的基础和前提，但目前该研究仍是一个薄弱环节，这里给出一个初步的分析框架。

（一）研究目的和意义

通过建设用地集约利用研究，刻画区域建设用地集约利用水平和存在的问题及其区域差异，探讨集约用地水平的长期变化趋势，揭示各业、各类用地的集约利用潜力空间，找出障碍因素，并预测近期和远期各类、各业用地的合理需求。在此基础上，研究建立建设用地集约利用的规划指标体系，针对区域特点提出盘活存量用地和统筹安排存量和增量用地的对策措施。其主要目的是为科学编制土地利用总体规划、优化土地利用结构、合理布局土地资源提供专题依据。

（二）研究内容

1. 区域土地集约利用的现实意义分析

利用变更调查或更新调查的土地现状数据，以及 1988 年或 1996 年以来的土地时间序列数据，分析区域土地利用现状结构、各类和各业用地的动态变化趋势、存在的问题及其区域差异，揭示经济高速发展背景下的人地矛盾和开展土地节约、集约利用的必要性与现实意义。

2. 建设用地集约利用评价

在分析影响建设用地集约利用因素、因子的基础上，采用土地投入、土地产出、土地利用状况、土地利用结构等指标，构建评价模型，并利用模型分别对区域城镇建设用地、开发区建设用地、农村居民点建设用地及产业用地的集约情况进行评价，分析其区域差异，并探讨差异的原因。

3. 建设用地集约利用潜力分析

建设用地集约利用潜力可以分为理论潜力和现实潜力。理论潜力是指在一定的假设条件下，参照既定的标准，在理论上具有的进一步提升土地集约利用程度的空间；现实潜力是指在目前的技术水平、资金投入与制度创新等条件下，可以在一定时期内实现的潜力。采用指标控制法、经验模型法、区域比较法等分别测算区域城镇建设用地、农村建设用地、开发区建设用地、产业建设用地的集约利用潜力。

4. 土地集约利用模式评价和创新研究

集约利用潜力的实现需要通过一定途径，对于不同类型的区域和土地利用方式，其潜力实现的途径也不同。在典型调查的基础上，分析区域农村居民点整理模式、旧城改造模式、开发区整理模式的经验、效益及存在的问题，借鉴国内外土地集约利用的成功经验，推荐适应本区域特点的土地集约利用模式。一般而言，对于城镇建设用地，可以通过盘活闲置、空闲和批而未供土地，以及提高低效利用土地效率的方式来提高集约利用水平。对于农村建设用地，主要通过农村居民点的拆并整理来实现；对于开发区土地，可以通过设置产业进入门槛来实现土地集约利用。对于工业行业，则主要通过企业追加投资、引进新的生产技术与方法等产业升级方式和产业空间梯度转移来实现土地集约利用的潜力。

5. 土地集约利用管理机制与政策研究

依据区域土地集约利用现状、潜力、问题和社会经济发展的实际，提出土地集约利用管理的总体目标、基本要求和基本思路，从政府管制、市场机制、产业用地标准、区域协作、土地整理、监督预警等角度，提出集约利用土地的政策建议。

（三）研究技术路线（图 7—2）

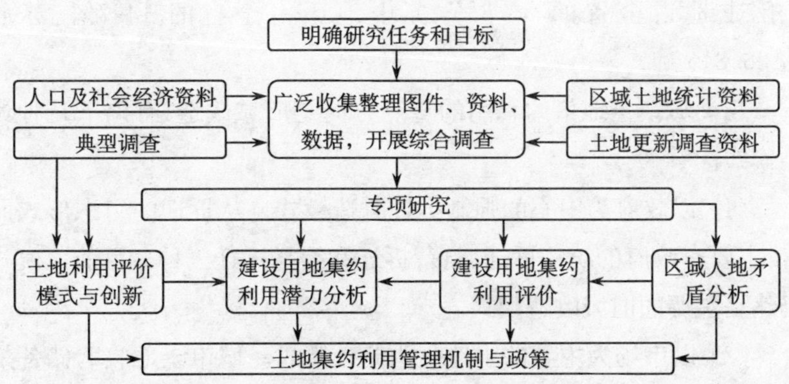

图 7—2　建设用地集约利用研究技术路线

二、盘活存量土地提高城镇土地利用率

温家宝指出:“盘活存量建设用地,推进集约和节约用地,是严格土地管理的重要环节。”城镇土地布局结构不合理,利用率和产出率低下,是中国城镇化过程中普遍存在的突出问题,这也是在严格耕地保护的背景下解决城镇发展用地的出路所在。

从中国目前各城镇用地的实际状况看,城镇建设用地的集约利用潜力主要来源于三大部分:一是城镇规划范围区内现有的闲置、空闲和批而未供土地;二是通过用地结构调整可盘活的土地;三是城镇建设用地范围内的低效利用土地,如低层利用、低密度利用、低容积率利用的旧城区土地。以江苏省为例,据该省存量建设用地调查结果,2004 年底江苏省土地利用规划范围内闲置、空闲和批而未供土地总面积为 7 286.5 公顷。其中,闲置土地 4 731.6 公顷,空闲土地 2 554.9 公顷。并表现出明显的区域差异,2004 年底苏南地区闲置、空闲土地占全省的 58.8%,苏中地区占全省的 14.7%,苏北占 26.8%。

当前城镇土地集约利用的重点方向是旧城改造,有以下几种典型模式。

(1) 以政府为中心的强制拆迁改造模式。从拆迁的组织形式而言,主要有政府的统一拆迁、自行拆迁和委托拆迁三种。目前该模式仍然是主要的旧城改造模式。

(2) 以市场为主导的土地收购储备模式。城市土地收购储备是一种在法律规范下的土地所有权和使用权的调节转换机制,是由政府或政府委托的机构通过征用、收购、置换和到期回收等形式,从分散的土地使用者手中把土地集中起来,并由政府或政府委托的机构

组织进行开发，在完成了房屋拆迁、土地平整等一系列前期开发工作后，根据城市土地出让年度计划，有步骤地将土地推入市场。在实践中，城市土地收购储备制度主要有市场主导型、政府主导型、政府市场结合型三种模式。

(3) 以业主为中心的"阳光拆迁"模式。"阳光拆迁"模式最先是在成都市旧城改造中提出来的一种多主体参与、多方式安置补助的以业主为中心的拆迁新思路，本质是保证被拆迁对象的正当权益。它与强制拆迁改造和收购储备的不同之处在于：在政府和负责旧城拆迁的单位、银行之外，将市住房保障中心确定为危旧房屋改造项目的业主，担任城市运营商的角色，多角色多方面地解决改造资金来源；建立拆迁安置扶困救助备用金制度，引入廉租住房制度，竭力维护群众尤其是贫困动迁户的切身利益；片区的拆迁工作平稳后，被拆迁户全部回迁入住，保障原来土地使用者的土地权益。

(4) 进退型企业改造模式。旧城改造的目的是调整改造和更新建设。调整改造主要体现在企业和产业结构调整与升级、城市用地结构优化方面。进退型企业改造模式中最主要的模式是"退二进三"模式，在一些刚刚城市化的城市中还存在"退二进二"、"退二选二"等其他模式。"退二进三"一般的操作方法是，通过一定措施，将城市中心地带的第二产业企业搬移出城市中心，然后将腾置出来的土地用于发展第三产业。具体的操作方法可以灵活多样，从土地流转的角度看可分为土地置换和市场配置。土地置换是指按照城市规划，由政府在特定地方划出一定面积的土地，用以与城市中心地带的企业土地进行置换，通过土地置换从而将企业转移出去，达到调整土地利用结构和产业结构的目的；市场配置的"退二进三"，指政府将城市中心的企业用地通过土地储备收购，纳入统一的一级市场，然后由企业到市场上购买土地的使用权，通过市场配置资源将企业转移出城市中心。

“城中村”改造也是城镇土地集约利用的一个重要方向。简单地讲，城中村就是城市中的原农村居民点。从土地产权和土地利用类型的角度，城中村是指那些位于城市规划区范围内或城乡结合部，被城市建成区用地包围或半包围的、没有或仅有少量农用地的村落[6]。从城中村的空间位置、发育程度、与城市用地的关系考虑，可将其分为三类：成熟型——位于城市建成区内，靠近城市中心，为城市用地所包围的村庄；成长型——位于城市边缘，与城市用地相交错的村庄；初生型——位于城市建成区外围、城市规划发展区内、城市用地开始侵入的村庄。城中村的景观特征就是“脏、乱、差”，用地特征是“容积率低、不经济、盲目被动”。据广州市国土资源和房屋管理局2000年的统计数据，广州市139个城中村共占建设用地80.6平方千米，占广州城市规划区范围(385平方千米)的20.9%。城中村改造有重建、调整、控制三种形式，通过改造不仅可以美化环境，完善基础设施，而且通过提高容积率，可以析出数量可观的建设用地，有助于缓解城市建设用地的供求矛盾，减少耕地保护的压力。

三、加强农村居民点整理

(一) 农村居民点用地存在的问题

中国农村发展具有悠久的历史，长期以来村庄建设一直处于自发无序状态，用地主要随人口的变化而变化，产生了很多问题。

(1) 用地结构松散，闲置土地比例高。长期以来，农村居民点建设处于无规划指导的自发建设状态，普遍造成“空心村”或“满天星”

式的自然村落现象。村内大量小面积零散土地闲置，土地利用率低，造成了土地资源的严重浪费。

(2) 建设布局混乱，容积率低。农村居民点一般历史悠久，不同年代、不同结构的建筑物相互交叉，相互之间缺乏统一的规划布局，见缝插针式的建筑物非常普遍，并且以低层建筑为主，建筑容积率低，给农村居民点内部交通设置、基础设施用地的配置增加了很多困难，阻碍了居民点内部结构的优化。以青岛市为例，2004 年该市农村人均住房面积为 27.99 平方米，在住房类型构成中，楼房只占 9%左右，且以二层居多；砖瓦平房占近 90%的比例。

(3) 生产与生活用地混杂，无功能分区。村庄内部的宅基地、空闲地、生活用地与农用地为主的其他用地相互混杂，这种松散无序的布局，不仅将农用地分割得支离破碎，而且又使非农建设用地不能集聚成片。

(4) 用地管理不善。农村居民点用地中仍然存在着乱占滥批、越权审批、非法转让、少批多占、买卖土地、超标占用宅基地等现象，由此导致的大量土地浪费。

(二) 农村居民点整理的意义

农村居民点整理主要是运用工程技术及调整土地产权，通过村庄规划、改造、归并和再利用，使农村建设用地逐步集中、集约，以提高农村居民点土地利用强度的行为。通过农村居民点整理，充分利用村内闲置土地，提高建筑容积率，减少农村居民点占地，可以提高土地利用率，为农村发展提供后备用地。而且整理出来的居民点用地多转化为农地或非农建设用地，由此可节约大量的耕地或其他农地。以江苏省为例，截至 2004 年底，该省农村居民点用地总量达到

9 352 平方千米，农村人均用地为 184 平方米，远高于国家标准，集约挖潜的空间十分巨大。从理论上讲，如果依照《村镇规划标准》中人均建设用地五级上限标准 150 平方米计算，2004 年江苏省乡村人口 5 077.78 万人，需占用居民点用地约 76.17 万公顷，可以节约用地约 18.97 万公顷；若按 120 平方米、100 平方米标准计算，则可以节约用地约 32.6 万公顷和 42.72 万公顷。

（三）农村居民点整理的主要内容

1. 控制农村居民点用地规模

依据乡（镇）土地利用总体规划确定的农村居民点用地范围，从村庄规划入手，划定村界，控制农村居民点建设规模，解决村庄松散、土地利用效率低下、村庄发展无限外延的难题。

2. 改造“空心村”

“空心村”的整治是村庄整理的重点。遵循“因地制宜、合理规划、统一改造、严格执行”的原则，客观评估当地的具体情况，对居民点空间结构进行优化重组。重点是对村内旧宅基地、闲散地进行改造，适当提高建筑容积率，提高土地集约化利用水平。通过收回、重划、配套设施建设，保证道路通畅，水、电齐全，吸引农户建房。

3. 缩并自然村，建设中心村

中心村是以区域位置和经济发展条件较好的居民点为中心，聚集周围一般村庄后形成具有一定规模和良好的生产、生活环境，且能对周边区域经济发展起带动作用的村庄。增强中心村职能，走大村庄制道路，既可促使农村居住点集中，便于基础设施和公共设施的配套建设，节约资金，又可以促进耕地相对集中连片，便于机械化作业和农田基础设施建设。可将那些经济相对发达、人口规模较大、交通便利的居民点作为核心，周围的村庄向心集中，形成内聚的规划结构。由政府组织，逐步将交通闭塞的村庄、经济落后的村庄、规模小的村庄向中心村迁移；将那些偏远山区的村庄、处于洪涝灾害区或山体易滑坡地带的村庄，或由于城镇化等原因人口规模逐渐减小的自然村，整体搬迁到镇区或相近的中心村。

（四）农村居民点整理的保障体系建设

村庄整理是一项涉及面广、投资大、技术和组织复杂的社会工程，必须根据各地的具体条件，从区域的整体利益出发，采取科学的态度，全面研究，总体规划，并根据社会经济发展条件分步骤实施。

1. 制定农村居民点整理条例

农村居民点整理涉及自然、社会、经济、工程等各个方面，每一过程的实施都要有相应的条例、规章进行规范。虽然国家已于2000年10月1日正式发布实施《土地开发整理规划编制规程》、《土地开发整理项目规划设计规范》、《土地开发整理项目验收规程》三个推荐性行为标准，但对居民点整理过程中出现的各种情况及其处理方法规定得不够具体。例如，迁村合并中的不同区域置换标准、不同质量的土地置换标准以及损失补偿标准问题，居民点整理中的投资、收益和分配问题，土地整理过程中出现的违法犯罪事件的处理问题，旧村改造中审批程序、收费项目问题，等等。这些问题的解决都需仰赖于法规、条例的制定和完善。建议各地政府协调有关主管部门尽快研究制定农村居民点用地整理条例，明确整理主体，公布操作步骤，严格实施标准，保护农民权益，保证农民在居民点整理中最大程度地得到实惠。

2. 严格村庄规划管理

村庄建设规划不得突破土地利用总体规划确定的用地范围，严禁占用基本农田。要严格执行《村镇规划标准》，从严掌握宅基地标准，并从提高农民物质文化生活水准和改善村容村貌出发，合理划定村庄功能区。对已经列入城市土地利用总体规划确定的建设用地范围内的集体土地，村庄建设必须依照城市规划的有关法律法规进行，纳入城市用地统一管理、统一转用、统一开发、统一供应；对土地利用总体规划确定的城市建设用地范围以外的小城镇集体建设用地，也要统一规划、加强管理，严格控制建单门独院住宅，提倡建单元楼。村庄建设规划一经批准必须严格实施，任何单位和个人不得随意调整和变更，在村庄规划区内进行的各类建设，必须符合村庄建设规划。

3. 严格执行宅基地审批制度

首先，严格宅基地申请条件，坚决贯彻“一户一宅”的法律规定。同时规范农村宅基地登记发证工作，尽快完成所有农村宅基地的登记发证，充分发挥地籍档案资料在宅基地监督管理上的作用，切实保障“一户一宅”法律制度的落实；其次，规范审批行为。严格按照规定的审批程序和审批权限审批宅基地，对不符合建房条件和面积超出法定标准限额的，一律不得批准。

第五节　完善土地利用规划

一、完善规划体系

（一）学习台湾的规划体系

台湾省人多地少，人地关系紧张，供需矛盾突出。为此，台湾非常重视土地利用规划的作用，将其视为在市场失灵时政府干预土地资源配置的主要手段。经过几十年的发展，台湾土地利用规划已形成一套完整的体系，并在保护地区资源、支撑经济发展方面起到了重要作用。

台湾目前的土地利用规划体系由三个层次、两大板块构成（图 7—3）[7]。第一层次为位于最上位的台湾地区综合开发计划，第二层次是指位于中间的区域计划、都会区发展计划、县（市）综合发展计划与国家公园计划，第三层次为都市计划与非都市土地使用编订。

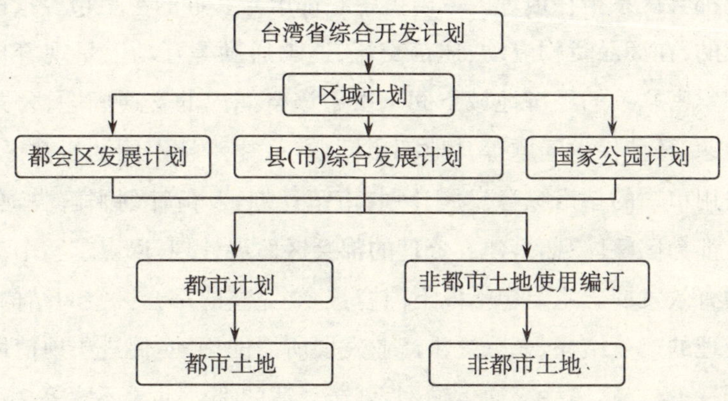

图 7—3　台湾省土地利用规划体系

两大板块系指台湾地区分为都市土地、非都市土地两大区域，都市计划区内的土地为都市土地，非都市计划区内的土地为非都市土地。三个层次与两大板块相互作用、相互制约，共同构成一个有机整体。

在台湾省，综合发展计划是与经济发展、社会建设、国防建设等计划并行的最高位的计划，是对台湾人口、产业、公共投资等在空间上的配置和土地、水、景观及其他天然资源等在时序上的发展进行规划的计划。其目标是将不合理的国土利用方式改正，促使各地方的土地资源能合理开发利用，生态能保持平衡，人口能合理增长，产业能形成地域分工和国际分工，由此创造美满的生活环境。

区域计划是指依据区域计划法的规定，基于台湾各地方地理、人口、资源、经济活动等相互依赖关系而制订的区域发展计划。其内容与综合开发计划相似，只是将计划范围缩小，以便使计划的实质内容得到更好落实。该计划依据地理特征和方位将台湾地区分为北区、中区、南区、东区四个区域，并分别拟定这四个区域的发展目标与发展构想。

都会区系指在地理区域内由中心都市与邻近的卫星市、乡、镇所组成的，在商品货物流动、通信交流、通学通勤等互动上呈现着规律性且紧密联系的经济地域空间。由于该空间内的交通问题、公共设施问题、环境保护问题等其他都市问题，往往跨越不同的行政区域，无法用单一的县市综合发展计划、市镇计划、乡街计划来解决，必须透过都会区整体观念，建立合理的都会区发展计划，以谋求整个都会区的有效发展。主要包括以下内容：建立完整的都会区空间结构，搭建合理的产业结构，充分提供产业发展所需的用地，促进土地使用合理配置；建立整体性交通运输网，创造舒适的都会生活环境等。

“国家公园”是为了保护世界级或“国家”级珍贵自然资源和文化

遗产，而由台湾最高机构规定保护其合理经营使用的地区。“国家公园”计划则是通过将具有特殊自然景观和人文景观的地区进行独立的划分，以进行特殊管制，旨在提供良好的保护性环境。

所谓县(市)综合发展计划，系指在一个县(市)行政区域内作全盘考虑，经详细调查后，制定的包括社会、经济、行政等总体及部门的发展构想及具体计划，亦即在顺应区域计划进一步落实的需要而将规划范围进一步缩小为县市的目标性计划。在县(市)综合发展计划下，将计划范围内的土地划分为都市土地与非都市土地两大部分。都市土地需要进一步拟订都市计划，非都市土地则采用土地使用分区与土地使用编定的方式加以管制。

(二) 完善中国土地利用规划体系的设想

针对中国土地利用规划中对跨行政区域的土地利用规划研究不够、“总规”与“城规”缺乏协调、缺少土地利用详细规划等缺陷，为了减少不同规划之间的矛盾，设想通过以下思路完善中国的土地利用规划。国家编制全国国土资源利用规划大纲，省级编制国土资源规划纲要，地市编制区域规划，上位规划通过指标下达控制下位规划的土地利用结构。通过区域规划将土地利用总体规划和城市规划等整合到统一的空间规划体系中来，把土地利用总体规划和城镇体系规划作为区域规划的两个专项规划进行编制和协调，在区域规划确定了城镇体系后，再分别在所划定的城市区域编制城市规划和在城市以外区域编制土地利用总体规划，乡级或城乡结合部编制土地利用详细规划(图 7—4)。

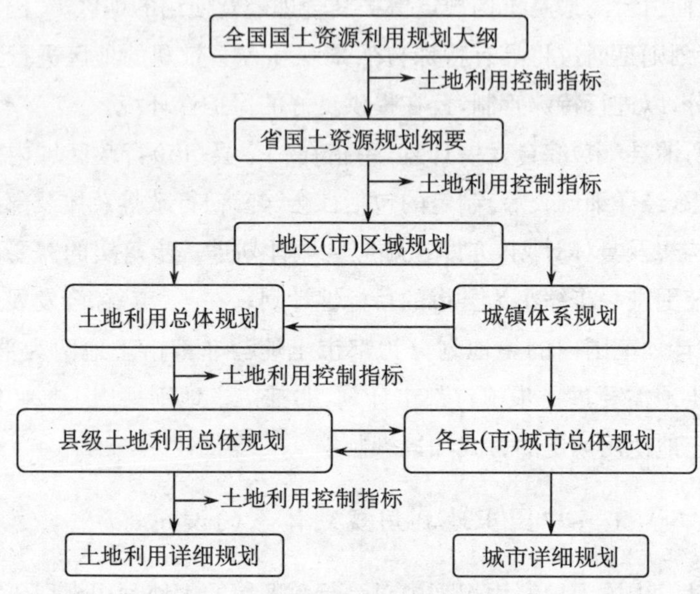

图 7—4 中国土地利用规划体系设计

二、处理好三个关系

土地利用总体规划涉及方方面面的关系,面对着各种各样的矛盾。当前,应着重解决好以下三对矛盾,以提高规划的公平性、科学性和可操作性。

(一) 经济发展与耕地保护的关系

中国地域辽阔,经济发展水平参差不齐,中西部地区与沿海地区的差别很大。一种观点认为,农业已经不再是沿海发达地区的优势产业,工业的产值收益及容纳的就业人口远远高于农业,同时也吸纳了大量的外来人口就业，因此在沿海发达地区保护太多的耕地，影响资源利用配置的效率，影响整个经济的发展和国家的竞争力。这种以经济发展水平高为理由来否定耕地保护的观点是非常偏激的，但也反映出在耕地保护中“一刀切”的平均主义做法会遇到很大阻力。

首先，耕地保护与经济发展是不矛盾的。经济发展水平高，GDP 产值大，财政收入多，并不能表明建设用地集约利用水平就一定高。有关调查表明，珠三角、长三角、环渤海三大经济发达地区，土地闲置、浪费、低效利用的现象都很严重，建设用地的集约利用潜力空间很大。如东部沿海地区每个城市都有大量“城中村”，这些“都市中的孤岛”，土地利用都是很粗放的。严格的耕地保护，不仅能够促进存量建设用地有效利用，而且以土地为调节杠杆，能够促进东部地区产业结构的调整和升级，提高产业质量。

其次，中国东部地区既是经济发达地区，也是水热条件优越的地区，耕地生产力远远高于中西部地区。如果仅仅考量比较经济效益，放开土地供给，耕地非农化的速度和数量将会非常迅猛。其结果可能会提高制造业产值，提高国家在某些领域的竞争力，但会带来更加严峻的粮食问题和食物安全危机，这是一个国家安全问题。

第三，耕地保护应体现一定的区域差异，但必须以公平为前提。对于那些经济发达、建设用地合理需求量大，且存量建设用地集约利用水平高的地区，可经过一定审批程序，适当降低耕地保护率，但不能降低耕地保护责任。可通过提高耕地占用税、造地费、新增建设用地有偿使用费等的收取标准，并通过财政转移支付等手段，补偿耕地保护量大、保护率高的地区，以实现共同发展、共同富裕。

（二）土地更新调查数据与历年变更统计数据的关系

近几年，根据国土资源部的要求，很多地区开展了土地更新调查工作，其成果比较准确地反映了土地利用的现状情况，但与历年的土地变更统计数据有不小的差异，主要是耕地少了，建设用地多了。以广东省为例，从该省部分已完成土地利用更新调查地区的数据分析，耕地可能比变更数据少20%，建设用地则要多10%左右[8]。造成这种现象的原因：一是上报审批的建设项目虽然能够按照“占一补一”的政策补充耕地，但由于存在违法占地，实际上做不到“占补平衡”；二是近年农业结构调整和生态退耕的力度较大，有些耕地改作园地、鱼塘，或退耕后没有及时掌握情况进行变更；三是迫于耕地总量动态平衡的压力，不少地区在上报每年的变更数据时弄虚作假，隐瞒耕地的减少和建设用地的增加，致使上报数据不能真实反映耕地变动情况。土地更新调查使得这些问题充分暴露。

基础数据的准确性是规划科学性和可操作性的基础。因此，建议在规划修编时采用更新调查数据，但要经过一定的程序。一是对更新调查成果要进行严格的检查验收，杜绝在更新调查中人为地减少耕地数量、增加建设用地数量的情况。二是更新调查数与变更调查数存在差异的，必须逐项查清原因，依法作出分析、分类处理后，方可在规划修编中使用。

（三）城市规划与土地规划的关系

虽然有关法律要求城市规划的编制要与土地规划相衔接，城市规划按土地利用总体规划逐年落实。但现实情况是土地利用规划与城市规划及其他相关规划的协调性非常不好。一是在现行的机构设置下，土地利用规划与城市规划分别由国土管理部门与规划部门编制，两者在行政上是同级单位，其工作均在各自的行政体系内完成，在规划编制过程中均接受各自上级行政部门的指导与监督。在这种相对封闭的空间内，使得国土部门与规划部门缺乏有效沟通，由于长期各行其是，使得沟通成本日益加大，已几乎成积重难返之势。这种体制和工作安排上的不尽合理，造成了两个部门在实际工作中的博弈行为[9]。二是城市规划与土地利用规划在规划编制指导思想、技术路线和具体操作等各方面都存在明显差异甚至矛盾。在指导思想上，土地利用总体规划强调严格保护基本农田，控制非农业建设用地，占用耕地指标自上而下逐级分解且数量不得突破；城市规划则强调根据预期的城市人口规模确定城市用地规模，保证城市建设用地，促进区域社会经济发展。在具体操作上，二者在用地分类及划分标准、人口及用地统计口径和范围等方面也有明显差别。由于指导思想、技术方法及具体操作上的差异，使城市规划和土地利用总体规划在对城市建设用地规模、人均建设用地指标等预测上都有明显不同。

“两规”的这种不协调性与差异性不仅在理论研究上形成障碍，而且给规划的实际操作带来诸多争议，因此需要从理论和实践两个方面寻求解决这一问题的途径与方法。从当前看，国家应出台土地规划法或土地规划条例，明确城市规划要服从土地规划，树立土地规划的绝对权威，切实限制城市的盲目扩张。从长远看，应通过区域规划将土地利用总体规划和城市规划等整合到统一的空间规划体系中来，在同一个机构平台、技术平台上完成两个规划。从技术层面看，在土地规划中，对城市或城镇仅仅划分建成区和规划区是不够的，应该在概念上有所拓展和延伸，可将城市（镇）划分为“建成区”、“建设区”、“发展区”、“控制区”，实行分区控制，分类指导；应借鉴美国的经验，通过USB（城市服务边界）助推UGB（城市增长边界）的实现①。

三、适度的规划弹性

"刚性"（Rigidity）一般指事物的组成内容、结构、量度及其演变过程的固定性，它是事物本质特征的一种反映；"弹性"（Flexibility）也称柔性，一般指事物围绕其固有的基准，在保持其本质特征前提下的可变化性。变化幅度大，表明其弹性较强，反之则表明其弹性较小[10]。弹性规划是市场经济的产物，源于20世纪60年代的欧洲，又称之为"绿图规划"，以与过去的"蓝图规划"相区别。国外大量实践已经证明，弹性规划对市场经济制度下区域经济发展和资源合理利用具有较强的适应性和指导性。弹性规划的立足点在于市场调节和政府干预并用，有机协调，适时适度，不可偏废[11]。

刚性和弹性是事物的两个方面，是矛盾的对立统一体。土地利用总体规划的刚性是第一位的，没有一定的刚性，规划宏观控制和具体规划的龙头作用就体现不出来，功能就发挥不到位。但是刚性太强也会使规划过于呆板，操作性差，增加规划实施难度，同样发挥不了规划应有的功能。规划的弹性处于从属地位，它的作用在于弥补规划刚性的缺陷，使具有一定刚性的规划增强其编制和实施的灵活度，更好地将规划科学和规划艺术统一到编制和实施规划的实践活

① UGB(urban growth boundary)指城市增长边界。美国州政府通过法律要求地方政府在规划中，根据本地区的经济发展状况和土地利用现状，划定城市增长线。增长线内的土地包括已有建筑物的土地和尚未被开发的空地，空地面积足够20年规划期内的城市发展用地。在增长边界线以内，允许土地开发，并提供适当充足的公共设施；边界线以外则限制开发；与UGB相关的是城市服务边界(urban service boundary, USB)，在城市服务边界内城市服务可以提供，在这个边界之外服务不会继续延伸。强化UGB的最好方法之一就是使它也成为城市服务边界。

动之中，面对不断变化的土地利用内外部条件，充分地、艺术地发挥规划刚性要素的功能和作用。因此，不能脱离刚性来谈弹性，规划弹性只能是适度的弹性。

土地利用弹性规划的功能主要考虑经济发展中的不确定因素，解决传统规划中存在的不合理刚性问题。①解决经济发展不确定因素对土地需求的不确定问题。规划过程中决定未来不确定性的因素，一是来自规划系统外部且无法调节和控制的因素；二是来自内部规划系统可调节和控制的因素[12]。从本质上讲，规划内部的不确定因素在相当程度上是直接由外部的不确定因素决定的。土地利用不确定具有源信息的不确定和宿信息的不确定。源信息的不确定用于规划弹性研究，可以看作是土地利用需求因素信息的不确定；宿信息的不确定则可以看作是在源信息基本确定的条件下，土地利用结果却发生不确定。②解决土地利用规划中的不合理刚性问题。缺乏弹性的规划方案由于用地调整难度较大，往往产生超越规划的批地用地，或阻碍经济建设或使建设呈现无序。③在编制弹性土地利用总体规划时，应着重解决合理的弹性期限（合乎实际的规划实施期限的浮动区间）、合理的弹性度（规划目标的高、中、低方案和土地利用结构弹性方案的上下浮动区间）、弹性发展政策和实施计划等。

四、科学测定规划指标

在土地利用总体规划中，耕地保护指标的确定和分解是一个十分关键和敏感的问题。耕地保护指标定的太低，当然起不到保护作用。但是如果把耕地保护指标定得太高，经过努力也看不到实现的希望，就会形成“过犹不及”的尴尬，也不能对耕地起到保护作用。因此，科学的耕地保护指标是形成科学的、可操作的耕地保护方案的前提。耕地保有量、基本农田保护面积与保护率的预测方法，将在第八章以山东省济宁市为例，进行详细的实证探讨。

五、建立完整的规划实施保障体系

“三分规划，七分管理”，规划编制是手段，实施是目的，只有实施好规划，才能发挥规划的“龙头”和保障作用，才能提高土地用途分区管制的耕地保护效益，提高土地资源管理工作的整体水平和权威性。规划实施保障措施是实现规划目标尤其是耕地保护目标、调控土地利用的基本手段，也是土地管理工作的重要组成部分。

中国的土地利用规划工作历史较短，尚处于探索和完善阶段，规划实施的保障体系很不完善，影响了规划的实施效果。土地利用规划实施管理涉及社会经济各个领域，涉及土地管理业务方方面面，管理过程的复杂性、综合性和多变性决定其是一项复杂的系统工程。遵循整体性原则、相关性原则、动态性原则、科学性原则，依据“创新规划实施机制，完善规划实施的保障机制、约束机制和监督机制，规范和创新规划实施的市场调控机制”的思路，在总结国内现有土地利用规划实施管理制度的基础上，通过借鉴国外主要国家和地区土地利用规划实施管理经验，结合当今规划实践的要求及发展趋向，构建目标明确、层次清晰、内容全面的规划实施保障体系（图 7—5）。[13]

法律法规体系是土地利用总体规划实施的依据，是保障规划实施的根本。第一，进一步确立规划的法律地位，确保规划实施的严肃性和连续性，防止“一届政府，一套规划”现象的发生。第二，制定“土地规划法”，将以往行之有效的土地规划政策、法规集中统一于“土地规划法”之中，系统地规定土地利用规划的编制原则、编制机关、编制程序、规划的法律效力、违反规划行为和违法制定规划的法律责任

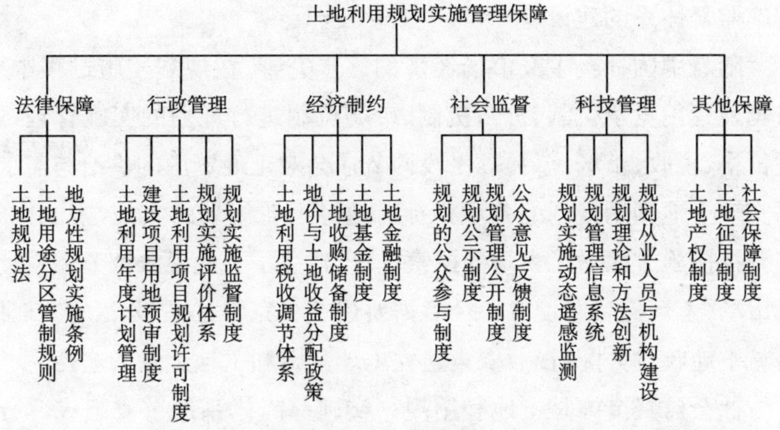

图 7—5　土地利用规划实施管理保障体系框架

资料来源:邓红蒂、董祚继(2002)。

等,真正确立土地利用规划的龙头地位。第三,由于土地利用规划实施管理的工作重心是地方性规划,尤其是县、乡两级规划,因此各地应在遵循国家法律法规的前提下,制定可操作性强的地方性配套法规(如规划实施条例或办法),提出有关规划实施机构、管理程序、实施效果评价、监督管理、规划调整、违反规划的强制措施等具体规定来保证各级规划的落实。第四,制定针对性强的、地方特色鲜明的土地用途管制规则。

行政管理保障的作用主要体现在规范性管理上。目前,土地利用总体规划实施的三项基本制度——土地利用年度计划管理、建设用地预审、土地利用项目的规划审查,对于规划目标的实现起到了积极的作用。应进一步做好并完善这三项工作,建议在预审、审查时,吸收专家和地方人大代表参与。同时,应借鉴国内外规划实施的经验,从各地实际出发,进行规划许可制度、规划实施评价制度和规划实施监督体系的建设。

随着中国社会主义市场经济的逐步完善,在规划实施过程中要自觉地运用竞争机制、价格机制、市场机制进行规划的实施管理,通过价格、税收、市场、惩罚等手段调节社会对土地资源的供给与需求,以实现土地利用规划的各项指标。通过上轮规划的实施,中国在经济调控措施方面做了大量的探索,初步建立了土地税收调节体系、土地市场、土地储备制度等。今后需要进一步完善公平、公正的土地价格与土地收益分配机制,探索建立土地基金和土地金融的途径。

社会监督措施是土地利用规划实施保障体系的重要组成部分,也是规划能够顺利实施的必要条件。社会监督主要包括公众参与制度、规划公示制度、规划公开管理制度、公众意见反馈制度四个方面。这四项制度是相互补充、共同作用的,其目的都是调动公众潜力和主动意识,赋予土地使用者知晓、参与、决策、监督规划的权力,促使政府部门公正执法,提高工作效率,制约和避免各种违反规划行为的发生。

随着科学技术的不断进步,科技手段在土地管理中的作用越来越重要,提高了管理效率和管理水平。在第二轮规划实施过程中,国土资源部和不少地方国土资源管理机构,已经利用遥感、地理信息系统等先进技术进行土地利用管理,及时发现不符合土地利用规划的土地利用行为,并给予了相应处罚,保证了规划指标的完成。但科技管理手段应用的范围和规模还很小,需要在新一轮的规划实施中进一步加强,同时还要提高管理人员素质,构建相应的保障措施,使科技管理手段更好地发挥作用。

土地利用总体规划实践经验与教训表明,适宜的制度环境是土地利用总体规划实施能否取得满意成效的重要影响因素,因此,必须加快土地利用总体规划管理配套政策改革。当前应主要从土地产权制度、征地制度、社会保障制度等方面的完善切入。

参考文献

[1] 胡存智:“构建完善的农用土地产权体系”,《国土资源通讯》,2001 年第 2 期。

[2] 于静波:“我国农地市场目标模式及其构建”,《中国土地》,1996 年第 8 期。

[3] 张全景、王万茂:“我国土地征用制度的理论考察及改革思考”,《经济地理》,2003 年第 6 期。

[4] 俞奉庆、蔡运龙:“耕地资源价值重建与农业补贴——一种解决三农问题的政策取向”,《中国土地科学》,2004 年第 1 期。

[5] 张全景、欧名豪:“我国土地用途管制制度的耕地保护绩效研究——以山东省为例”,《中国人口·资源与环境》,2004 年第 4 期。

[6] 李俊夫:《城中村的改造》,科学出版社,2004 年,第 6 页。

[7] 李边疆、欧名豪、张全景:“我国台湾地区土地利用规划的特点及其启示”,《国土经济》,2004 年第 4 期。

[8] 沈彭、史京文:“沿海经济区土地利用总体规划修编要处理好五个关系”,《广东土地科学》,2005 年第 5 期。

[9] 许德林、欧名豪、杜江:“土地利用规划与城市规划协调研究”,《现代城市研究》,2004 年第 1 期。

[10] 张友安、郑伟元:“土地利用总体规划的刚性与弹性”,《中国土地科学》,2004 年第 1 期。

[11] 谢炳庚、李晓青:“新形势下的土地利用总体规化问题与创新”,《国土资源导刊》,2004 年第 1 期。

[12] 王万茂:“规划的本质与土地利用规划多维思考”,《中国土地科学》,2002 年第 2 期。

[13] 邓红蒂、董祚继:“建立土地利用规划实施管理保障体系”,《中国土地科学》,2002 年第 6 期。

第八章
山东省济宁市耕地保护指标预测的实证分析

科学的耕地保护指标是形成科学的、可操作的耕地保护方案的前提。本章以山东省济宁市为例，探讨耕地保护指标的预测方法①。耕地保护指标主要是耕地保有量、基本农田保护面积与保护率，但这三个指标与人口指标、城镇化水平指标、建设用地指标等是密切关联的，因此一并进行探讨。

第一节 概 论

一、济宁市自然环境与社会经济特征

济宁市位于山东省西南部，地理范围介于东经 115°51′45″～

① 济宁市是山东省第二轮土地利用总体规划修编的试点单位，当时确定的规划基期是 2003 年，目标年是 2020 年，这与当前的规划修编要求有很大出入。因此，本章的分析仅具有方法论参考价值。

117°34′15″、北纬34°24′50″～35°58′10″之间，南北长167千米，东西宽158千米。区域总面积11 194.27平方千米，约占山东省总面积的7.13%，现辖2区3市7县，共有18个街道办事处、39个乡、96个镇，2003年末有行政村6 513个，乡村户数173.01万户。

（一）自然环境特征

济宁市跨越黄淮海平原与鲁中南山地的过渡地带，地貌类型复杂，自东向西依次为山地丘陵、山前冲积扇平原、湖泊洼地、河流冲积平原。平原面积最大，为7 352.62平方千米，占全市总面积的65.6%；山地丘陵面积为2 661.97平方千米，占总面积的23.8%；湖泊面积1 189.19平方千米，约占全市总面积的10.6%。平原地区土层深厚，土壤肥沃，生产力水平较高。

地处暖温带，属暖温带季风气候，四季分明，雨热同季。年均温13.6℃，七月均温26.1℃，一月均温－1.0℃，≥10℃的活动积温年平均为4 571.9℃，能够满足农作物一年两熟或两年三熟的热量需求。年平均降水量为707厘米，63.3%～67%集中在夏季，春旱、夏涝等气候灾害经常发生。

土壤类型丰富，主要有棕壤、褐土、潮土、砂浆黑土、潜育水稻土。济宁历史悠久，大部分土壤已经被培育为耕作土。

境内煤炭资源十分丰富，总含煤面积达4 290平方千米，占全市土地总面积的47%以上，煤炭资源储量249亿吨，占山东省总储量的53.8%，且煤层厚，煤质优良，被列为国家重点发展的八大煤田之一。境内现有兖州、淄博、枣庄等10多个采煤企业的矿井，2003年生产原煤7 620万吨，产值142亿元。煤炭开采在带动当地经济发展的同时，也造成大面积土地破坏，目前全市已有1.2万公顷（18万亩)良田成为采煤塌陷地,且塌陷深,复垦难度大,每年造成的直接经济损失达2亿元以上。有关研究表明,每开采1万吨煤平均塌陷土地0.27公顷,最高达0.53公顷。随着能源需求规模的日益扩大,建设在济宁市的采煤矿井越来越多,济宁市已进入煤炭资源全面开发期。据有关部门预测,规划期内采煤塌陷每年将破坏耕地0.2万公顷,2004~2010年将塌陷耕地1.4万公顷,2011~2020年将塌陷耕地2万公顷。预计最终塌陷面积将近26.67万公顷,占全市总面积的23.7%,可见济宁市的人地矛盾将会日益加剧,耕地保护的压力很大。

(二) 社会经济特征

2003年末全市总人口7 988 883人,占山东省总人口的8.77%。其中非农业人口2 286 380人,占全市总人口的28.62%,农业人口5 202 503人,占全市总人口的71.38%。平均人口密度714人/平方千米,高于山东省平均水平(582人/平方千米)。2003年人口自然增长率3.98‰,高于山东省平均水平(3.24‰)。

2003年GDP总量882.61亿元,占全省GDP总量的7.1%,其中第一产业增加值103.30亿元,第二产业增加值599.67亿元,第三产业增加值662.36亿元。三次产业之比为14.4∶49.0∶36.6。2003年财政一般预算收入477 748万元,仅次于青岛、济南、烟台,占山东省的6.69%。2003年规模以上企业763个,占全省的4.72%,工业总产值7 256 617万元,占山东省的4.71%。

济宁市农业生产条件优越,是山东省高产优质商品粮基地、高产优质棉基地、油料作物基地和大蒜生产出口基地。2003年末耕地面积545 191公顷,占山东省总耕地面积的7.84%。2003年粮食播种面积 558 623 公顷，占山东省粮食总播种面积的 8.70%；粮食总产量 3 236 190 吨，比 2002 年减少 11.3%，占全省粮食总产量的 9.42%，粮食单产 5 793 千克/公顷，高于山东省平均水平(5 355 千克/公顷)。2003 年棉花播种面积 99 495 公顷，总产量 103 257 吨，占全省总产量的 11.78%，总产量较 2002 年增加 43.5%；2003 年油料作物播种面积 65 655 公顷，总产量 261 208 吨，占山东省油料作物总产量的 7.22%。

依据山东省规划的“一群三圈”城市发展宏观布局，济宁市确立了建设济宁—曲阜—兖州—邹城组团结构大都市的城市发展战略，城市建设步伐加快。2003 年全市基本建设投资总额 1 314 238 万元，占全市固定资产投资总额(2 295 091 万元)的 57.26%，高出全省平均水平 13.63%。城市的快速扩张，使得建设用地需求非常强劲，建设用地供需矛盾日益突出。

（三）土地利用中存在的主要问题

1. 耕地保护压力大

2003 年末济宁市耕地总面积为 602 779.9 公顷，总人口为 7 988 883 人，人均耕地 1.13 亩。1987～2004 年建设占用、生态退耕、农业结构调整、灾害损毁、采煤塌陷等占用耕地总面积为 34 524 公顷，年均占用 1 918 公顷，远远高于山东省下达给济宁市的耕地占用指标。采煤塌陷是济宁市耕地流失的一个非常重要的原因，目前全市已有 1.2 万公顷良田成为采煤塌陷地。随着能源需求规模的日益扩大，建设在济宁市的采煤矿井正越来越多，已进入煤炭资源全面开发期，塌陷面积将快速增加。济宁市历史悠久，土地利用率非常高，后备土地资源十分贫乏，通过开发、整理、复垦可析出耕地的潜力有限，未来耕地占补平衡的难度非常大。

2. 建设用地供需矛盾突出

2003 年末济宁市建设用地总量为 16 286.67 公顷，1993～2003 年建设用地总量增加了 18 113.87 公顷，年均增加了 1 811.39 公顷。近年来济宁市经济发展迅猛，工业项目尤其是大项目落地多、速度快，交通等基础设施建设突飞猛进。根据山东省确定的“一群三圈”城市发展战略和“发展济宁、振兴鲁南、促进山东经济整体起飞”的宏观构想，以及济宁市特殊的文化地位，今后济宁—曲阜—兖州—邹城组群结构都市圈建设将会获得快速发展。因此，未来济宁市建设用地需求量将会进一步增大，供需矛盾将日益突出。

3. 农村居民点用地超标，但改造整理难度大

2003 年末济宁市农村居民点用地面积为 96 717.81 公顷，人均农村居民点用地约为 184 平方米，远高于国家规定的人均 150 平方米的标准。村庄建设缺少规划，一户多宅、宅基地闲置、进城务工经商农民在城镇和农村双向占地现象大量存在。随着济宁市城镇化速度的加快，农村人口将会大量减少。如果将 2010 年和 2020 年农村人均建设用地指标分别控制在 150 平方米和 140 平方米，则 2011～2020 年可析出农村居民点用地的潜力非常巨大。但受资金的制约以及传统观念的障碍，农村居民点改造将是一个非常艰难和长期的过程。

二、指标预测遵循的原则及依据

指标预测遵循的原则有七条。①科学发展观原则;②实事求是原则;③"一要吃饭,二要建设,三要保护环境"的原则;④统筹城乡发展原则;⑤定量和定性相结合的原则;⑥多方案选择原则;⑦弹性原则。

指标预测依据有九条。①《中华人民共和国土地管理法》(1999年1月1日起施行);②《中华人民共和国城市规划法》(1990年4月1日起施行);③《山东省实施〈中华人民共和国土地管理法〉办法》(2000年9月1日起施行);④《基本农田保护条例》(1999年1月1日起施行);⑤《济宁市社会经济发展规划》;⑥《山东省土地利用总体规划(1997～2010年)》;⑦《济宁市土地利用总体规划(1997～2010年)》;⑧济宁市各县(市、区)土地利用总体规划(1997～2010年);⑨其他相关法规、规范、规划和计划。

第二节　总人口预测

一、总人口预测方法

(一) 趋势外推法

用该方法预测人口,即是选用一种数学模型来拟合人口变化的历史过程,然后按时序外推,求得预测年份的总人口。进行时间序列分析时,首先将总人口时间序列数据 Y 与所对应的时间 t 画在直角坐标系中,绘成散点图,并观察散点的变化趋势。如果发现散点的变化趋势与直线、曲线或抛物线的走向相同,则可以用相应的直线或曲线来描述该动态数列。

表 8—1 济宁市 1990～2003 年总人口

年份	总人口(万人)	年份	总人口(万人)
1990	727.06	1997	774.03
1991	744.21	1998	779.07
1992	749.77	1999	784.56
1993	754.44	2000	786.30
1994	756.64	2001	791.42
1995	761.74	2002	796.77
1996	766.80	2003	798.89

资料来源:《济宁市统计年鉴》(1999～2003)。

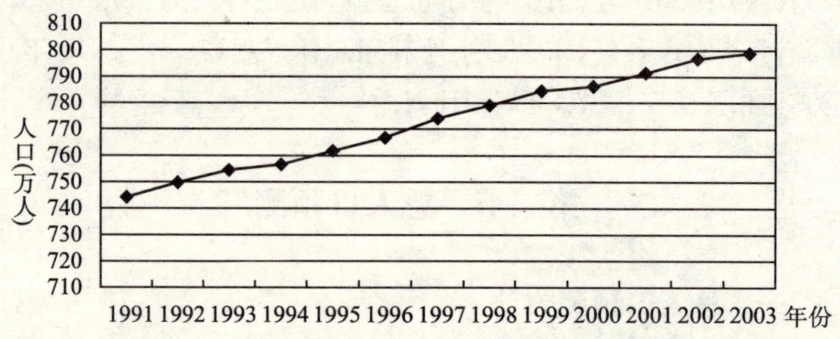

图 8—1 济宁市 1991～2003 年总人口变动趋势

根据济宁市 1991～2003 年人口数据(表 8—1),作出人口变化趋势图(图 8—1),据其变化趋势,选用直线模型进行回归分析,得出人口预测模型:

$$Y = 4.7135X - 8640.3 \qquad R^2 = 0.9942$$

其中:Y——总人口;X——目标年份。X 分别为 2010 年、2020

年，代入公式计算 Y 值，得出：

2010 年总人口为 833.84 万人。

2020 年总人口为 880.97 万人。

（二）综合增长率法

此方法是根据基期年的人口数直接推算未来人口数，计算公式：

$$P_t = P_0(1+K)^t$$

其中：P_t——预测年末人口，P_0——基期年人口，K——人口综合增长率，t——预测年限。

基期年（2003 年）总人口数 P_0 为 798.89 万人。

济宁市近年来人口增长较稳定，特别是人口自然增长率，基本维持在 4‰～6‰左右。根据现状人口年龄结构和国家计划生育政策，考虑到人口低自然增长率的政策性因素，2003～2010 年、2011～2020 年人口自然增长率仍会在 4‰～5‰左右。t 分别为 7 和 10。济宁市人口机械变化绝对量较小，属净迁出区，对总人口变动贡献较小。综合以上分析，2004～2010 年、2011～2020 年人口综合增长率分别取值 5‰和 4.5‰。

计算结果如下：

$P_{2010} = 798.89 \times (1+5‰)^7 \approx 827.27$ 万人。

$P_{2020} = 827.27 \times (1+4.5‰)^{10} \approx 865.26$ 万人。

（三）灰色系统预测 GM(1,1)模型

采用 1991～2003 年的人口数据组成的数列进行预测，从而可以得出相应年份的人口预测值，模型经检验评价很好，误差分析及预测结果见表 8—2。

表 8—2　灰色模型法预测结果及误差分析

年份	预测值(万人)	原值(万人)	误差值(万人)	误差百分比(%)
1992	749.428 9	749.77	0.341 1	0.045 50
1993	753.990 4	754.44	0.449 6	0.059 59
1994	758.579 8	756.64	−1.939 8	−0.256 37
1995	763.197 1	761.74	−1.457 1	−0.191 28
1996	767.842 4	766.80	−1.042 4	−0.135 95
1997	772.516 1	774.03	1.513 9	0.195 59
1998	777.218 2	779.07	1.851 8	0.237 69
1999	781.948 9	784.56	2.611 1	0.332 81
2000	786.708 4	786.30	−0.408 4	−0.051 94
2001	791.496 9	791.42	−0.076 9	−0.009 72
2002	796.314 6	796.77	0.455 4	0.057 16
2003	801.161 5	798.89	−2.271 5	−0.284 33
2010	835.930 0	—	—	—
2020	888.220 0	—	—	—

二、总人口预测方案选定

综合分析以上三种方法预测的结果可以看出，2010 年济宁市总人口将在 830 万左右，2020 年将在 880 万左右，故选取以下高、中、低三个方案(表 8—3)。

表 8—3　规划期济宁市总人口预测方案(万人)

方案	2003 年	2010 年	2020 年	预测方法
方案一(高)	798.89	835.93	888.22	灰色系统 GM(1,1)
方案二(中)	798.89	832.35	878.15	三种方法预测结果的平均值
方案三(低)	798.89	827.27	865.26	综合增长率法

第三节　城镇化水平与城镇人口预测

城镇人口指居住在镇及以上政府所在地，享受城镇基础设施的常住人口和部分暂住人口，以“五普”统计口径为准。城镇常住人口包括农业人口和非农业人口，暂住人口是指居住时间在一年以上的人口。城镇化水平是指城镇人口占市域总人口的百分比。据测算，2003年济宁市城镇人口305.18万人，城镇化水平38.2%，略低于山东省平均水平(41.8%)。

一、预测方法与模型的选择

由于缺乏准确的两次人口普查间的城镇人口数据，故首先对非农业人口表示的城镇化水平进行预测，然后根据现状的非农业人口统计口径的城市化水平与现状“五普”统计口径的城镇化水平之间的数量关系进行修正。两者的关系用下式表示：

$$U = K \cdot N$$

其中：U——城镇化水平；N——非农化水平；K——修正系数。

K值的确定：“四普”、“五普”和2003年的城镇化水平与非农化水平比值分别为1.168、1.272和1.335(表8—4)，“五普”比“四普”略有增加。但根据2000年以后年份该比值的变化趋势，并考虑济宁市组群结构大城市发展战略，未来济宁市城镇化将进入加速发展阶段，按照城镇化进程的一般规律，2020年左右发展速度将有所减缓，故2010年和2020年K值取1.5和1.38。

表 8—4　“四普”、“五普”和 2003 年的城镇化水平修正系数

	城镇人口(万人)	非农业人口(万人)	K(城镇人口/非农业人口)
“四普”	108.70	93.07	1.168
“五普”	233.16	183.30	1.172
2003 年	305.18	228.64	1.380

资料来源:根据《济宁市 1990 年人口普查资料》、《济宁市 2000 年人口普查资料》整理计算而成。

(一) 趋势外推法

根据历年非农化水平变化趋势(表 8—5),经回归分析,建立如下模型:

$$Y = 0.8621(X - 1979) + 5.1662 \qquad R^2 = 0.9043$$

其中:Y——非农化水平(%);X——目标年份。目标年份分别为 2010 年、2020 年,代入公式计算 Y 得:2010 年非农化水平为 31.89%,2020 年非农化水平为 40.51%。

根据转换公式计算:

2010 年城镇化水平 U=K·N=1.5×31.89%=47.80%

2020 年城镇化水平 U=K·N=1.38×40.51%=55.90%

表 8—5　1980～1991 年济宁市非农业人口及非农化水平

年份	非农业人口(万人)	非农化水平(%)	年份	非农业人口(万人)	非农化水平(%)
1980	47.55	7.95	1992	98.52	13.14
1981	51.07	8.41	1993	101.74	13.49
1982	54.29	8.80	1994	109.02	14.41
1983	57.09	9.15	1995	123.42	16.20

续表

年份	非农业人口（万人）	非农化水平（%）	年份	非农业人口（万人）	非农化水平（%）
1984	62.89	9.91	1996	175.84	22.93
1985	72.44	11.32	1997	175.44	22.67
1986	74.94	11.58	1998	176.88	22.70
1987	81.53	12.35	1999	177.15	22.58
1988	89.74	13.25	2000	183.30	23.31
1989	89.68	12.92	2001	199.92	25.26
1990	93.07	12.80	2002	206.82	25.96
1991	96.00	12.90	2003	228.64	28.62

资料来源：根据《济宁市统计年鉴》(1999～2003)有关数据计算而成。

（二）联合国法

联合国法是联合国用来定期预测世界各国、各地区城镇人口比重时常用的方法。该方法的关键是根据已知的两次人口普查的城镇人口和乡村人口，求取城乡人口增长率差，假设城乡人口增长率差在预测期保持不变，则外推可求得预测期末的城镇人口比重。

$$\mathrm{URGD}=\ln\left(\frac{PU(2)}{1-PU(2)}\times\frac{1-PU(1)}{PU(1)}\right)/n \quad\cdots\cdots\cdots ①$$

$$\frac{PU(t)}{1-PU(t)}=\left(\frac{PU(1)}{1-PU(1)}\right)\times e^{URGD\times t}\quad\cdots\cdots\cdots\cdots\cdots ②$$

式中：URGD——城乡人口增长率差；n——两次普查间的年数；t——距离前一次人口普查的年数；$PU(1)$——1980 年非农业人口比重；$PU(2)$——2000 年非农业人口比重。

已知 1980 年、2000 年公布的非农化水平分别为 7.95％和 23.31％，分别赋予 $PU(1)$ 和 $PU(2)$，n 为 20，代入①式求得城乡人口增长率差 URGD＝0.041 942。2010 年和 2020 年 t 分别为 30 和 40，代入②式得：32.4％，46.23％。据转换公式计算：

2010 年城镇化水平为：K · N＝1.5×32.4％＝48.60％

2020 年城镇化水平为：K · N＝1.38×46.23％＝63.80％

二、城镇化水平预测方案选定

综合分析趋势外推法和联合国法的预测结果，并考虑济宁市未来城镇建设将快速发展的趋势，确定高、中、低三个城镇化水平方案（表 8—6）。2010 年的城镇化水平，高方案为联合国法预测结果，低方案为趋势外推法的预测结果，中方案为两者的均值。2020 年的城镇化水平，高方案为联合国法预测结果，低方案为趋势外推法预测结果，中方案为两者的均值。2003 年济宁市城镇化水平为 38.2％，山东省城镇化水平为 41.8％，根据济宁市近几年城镇发展态势，并考虑济宁市组群结构大城市发展战略，未来济宁市城镇化将进入加速发展阶段，与山东省发达地区城镇化水平的差距将日趋减小，因此将城镇化水平的中方案作为推荐方案。

表 8—6　规划期济宁市城镇化水平预测方案（％）

方案	2003 年	2010 年	2020 年	预测方法
方案一（高）	38.2	48.6	63.8	联合国法
方案二（中）	38.2	48.2	59.9	联合国法和趋势外推法的平均值
方案三（低）	38.2	47.8	55.9	趋势外推法

三、城镇人口预测

根据总人口和城镇化水平预测结果，运用关系式：

城镇人口＝目标年份总人口（高方案）×目标年份城镇化水平。预测结果如表8—7，取中方案（方案二）作为推荐方案。

表8—7　规划期济宁市城镇人口预测方案（万人）

方案	2003年	2010年	2020年
方案一（高）	305.18	406.26	566.68
方案二（中）	305.18	402.92	532.04
方案三（低）	305.18	395.44	483.68

第四节　建设用地总规模预测

一、建设用地的定义与资料处理

根据新《土地管理法》，建设用地是指建造建筑物、构筑物的土地，包括城乡住宅和公共设施用地、工矿用地、交通水利设施用地、旅游用地、军事用地等。对比分析1984年的《土地利用现状调查规程》中的土地利用分类系统和新的《土地利用分类系统》中建设用地的含义，采用如下公式对建设用地进行统计：

建设用地＝居民点及工矿用地＋交通用地（不含农村道路）＋水利设施用地（水库水面＋水工建筑物）

数据来源：济宁市土地综合统计年报（1990～2003年）。

数据整理：①1993～1998年的资料统计口径一致，且统计到二级分类，因此这6年的建设用地的计算为：建设用地 ＝ 5（城、镇、村及工矿用地）＋ 6（交通用地）－ 63（农村道路）＋ 73（水库水面）＋78（水工建筑物）。②2001～2004年的数据来源于济宁市国土资源局电子数据库。③1999年和2000年的数据尽管采用了新的分类体系，但交通用地在统计上没有扣除农村道路面积，而资料上又没有这两年的农村道路面积数据。2000 年的建设用地总量是根据济宁市国土资源局电子数据库 2001 年年初资料进行统计的，1999 年的建设用地总量是根据 1998 年和 2000 年的建设用地总量取算术平均数得到的。2000 年的人口数据是根据 1999 年和 2001 年的数据取算术平均数得到的。经过统计、换算后的数据见表 8—8。

表 8—8 济宁市 1990～2004 年的基本数据

年份	建设用地（亩）	总人口（人）	非农人口（人）	城市用地（平方千米）
1993	2 212 592	7 544 400	1 017 400	61.60
1994	2 218 441	7 566 400	1 090 200	64.80
1995	2 230 984	7 617 400	1 234 200	65.30
1996	2 338 391	7 668 000	1 758 400	66.92
1997	2 347 333	7 740 300	1 754 400	68.24
1998	2 361 561	7 790 700	1 768 800	78.68
1999	2 376 659	7 845 592	1 771 494	80.06
2000	2 391 757	7 892 563	1 885 336	81.74
2001	2 401 331	7 939 533	1 999 178	88.55
2002	2 392 314	7 967 668	2 068 229	95.83
2003	2 484 300	7 988 883	2 286 380	101.02

二、预测方法

（一）模型预测法

采用趋势外推法和回归预测法进行预测，依据表 8—8 中的数据拟合出以下两个模型：

$$Y = 25\,197.36X - 48\,001\,839.24$$

式中：Y——建设用地总规模(单位为亩)；X——年份。

$$Y = 2\,080.19X + 1\,989\,040.10$$

式中：Y——建设用地总规模；X——非农业人口。

依据以上两个模型对济宁市建设用地总量进行预测，结果见表8—9。

表8—9 济宁市建设用地总量模型预测结果

预测方法	模型	R^2 检验	2010年(亩)	2020年(亩)
趋势外推法	Y=25 197.36X−48 001 839.24	0.91	2 644 854	2 896 828
与非农人口回归	Y=2 080.19X+1 989 040.10	0.97	2 530 751	2 790 175
			2 528 159	2 781 153
			2 524 919	2 769 424

(二) 加总求和预测法

基本思路是，首先采用趋势外推法、回归模型法分别预测出济宁市12个县(市、区)规划期建设用地需求总量，并依据各县(市、区)的实际状况确定三套方案。然后进行加总求和，得出济宁市规划期建设用地总需求量，结果见表8—10。

表8—10 济宁市规划期建设用地需求总量(亩)

	2003年建设用地总量	2010年建设用地需求总量			2020年建设用地需求总量		
		方案一	方案二	方案三	方案一	方案二	方案三
市中区	50 490	51 009	53 298	55 626	55 064	59 838	64 145
任城区	226 403	250 137	280 034	292 051	291 894	374 418	408 901

续表

	2003年建设用地总量	2010年建设用地需求总量			2020年建设用地需求总量		
		方案一	方案二	方案三	方案一	方案二	方案三
兖州市	188 008	222 374	236 659	250 753	263 443	281 299	300 251
曲阜市	220 860	236 459	352 039	357 421	272 017	387 022	400 477
泗水县	181 170	191 759	192 275	195 141	206 673	207 518	234 208
邹城市	343 390	353 166	353 985	358 040	375 923	378 308	379 982
微山县	176 095	185 917	187 354	188 312	203 640	204 598	205 077
鱼台县	161 913	155 888	159 304	166 302	157 352	164 672	176 584
金乡县	234 980	243 925	245 309	245 954	258 164	261 448	262 897
嘉祥县	240 123	261 329	371 466	376 052	288 217	387 517	394 396
汶上县	232 311	233 139	239 799	249 422	243 007	259 296	273 867
梁山县	228 558	241 062	241 428	241 793	260 298	262 018	263 162
济宁市	2 484 300	2 626 163	2 912 950	2 976 868	2 875 692	3 227 952	3 363 947

三、方案选定

综合分析模型法和加总求和法的各种预测结果，并考虑济宁市组团结构大都市的城市发展战略，选取济宁市建设用地总规模预测方案（表8—11）。

表8—11 建设用地总规模预测方案

方案	2003年	2010年	2020年	预测方法
方案一	165 620.0公顷（2 484 300亩）	198 457.84公顷（2 976 868亩）	224 263.14公顷（3 363 947亩）	加总求和法预测结果的高值
方案二	165 620.0公顷（2 484 300亩）	178 520.61公顷（2 677 809亩）	197 192.1公顷（2 957 882亩）	趋势外推法、回归预测法、加总求和法三种方法七种预测结果的平均值
方案三	165 620.0公顷（2 484 300亩）	175 077.56公顷（2 626 163亩）	191 712.79公顷（2 875 692亩）	加总求和法预测结果的低值

第五节 耕地占用量预测

这里的耕地占用量是指由于建设占用、生态退耕、农业结构调整、灾害损毁、采煤塌陷而导致的耕地减少的数量,不是年末耕地净减少量。依据表8—12中的数据,作出济宁市历年耕地占用面积变化趋势图(图8—2)。由图8—2可以看出,济宁市耕地年占用量虽然历年不等,但总体上呈现出增加的趋势,个别年份占用量非常大。

表8—12 济宁市1987～2004年每年占用的耕地面积(亩)

年份	1987	1988	1989	1990	1991	1992	1993	1994	1995
年内占用面积	47 097	22 434	11 821	10 313	17 259	16 514	14 119	20 851	12 016
年份	1996	1997	1998	1999	2000	2001	2002	2003	2004
年内占用面积	40 119	12 715	21 659	24 872	25 005	25 138	10 978	163 329	30 075

资料来源:济宁市土地统计年报(1987～2004)。

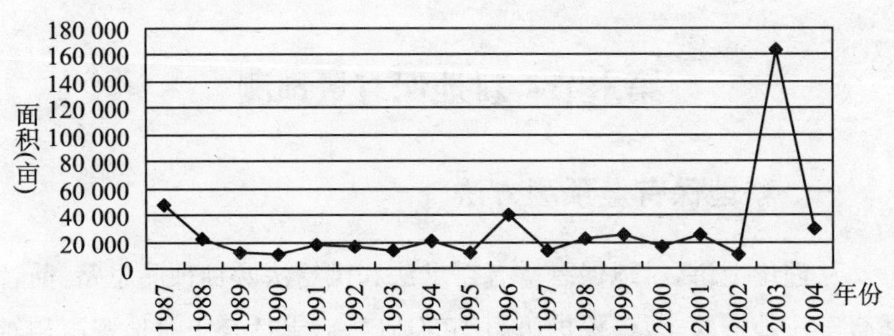

图8—2 济宁市1987～2004年占用耕地面积变化趋势

济宁市1987～2004年耕地占用总面积为517 860亩,年均占用28 770亩。耕地是土地的精华,保护耕地是我国的基本国策,所以要严格保护耕地。但社会经济发展和灾害损毁尤其是采煤塌陷必然要占有一部分耕地，因此耕地减少具有一定的惯性。所以到2010年占用耕地面积按1999～2004年六年平均值估算，总数为46 566.17×7＝325 963.19亩；2011～2020年生态退耕占用耕地将会减少，但采煤塌陷占用耕地将会增加，耕地占用量仍按1999～2004年六年平均值估算，总数为：46 566.17×10＝465 661.7亩，即2004～2020年将占用耕地325 963.19＋465 661.7＝791 624.89亩。综合以上分析，确定济宁市规划期内耕地占用量方案(表8—13)。

表8—13　耕地占用量预测结果

规划期	1999～2004年	2004～2010年	2004～2020年
耕地占用量	27 939.70公顷(419 096亩)	21 730.88公顷(325 963亩)	52 775.00公顷(791 625亩)
年均耕地占用量	3 104.40公顷(46 566亩)	3 104.40公顷(46 566亩)	3 104.40公顷(46 566亩)

第六节　耕地保有量预测

一、耕地保有量预测方法

从理论上讲，耕地保有量有需求法和供给法两种预测思路，前者适合于耕地资源丰富、保护压力小的地区，后者适合于耕地资源相对不足、保护压力比较大的地区。济宁市人多地少，人地矛盾比较突出，因此选择供给法进行耕地保有量预测，有两种具体方法。

（一）方法一

耕地保有量＝规划基期耕地面积－规划期耕地占用面积＋规划期可开发、复垦、整理的耕地面积。

2010 年耕地保有量＝9 041 699 亩①－325 963 亩②＋169 300 亩③＝8 885 036 亩

2020 年耕地保有量＝9 041 699 亩①－791 623 亩④＋169 300 亩③＋156 696 亩⑤＝857 608 亩

（二）方法二

（1）计算公式：耕地保有量＝规划基期耕地面积－（目标年建设用地总规模－规划基期建设用地总规模）×调整系数（K）－生态退耕面积－采煤塌陷占用耕地面积 ＋ 规划期可开发、复垦、整理的耕地面积。预测结果见表 8—14。

（2）调整系数（K）的确定。根据济宁市土地利用类型的空间布局特点，建设用地扩张将主要占用耕地、园地及其他农用地，由于林地和未利用地远离城镇、独立工矿和主要基础设施，对其占用的比例非常低。因此，调整系数界定为 2003 年的耕地占耕地、园地和其他农用地三者之和的比重。即：

---

① 2003 年末济宁市耕地面积，数据来自济宁市国土资源统计年报数据库。

② 2004～2010 年济宁市耕地占用量预测值。

③ 2004～2010 年可开发、复垦、整理出的耕地面积，据《济宁市土地开发整理规划》(2000～2010)整理推算得出。

④ 2004～2020 年耕地占用量预测值。

⑤ 2011～2020 年可开发、复垦、整理出的耕地面积。据《济宁市土地开发整理规划》(2000～2010)整理推算得出。

表 8—14 方法二预测的规划期耕地保有量结果

2010 年耕地保有量								
	基期耕地（亩）	2010 年建设用地总规模（亩）	2003 年建设用地总规模（亩）	耕地占比（%）	生态退耕（亩）	采煤塌陷占用耕地（亩）	新增耕地（亩）	耕地保有量（亩）
结果一	9 041 699	2 626 163	2 484 300		57 400	210 000	169 300	8 826 448
结果二	9 041 699	2 677 809	2 484 300	82.58	57 400	210 000	169 300	8 783 796
结果三	9 041 699	2 976 868	2 484 300		57 400	210 000	169 300	8 536 837
2020 年耕地保有量								
	基期耕地（亩）	2020 年建设用地总规模（亩）	2003 年建设用地总规模（亩）	耕地占比（%）	生态退耕（亩）	采煤塌陷占用耕地（亩）	新增耕地（亩）	耕地保有量（亩）
结果一	9 041 699	2 875 692	2 484 300		122 880	510 000	325 996	8 411 603
结果二	9 041 699	2 957 882	2 484 300	82.58	122 880	510 000	325 996	8 343 791
结果三	9 041 699	3 363 947	2 484 300		122 880	510 000	325 996	8 008 402

K＝2003 年末的耕地面积 ÷(2003 年末的耕地面积＋ 2003 年末的园地面积＋2003 年末的其他农用地面积)＝ 0.825 8。

(3) 生态退耕面积的确定。2003 年末，济宁市 25 度以上坡耕地为 8 192 公顷(122 880 亩)，需全部退耕。分析济宁市生态建设目标，并参考上一轮总体规划确定的退耕指标，2004～2010 年每年需退耕 546.67 公顷(8 200 亩)，共计 3 646.6 公顷(54 700 亩)；2011～2020 年每年需退耕 436.53 公顷(6 548 亩)，共计 4 365.33 公顷(65 480 亩)。

(4) 采煤塌陷占用耕地的确定。据有关专业部门预测，规划期内采煤塌陷每年将占用耕地 3 万亩，2004～2010 年采煤塌陷占用耕地 21 万亩，2011～2020 年采煤塌陷将占用耕地 30 万亩。

二、耕地保有量方案确定

综合考量济宁市土地利用现状、建设用地扩张趋势、采煤塌陷占用耕地快速发展的客观形势，以及上一轮规划制定的 2010 年耕地保有量(618 760.81 公顷)，确定以方法一的预测结果作为高方案，以方法二预测结果的中值作为中方案，以两种方法四个预测结果的平均值作为低方案(表 8—15)。

表 8—15　规划期耕地保有量预测方案

方案	2003 年耕地面积	2010 年耕地保有量	2020 年耕地保有量	预测方法
方案一(高)	602 779.93 公顷(9 041 699 亩)	592 335.67 公顷(8 885 035 亩)	571 738.13 公顷(8 576 072 亩)	方法一预测结果
方案二(中)	602 779.93 公顷(9 041 699 亩)	585 586.40 公顷(8 783 796 亩)	556 252.73 公顷(8 343 791 亩)	方法二预测结果的中值
方案三(低)	602 779.93 公顷(9 041 699 亩)	583 868.6 公顷(8 758 029 亩)	555 664.5 公顷(8 334 967 亩)	方法一和方法二预测结果的平均值

第七节 基本农田保护面积和保护率预测

一、概念界定

基本农田是根据一定时期人口和国民经济对农产品的需求，以及对建设用地的预测而确定的，在土地利用总体规划期内未经国务院批准不得占用的耕地。《基本农田保护条例》规定，下列耕地应当划入基本农田保护区：经国务院有关主管部门或者县级以上地方人民政府批准确定的粮、棉、油生产基地内的耕地；有良好的水利与水土保持设施的耕地，正在实施改造计划以及可以改造的中低产田；蔬菜生产基地；农业科研、教学试验田。需要退耕还林、还牧、还湖的耕地，不应当划入基本农田。

基本农田保护率指基本农田保护面积占本行政区内耕地面积的百分率。有两种算法：

基本农田保护率(R)＝ 基本农田保护面积÷行政区域内基期总耕地面积×100％。

基本农田保护率(r)＝ 基本农田保护面积÷(行政区域内基期总耕地面积－临时性耕地面积)×100％。即：基本农田保护率＝基本农田保护面积÷行政区域内的常用耕地面积×100％。

用第二种方法计算的基本农田保护率更符合区域基本农田保护的实际，更具有合理性。

2003 年末，济宁市总耕地面积为 9 041 699 亩，其中临时性耕地面积为 846 500 亩，常用耕地面积为 8 195 199 亩。临时性耕地主要包括梁山县黄河泄洪区内的耕地、南四湖滞洪区内的耕地、各大河流防洪堤内的耕地、采煤塌陷形成的季节性积水洼地等。

二、预测方法

基本农田保护面积和保护率的预测方法主要有三种:需求法、供给法和指标修正法。理论研究认为,三种方法中供给法最符合区域基本农田保护的实际,因此采用供给法对济宁市基本农田保护面积和保护率进行预测。

(一) 基本思路

规划期基本农田保护面积,等于规划基期耕地面积减去临时性耕地面积和零星、劣质、低产耕地面积以及规划期内预计减少的耕地面积。临时性耕地包括梁山泄洪区耕地、南四湖滞洪区耕地、各大河流防洪堤内的耕地、采煤塌陷形成的季节性积水洼地,按照国家规定这些耕地不能划为基本农田;零星、劣质、低产耕地主要是边角耕地,园地、林地、建设用地中的小块耕地,以及生产条件较差、没有任何农业生产基础设施、产量非常低的旱地;规划期减少的耕地主要包括建设用地扩张占用的耕地、生态退耕占用的耕地、采煤塌陷占用的耕地等。规划期开发、复垦、整理的耕地,由于其生产条件较差,生产力水平较低,本次规划不划为基本农田。

(二) 计算公式

基本农田保护面积＝规划基期耕地面积－临时性耕地面积－零星、劣质、低产耕地面积－(目标年建设用地总规模－规划基期建设用地总规模)× 调整系数(K)－ 生态退耕面积－采煤塌陷占用耕地面积。

表 8—16 供给法预测的基本农田保护面积和保护率

2010 年基本农田保护面积和保护率

	基期总耕地(亩)	2010 年建设用地总规模(亩)	2003 年建设用地总规模(亩)	耕地占比(%)	生态退耕(亩)	采煤塌陷占用耕地(亩)	临时性耕地(亩)	零星、劣质、低产耕地(亩)	基本农田保护面积(亩)	基本农田保护率(%)	
										R	r
结果一	9 041 699	2 626 163	2 484 300		57 400	210 000	846 500	404 843	7 058 390	78.06	86.13
结果二	9 041 699	2 677 809	2 484 300	82.58	57 400	210 000	846 500	404 843	7 015 738	77.59	85.61
结果三	9 041 699	2 976 868	2 484 300		57 400	210 000	846 500	404 843	6 768 779	74.86	82.59

2020 年基本农田保护面积和保护率

	基期总耕地(亩)	2020 年建设用地总规模(亩)	2003 年建设用地总规模(亩)	耕地占比(%)	生态退耕(亩)	采煤塌陷占用耕地(亩)	临时性耕地(亩)	零星、劣质、低产耕地(亩)	基本农田保护面积(亩)	基本农田保护率(%)	
										R	r
结果一	9 041 699	2 875 692	2 484 300		122 880	510 000	846 500	404 843	6 538 760	72.32	79.79
结果二	9 041 699	2 957 882	2 484 300	82.58	122 880	510 000	846 500	404 843	6 470 948	71.57	78.96
结果三	9 041 699	3 363 947	2 484 300		122 880	510 000	846 500	404 843	6 135 559	67.86	74.87

注：R＝基本农田保护面积÷行政区域内基期总耕地面积×100％。

r＝基本农田保护面积÷(行政区域内基期总耕地面积－临时性耕地面积)×100％。

关于临时性耕地。包括梁山泄洪区耕地 28.08 万亩，南四湖滞洪区内的耕地 31.59 万亩，各大河流防洪堤内的耕地 8.7 万亩，采煤塌陷形成的季节性积水洼地 15.56 万亩，共计约 84.65 万亩①。

关于零星、劣质、低产耕地。专题研究表明，零星、劣质、低产耕地主要是旱地，约占常用耕地的 4.94%。即：(规划基期耕地面积－临时性耕地面积)× 4.94%＝(9 041 699－846 500)× 4.94% ＝404 843(亩)。各县(市、区)都有分布，邹城、泗水、曲阜、微山面积较大。

关于建设用地扩张面积。依据规划期济宁市建设用地总规模预测结果(表 8—9)。

关于调整系数的确定。调整系数界定为 2003 年的耕地占 2003 年耕地、园地和其他农用地三者之和的比重。即：K＝2003 年末的耕地面积 ÷(2003 年末的耕地面积＋2003 年末的园地面积＋2003 年末的其他农用地面积)＝ 0.825 8。

关于生态退耕面积。2003 年末，济宁市 25 度以上坡耕地为 8 192 公顷(122 880 亩)，需全部退耕。分析济宁市生态建设目标，并参考上一轮总体规划确定的退耕指标，2004～2010 每年需退耕 546.67 公顷 (8 200 亩)，共计 3 646.6 公顷(54 700 亩)；2011～2020 年每年需退耕 436.53 公顷(6 548 亩)，共计 4 365.33 公顷 (65 480 亩)。

关于采煤塌陷耕地面积。据有关部门预测，规划期内每年塌陷

---

① 南四湖死水位与 20 年一遇洪水位之间的湖滩地总面约为 702 000 亩，其中上级湖 244 500 亩，下级湖 457 500 亩。耕地约占 45%；济宁市范围内河道的滩地面积约为 217 500 亩，耕地约占 40%；济宁市现状采煤塌陷地为 19.45 万亩，其中季节性积水洼地约占 80%。

耕地约3万亩，2004～2010年采煤塌陷耕地21万亩，2011～2020年采煤塌陷耕地30万亩。

预测结果见表8—16。

三、预测方案确定

综合分析各种预测结果，可以看出，2010年的基本农田保护面积和保护率均高于2020年的基本农田保护面积和保护率，依据"依高值确定基本农田保护面积和保护率"的原则，确定以2010年预测结果的高值作为高方案，以2010年的三种预测结果的平均值作为中方案，以2010年预测结果的低值作为低方案（表8—17）。济宁市上一轮土地利用总体规划（1997～2010年）确定的基本农田保护面积为526 353.4公顷（789 530亩），基本农田保护率为85.6%。本次预测的基本农田保护面积和保护率三个方案，与上一轮制定的方案稍有降低，主要原因是采煤塌陷将占用大量基本农田。

表8—17　规划期基本农田保护面积和保护率方案

方　案	2003年耕地面积［公顷（亩）］	上一轮规划中的基本农田		本次规划中的基本农田		
		保护面积［公顷（亩）］	保护率（R）	保护面积［公顷（亩）］	保护率（%）	
					R	r
方案一	602 779.93（9 041 699）	526 353.4（7 895 301）	85.6%	470 559（7 058 390）	78.06	86.13
方案二				463 176（6 947 636）	76.84	84.78
方案三				451 252（6 768 779）	74.86	82.59

注：R＝基本农田保护面积÷行政区域内基期总耕地面积×100%。

r＝基本农田保护面积÷（行政区域内基期总耕地面积－临时性耕地面积）×100%。

后　记

呈现给读者的这本著作，是在教育部高等学校博士学科点专项科研基金资助课题“我国土地用途管制制度的耕地保护绩效及其区域差异研究”（项目编号 20050307036）研究报告的基础上，经修改完善而成的。

在本书交付出版之际，真诚感谢中国土地学会副理事长兼学术委员会主任、南京农业大学教授、博士生导师王万茂先生的谆谆教诲和悉心指导。在课题研究、报告撰写及本书成稿过程中，参考引用了曲福田教授、黄贤金教授、程烨教授、李秀彬教授、蔡运龙教授、吴次芳教授、张凤荣教授、严金明教授、陈利根教授、周曙东教授、钱忠好教授、Eric J. Heikkila 教授等著名学者的著作和研究成果，他们深厚的学术智慧和先进的学术理念给予我们很多启迪，帮助克服了不少思想障碍。衷心感谢姚士谋教授、倪绍祥教授、叶依广教授、刘友兆教授、吴群教授等对书稿提出的宝贵修改意见，感谢董祚继、周建春、吕亚生、王伟宏、陈海燕、刘宪水、马敬杰、王兆祥等同志在资料收集中给予的热情帮助，感谢李景刚、张效军、姜海、庞英、高艳梅、赵海霞、张飞、余敦、李边疆、臧俊梅、何格、付光辉等博士以及张宇、孔伟等硕士在资料整理和课题讨论中的积极参与。感谢代合治、刘坤、刘志刚、袁顺全、吕宜平、于伟、韩桂梅、陈秀杰、李吉霞等在实证资料收集中给予的帮助。

此书的出版还得到了曲阜师范大学博士研究基金的资助，得到了南京农业大学科技处、曲阜师范大学科研处的帮助，商务印书馆的颜廷真博士帮助我们做了大量细致入微的编辑修改工作，在此一并表示感谢。

受作者能力和资料不足的限制，本书肯定存在诸多不足甚至谬误之处，欢迎大家不吝指正。

作　者

2007 年 10 月